北京市京师(深圳)律师事务所 系列丛书

尽职调查指引

邵雷雷 陈玉清／主编
罗建斌／副主编

DUE DILIGENCE GUIDELINES

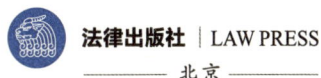

图书在版编目（CIP）数据

尽职调查指引 / 陈玉清主编. -- 北京：法律出版社，2025. -- ISBN 978-7-5197-9392-0

Ⅰ. D926.5

中国国家版本馆 CIP 数据核字第 20244SP962 号

尽职调查指引
JINZHI DIAOCHA ZHIYIN

陈玉清　主编

策划编辑　邢艳萍
责任编辑　邢艳萍
装帧设计　鲍龙卉

出版发行　法律出版社	开本　710 毫米×1000 毫米　1/16
编辑统筹　法律应用出版分社	印张 19.5　　字数 340 千
责任校对　朱海波	版本 2025 年 1 月第 1 版
责任印制　刘晓伟	印次 2025 年 1 月第 1 次印刷
经　　销　新华书店	印刷　三河市兴达印务有限公司

地址：北京市丰台区莲花池西里 7 号（100073）
网址：www.lawpress.com.cn　　　　　　　　销售电话：010-83938349
投稿邮箱：info@lawpress.com.cn　　　　　　客服电话：010-83938350
举报盗版邮箱：jbwq@lawpress.com.cn　　　　咨询电话：010-63939796
版权所有·侵权必究

书号：ISBN 978-7-5197-9392-0　　　　　　　定价：98.00 元
凡购买本社图书，如有印装错误，我社负责退换。电话：010-83938349

编 辑 委 员 会

主　编：陈玉清
副主编：邵雷雷　罗建斌

成　员(以姓氏拼音为序)：
鲍雨佳　胡小武　李欣键　栗路林
陶辛泉　王　滔　谢嘉伟　袁美萍
赵　钊

序

在当今复杂多变的商业环境中,尽职调查已成为律师在处理非诉业务时不可或缺的重要环节。无论是股权收购、新三板挂牌、首次公开募股(IPO)、债券发行,还是私募基金的设立和运作,尽职调查不仅是规避风险的有效手段,更是确保交易顺利进行的基础。在这一背景下,本书应运而生,旨在为法律从业者提供实用、系统的指导。

本书的独特之处在于,它以实际的法律意见书和尽职调查报告为导向,通过模块化的方式深入解析各个非诉项目的尽职调查要点。重点分析如何通过详尽的尽职调查,确保交易的合法合规,并为客户提供切实可行的法律意见和建议。这种以成果为导向的编排方式,旨在帮助读者更直观的理解尽职调查的核心要素及其在实际操作中的应用。

在每个模块中,笔者不仅阐释了尽职调查要点和核查方法,还提供了开展尽职调查所需的底稿资料和具体途径,以便读者能够高效地进行资料收集和分析。针对一些重点模块,笔者还探讨了在尽职调查过程中可能遇到的各种问题及其解决思路,帮助读者在实际操作中更好地应对挑战。

此外,本书还附录了尽职调查清单、要点汇总表格、法律意见书或尽职调查报告模板,以及相关法规的核心法律条文。这些工具不仅能够帮助读者更全面地理解尽职调查的各个环节,更能在实际操作中提供便捷的参考。

希望本书能为读者提供有益的指导与支持,无论是资深的法律从业者,还是刚刚踏入这一领域的新手,相信都能在本书中找到所需的知识与启发。

北京市京师律师事务所创始人、终身名誉主任
北京师范大学法学院教授、博士生导师

CONTENTS

第一章 项目尽职调查概述

第一节　项目尽职调查的含义及目的　3
第二节　项目尽职调查的重要作用　5
第三节　项目尽职调查的基本原则　6
第四节　法律尽职调查　8

第二章 不同项目法律尽职调查要点

第一节　股权收购项目　11
　　一、股权收购项目尽职调查内容和要点　11
　　二、股权收购项目尽职调查清单　15
　　三、股权收购项目法律尽职调查报告模板　29

第二节　新三板挂牌项目　57
　　一、新三板挂牌项目尽职调查内容和要点　57
　　二、新三板挂牌项目初步尽职调查清单　65
　　三、新三板挂牌项目尽职调查核查要点清单　67
　　四、新三板挂牌项目法律意见书模板　74
　　五、新三板挂牌项目相关规制法律文件　119

第三节　首次公开发行并上市（IPO）项目　134
　　一、IPO项目尽职调查内容和要点　134
　　二、IPO查验计划　142

第四节　债券发行项目　161
　　一、债券发行项目尽职调查内容和要点　161
　　二、债券发行项目尽职调查清单　169
　　三、债券发行项目尽职调查核查要点清单　173
　　四、债券发行项目法律意见书模板　174
　　五、债券发行项目相关规制法律文件　198

第五节　私募基金项目　200
　　一、私募基金管理人登记项目尽职调查内容和
　　　　要点　200
　　二、私募基金管理人重大事项变更项目尽职调
　　　　查内容和要点　207
　　三、私募基金产品备案项目　208
　　四、私募基金管理人登记尽职调查清单　208
　　五、私募基金管理人登记尽职调查核查要点
　　　　清单　216
　　六、私募基金管理人登记及重大事项变更法律
　　　　意见书模板　224
　　七、私募基金管理人登记及重大事项变更相关
　　　　规制法律文件　239
第六节　不良金融资产收购处置项目法律尽职调查　261
　　一、综述及要点　261
　　二、不良金融资产收购处置项目尽职调查清单
　　　　模板（见表27）　271
　　三、不良金融资产收购处置项目尽职调查报告
　　　　模板　276

第三章
网络核查

第一节　网络尽职调查的目的、原则及底稿保存
　　　　技巧　297
　　一、网络尽职调查的目的　297
　　二、制作底稿的原则　297
　　三、电子底稿制作注意事项　297
第二节　网络尽职调查网站汇总及注意事项　298

一、主体资格及基本信息查询系统　298

二、信用查询　300

三、诉讼仲裁情况查询　300

四、税收查询　301

五、知识产权查询　301

六、行政处罚情况查询　302

七、证券业务查询　302

八、基金查询　303

九、行政资质相关　304

十、搜索引擎　304

十一、公司网站　304

第一章

项目尽职调查概述

第一节　项目尽职调查的含义及目的

"Due Diligence"起源于1893年的哈特法（USHARTZR ACT），对其完整的诠释是在蒙卡斯特城堡（THE MUNCASTER CASTLE）一案中，该定义已为大多数海运国家所接受。在该案中，货物在航程中因防浪阀漏入海水而遭受损害。因为该船在数月前进行过检验，检验师对防浪阀也进行了检查，但检查之后，由于钳工的疏忽未将螺丝拧紧，导致此次航行途中海水进入货舱。尽管承运人在此案中并无疏忽，法官还是认定他要对货损负责，因为他的受雇人违反了谨慎处理（due diligence）的义务。当然，承运人可以向疏忽过错的一方追偿其损失，但不能让收货人向一个与他无关的疏忽方提出赔偿，收货人向承运人提出索赔的要求不会因运输之外的原因而受影响。

同时承运人也不会因非他掌握期间内发生的不适航负责，如承运人刚购买了一艘新船或期租了一艘船舶，他已对船舶进行了谨慎处理仍未发现有缺陷，那么他就应该被免除责任，而不必对造船厂或原船东以及他们的代理人的疏忽负责。但如果该缺陷经Due Diligence就能够发现，承运人就不能免责。

由此引申出来，"Due Diligence"的含义不断地扩大和延伸至商业领域，目前"Due Diligence"指"尽职调查"或"审查评鉴"，是指潜在投资机构或投资方在并购或投资前所进行的严格审查，主要的关注点在于法律、财务、业务等方面。

尽职调查亦译为"审慎调查"，具体来说，是指在收购或投资的过程中投资者为最大限度地把控风险，在自身专业能力不足的情况下，聘请专业机构对目标公司的资产和负债情况、经营和财务情况、法律关系以及目标企业所面临的机会与潜在的风险进行一系列调查。尽职调查过程中各专业机构会利用各自所拥有的法律、财务、税务等专业经验，在尽职调查过程中形成独立观点，以此来评价并购或收购的风险和机会，从而为投资者提供决策支持。因此，尽职调查不仅是企业收购兼并程序中最重要的环节之一，也是收购运作过程中重要的风险防范工具。

现在尽职调查已不再仅仅局限于投融资并购过程中，也发生于风险投资和企业公开发行股票并上市前期、债券发行、私募基金等诸多项目过程中。

以投融资并购项目为例，尽职调查的主要目的有三个，即充分披露目标企业

的信息、有效进行交易评估和控制投资风险。展开而言,尽职调查就是要搞清楚:

(1)他是谁?即交易对手及其实际控制人的情况和管理团队如何。

(2)他在做什么?即交易对手或目标企业的产品或服务类别以及市场竞争力如何。

(3)他做得如何?即通过研究目标企业的经营数据和财务数据,对财务报表反映的财务状况、经营成果、现金流量进行纵向、横向比较。

(4)别人如何看?即通过访谈探知银行对竞争对手的态度。

(5)我们如何做?在了解客户的基础上进行客户价值分析,利用尽职调查获得的信息设计具体的方案、制定风险控制措施,从而把交流变成可行的交易。

在进行尽职调查时,主要围绕上述尽职调查目的展开法律尽职调查、财务尽职调查、业务尽职调查及其他尽职调查。以下同样以投融资并购项目中的尽职调查为例简要阐述尽职调查的范围。

1. 法律尽职调查

法律尽职调查是指按照一定的标准和要求,对企业的背景资料、法律状态、经营状态等进行调查,并对其中的法律问题进行评估的一种律师服务工作。它是投资方进行大额财产交易、资产并购等项目之前所做的一项必备工作。通过法律尽职调查可以了解标的企业是否存在无法克服的法律障碍和风险,并提出具有可行性的操作方案,确保风险发生时将损失降至最低。

2. 财务尽职调查

通过财务尽职调查,可以综合确定企业买卖的价格或者在价格谈判中使投资人或并购人处于相对有利的地位。企业买卖的议价基础一般可以按照年度经常性利润的一定倍数、年度经常性现金流量的一定倍数、净资产值、股权市价或双方协议的其他指标来确定。整个交易的最终价款一般是在确定议价基础后通过协商确定的,但交易价款往往不是一个固定的金额,而且也往往无法在签订收购合同时就准确地确定最终的金额。最终的交易价款通常要考虑一些后期需要调整的事项,但无论是议价基础还是调整事项,都要通过尽职调查加以确认。

3. 业务尽职调查

通常被并购方或被收购方会提供一份完美的商业计划书,但该计划书往往从被并购方或被收购方自身的角度出发,对市场及业务的分析存在片面性,不能完全作为并购方或投资方决策的依据,并购方或投资方必须通过专业渠道,获得对所涉市场行业或业务较为专业、客观的分析报告,才能为并购或投资过程中的价值判断以及未来的经营决策打下良好的基础。业务尽职调查涵盖的内容至少应包括行业、技术以及公司竞争地位等几个方面。

4. 其他尽职调查

其他尽职调查,主要是通过访谈的形式开展,通过与被并购企业或被收购企业的管理团队及相关的关联企业或公司的深入沟通来了解企业的发展趋势。其他尽职调查的重点在于通过了解对被并购企业团队成员的背景、资历、理念,尤其是其价值取向和职业目标,以及关联企业或公司对被并购企业的信誉评价、回款形式及现金流量表现等情况,来判断被并购企业或被收购企业的商誉表现等方面是否优良。

第二节 项目尽职调查的重要作用

为何要进行尽职调查,尽职调查究竟在商业活动中有何种地位和作用?究其根本,尽职调查的根本原因在于信息不对称。

以投融资尽职调查为例,公司的主要情况如何、财务状况如何,以及目前公司面临的风险有哪些,这些对于融资方自身而言,是非常清楚的。但是相对于投资者的信息来源不足导致的信息了解不足,投资者在交易过程中处于资金优势而信息劣势的地位。因而,投资者有必要通过实施尽职调查来补救双方在信息获知上的不平衡,并且通过尽职调查明确存在的风险和法律问题,买卖双方便可以就相关风险和义务应由哪方承担进行谈判,同时投资者可以决定在何种条件下继续进行投资活动。

一个企业的实际价值,不仅由注册资本或净资产决定,还包含财产权利、债权债务、人力资源、知识产权、未来发展前景等组合形成的自我发展、盈利能力及未来成长的价值。因此通过全面、专业、细致的尽职调查,可以帮助投资人作出理性判断,进而避免不必要的法律风险。结合上述分析,尽职调查的意义主要体现在以下三个方面:

第一,通过尽职调查帮助投资者尽可能地了解公司的真实情况,解决信息不对称的问题。投资者通过开展尽职调查可以从法律、财务、业务等多层面掌握目标公司的主体资格、经营状况、财务状况、资产权属、债权债务等重大事项的当前

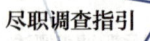

属性和状态,挖掘企业现有、潜在的投资风险,对企业现状和价值作出客观、科学的评估。

第二,通过尽职调查帮助投资者了解公司设立、历史沿革、公司治理结构等方面的合法合规性,避免因历史遗留问题演变成现实的风险。如果在尽职调查中发现目标公司在上述方面存在瑕疵,就要对其设立的相关程序、法律文件、财务规范、业务规范文件进行规范、梳理,以避免将来可能产生的争议或纠纷。如企业所占有、使用的土地房产因历史原因没有办理相关权属证件,那么可能会给未来合资、合作的建设经营项目带来实质性障碍。

第三,通过对企业存在的问题和风险进行相应的评估,可以准确确定企业股份或资产的估值。通过对目标公司进行尽职调查,对存在的风险进行量化分析和评估,发现潜在的风险及可能带来的隐性成本(包括但不限于法律、财务、业务合规需要的成本以及补救需要的成本),以便于在围绕企业估值的价格谈判中处于有利地位,而且在将来开展各项投资行为时可减少后续的成本支出,从而避免投资、并购后风险和成本的大幅增加。

第三节　项目尽职调查的基本原则

1. 真实性原则

尽职调查是为了披露风险,因而必须以真实为前提,虚假或臆断的尽职调查无任何意义,相反还会产生不利的影响。因此,开展尽职调查对所审核的资料、内容及发现的问题,应当本着实事求是的原则予以披露,提出整改意见,客观地反映企业的真实情况,进行尽职调查的中介机构不得受制于委托人或尽职调查对象的立场及要求作出虚假表述或歪曲事实,不能在没有充分依据的情况下主观臆断,否则会误导相关的利害关系方作出错误的判断。

2. 全面性原则

由于尽职调查涉及的内容庞杂,种类繁多,需要采取多种方法、途径及手段,目的在于全面、完整地了解和掌握企业信息与资料。

尽职调查不得有重大遗漏,特别是一些重要的信息,如涉及企业经营资质、资产权属情况、知识产权等方面的信息必须完整无遗漏。因此,此部分要强调的第一点便是,尽职调查需极尽全面。

首先,调查内容要全面。就企业组织而言,包括企业的沿革、股东的构成与变更、内部治理结构、下属机构以及关联企业等;就企业权利而言,包括企业的所有权、用益物权、担保物权、知识产权及债权等;就企业义务而言,包括银行贷款、借款,或有负债,正在进行或者面临的诉讼、仲裁或行政处罚以及税收等;就劳动人事而言,包括所有关键雇员的劳动合同的年限、竞业限制或禁止、是否存在与原单位未了的纠纷;就股东而言,包括是否从事与被投资企业的类似业务,是否涉及重大的诉讼、仲裁或者行政处罚,股权是否被质押等。其次,材料要齐全。调查者必须搜集所有材料,包括经营资料、财务报表、工商资料、公司会议资料等一系列文件。单就拟投资对象的股权结构而言,除了查阅拟投资对象当前的营业执照,还要查阅公司章程、股东出资证明书、出资协议、验资报告、股权转让协议、股权变更登记等一系列文件。

3. 重点原则

针对不同的企业、不同的行业以及企业的不同发展阶段,法律尽职调查应该有所侧重,有的放矢。

一是对不同发展时期的企业调查应当有不同的重点。例如,对风险资本的投资对象可以按照种子期、创业期、成长期、成熟期及衰落期等各个时期进行不同侧重内容的调查。

二是行业不同决定了风险投资尽职调查的不同。例如,针对化工企业,调查人员应当高度重视环境污染情况,要调查该企业在生产过程中是否进行过环境影响评价、是否经过有关部门批准,其环保措施是否到位、环保设施是否有效运行,其在生产运行期间是否因环境污染被提起过民事诉讼或者受到过行政处罚等。

三是企业背景不同调查的重点有所不同。例如,对于计划将有限公司改制为股份公司的企业,重点调查其改制是否规范、改制文件是否齐全、相关利益主体是否已经妥善安置等。

4. 及时性原则

尽职调查所了解的信息应该是企业最新的资料和信息,随着时间的推移,很多情况可能会发生变化,如合同履行出现争议、借贷无法偿还、担保出现代偿等,所以尽职调查只能对固定时间段内公司提供的资料进行如实的披露和描述,并据此提出法律意见。

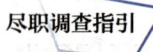

5. 多样性原则

调查方法和手段尽量多样。法律尽职调查是一项综合、全面的调查活动,为详细了解企业的真实情况,应当采用一切可能的调查方法和尽可能多的调查手段。

第四节　法律尽职调查 ■■■■■

前文已经提及,项目尽职调查按照尽职调查的不同目的可分为法律尽职调查、财务尽职调查、业务尽职调查以及其他尽职调查。法律尽职调查属于项目尽职调查的一种,其遵循项目尽职调查的基本原则,在法律层面发挥了重要作用。本书将围绕常见领域的非诉项目法律尽职调查展开,以股权收购、新三板挂牌、首次公开发行并上市(Initial Public Offering,IPO)、债券发行、私募基金等常见非诉项目的法律尽职调查成果(即法律意见书或尽职调查报告)为导向,以法律意见书或尽职调查报告的内容编排为切入点,分模块对尽职调查要点逐一进行解析,解析的同时一并阐释律师为了实现尽职调查要点核查与查验的目的、对各个模块开展尽职调查的方法以及开展尽职调查所需搜集的底稿资料(尽职调查的途径),其中对部分重点模块还将阐释尽职调查过程中可能遇到的问题以及解决思路,并将尽职调查清单、尽职调查要点汇总表格、法律意见书或者尽职调查报告模板以及相关规制的核心法律法规等列示在每个常见非诉项目法律尽职调查要点解析之后。

第二章

不同项目法律尽职调查要点

第一节 股权收购项目

一、股权收购项目尽职调查内容和要点

股权收购频繁发生在企业的经济活动中,上市公司股权收并购主要受《上市公司收购管理办法》《上市公司重大资产重组管理办法》等规制,下文将重点阐释非上市公司(不包含新三板挂牌公司,下同)股权收购项目(收购方与被收购方皆为非上市公司)的法律尽职调查内容及核查要点。

非上市公司股权收购项目并无法律、法规、规范性文件对股权收购的成果文件(尽职调查报告的内容)作出强制性要求与约束,但律师为实现收购方对目标公司重大方面了解的目的,一般都会对目标公司的主体资格及历史沿革、主要业务及其合法性、主要资产、重大债权债务、税务及财政补贴、法人治理、劳动人事、重大诉讼、仲裁或行政处罚等内容进行重点调查。这些重点调查内容或领域在尽职调查报告的编排体例中将会得到呈现。

下面将以北京市京师律师事务所办理的非上市公司股权收购项目尽职调查报告为例展开说明,该份尽职调查报告正文内容包括公司简介、公司的设立及历史沿革、公司的对外投资、公司的股东及实际控制人、主体资格、公司的业务、关联交易和同业竞争、公司的主要资产、公司重大债权债务、公司的治理结构、公司的人员、公司的税收及财政补贴、诉讼、仲裁及行政处罚,主要说明每个模块律师通过何种途径进行核查以及每个模块的重点核查要点有哪些。

(一)公司简介

该模块主要通过目标公司工商档案、国家企业信用信息公示系统、各地工商局网站、注册资本金缴纳的验资报告或银行回单等途径进行核查,核查的要点是公司基本情况,包括名称、住所、法定代表人、统一社会信用代码、注册资本、实缴资本、经营范围等基本信息,特别是注册资本和实缴资本信息,自2014年公司注册资本认缴制实行以来,大多数公司会存在实缴资本未完全实缴的情况。在股权收购项目中之所以重点关注实缴资本,是因为实缴资本关乎公司净资产的金额从而影响股权收购项目中交易双方的股权定价。此外,该模块一般放在尽职调查报告正文的第一部分,主要目的也是给予收购方直观的印象。

(二) 公司的设立及历史沿革

该模块主要通过目标公司工商档案、国家企业信用信息公示系统、企查查、公司历次章程等途径进行核查，核查的要点主要在于历史沿革中的设立出资、增资减资、股权转让受让。以设立出资及历史沿革过程中的增资来说，重点关注设立出资或增资的资产或资金是否真实注入公司，如为非货币资金，是否办理了资产评估以及产权过户、交付等手续，如为货币资金，是否有股东缴纳出资的银行回单或办理了验资手续（2013年《公司法》修订前，须办理验资手续）。以历史沿革过程中的减资来说，重点关注减资手续是否符合法定程序，如时间、公告等。以历史沿革的股权转让及受让来说，则重点关注股权转让协议、股权转让价款支付凭证、股东会决议或其他原有股东是否出具了按照《公司法》或者公司章程规定放弃优先购买权的证明。

该模块目标公司可能会遇到历史沿革中股权转让存在瑕疵的问题，如公司股权转让后未及时办理工商变更登记，则公司的股权变更由于没有外部公示存在不确定性，公司股权存在潜在争议，进而可能影响到此次拟收购涉及的标的股权的清晰性和稳定性。此外，还存在未及时办理股权变更工商登记导致的行政处罚的风险。为此，律师应充分提示风险，并给予收购人一些建议，譬如建议收购人在投资前要求：(1)原股东之间确定出资价格及持股比例事项；(2)要求公司及其原股东完成工商变更事项；(3)原股东出具承诺，承诺以下事项：①原股东之间出资价格及持股比例已经确定，公司股权清晰，公司股东之间就公司股权事项不存在争议和潜在争议；②因公司未及时办理工商登记而因此造成公司受到行政处罚，由原股东承担。

(三) 公司的对外投资

该模块主要通过公司提供的工商档案、公司出具的对外投资情况表、审计报告、财务报表、国家企业信用信息公示系统及企查查等途径进行核查。核查的要点在于目标公司控股子公司、参股公司的基本情况，包括但不限于成立时间、注册资本、实收资本、注册地、股权结构、主营业务、有关财务数据；核查目标公司对该等公司拥有的股权的形成过程是否合法合规、真实有效，是否存在纠纷或潜在法律纠纷。

(四) 公司的股东及实际控制人

该模块主要通过公司提供的工商档案、标的股权持有人提供的是否存在代持的说明及国家企业信用信息公示系统、企查查、裁判文书网等网站进行核查。核查的要点在于公司股权结构是否清晰稳定,具体而言,包括公司股权特别是标的股权是否存在股权质押,股权特别是标的股权是否存在潜在纠纷,公司是否已涉诉,公司股权特别是标的股权是否存在股权代持情形等。而另外一个核查要点便是公司自然人股东及实际控制人的履历,一般而言,律师在尽职调查报告中按照相关人员的调查表填写情况进行披露即可,以便收购人直观了解。

(五)主体资格

该模块主要通过公司提供的工商档案、营业执照、公司章程、国家企业信用信息公示系统的记载进行核查,核查的要点在于公司自设立之日起是否有效存续,是否存在按照法律法规及公司章程规定需要终止的情形。毕竟主体资格是收购人欲收购公司关注的第一步,若公司主体资格即存续方面存在问题,收购便无从谈起。该模块与前述公司的设立及历史沿革模块的侧重点不同,该模块侧重的是公司在国家企业信用信息公示系统中是否显示开业、在营等存续状态以及是否出现了按照法律法规及公司章程规定需要终止的情形,若出现了如受到行政处罚被吊销营业执照等情形,则不再有效存续。而公司的设立及历史沿革模块则侧重公司设立及历史沿革中的历次变更是否符合相关法律法规的规定及是否存在法律问题,若存在法律问题会影响到公司有效存续。故该两个模块可以合二为一,也可以分开进行论述。

(六)公司的业务

该模块主要通过查阅营业执照、工商档案、国家企业信用信息公示系统、企查查、公司的业务情况介绍、审计报告及财务报表以及公司提供的业务资质许可等文件,并对公司相关工作人员访谈的途径进行核查。核查的要点在于公司业务经营是否在营业执照登记的经营范围之内,是否存在超范围经营的情形;公司的业务开展若需取得必要资质许可的,是否已取得相应的资质、许可以及资质、许可是否在有效期内;公司近几年的业务收入及盈利情况。而对于公司近几年的业务收入及盈利情况,律师一般只需在尽职调查报告中依据审计报告进行列表展示或文字阐释即可,当然,若存在仅产生支出成本,尚未产生收益的正在开发的业务或项目,律师还可在该模块进一步阐释,并提示收购人注意收购风险。

(七)关联交易和同业竞争

该模块主要通过查询公司股东及董事、监事、高级管理人员(以下简称董监高)填写的关联方调查表,公司审计报告及财务报表,关联交易所涉及的相关合同,国家企业信用信息公示系统、企查查等网络公示的信息以及对公司实际控制人及财务人员等相关人员访谈的途径进行核查。核查的要点在于关联方的经营范围是否与目标公司相同或相似,是否与目标公司存在同业竞争;关联方是否与目标公司存在关联交易以及该关联交易的公允性;是否存在关联方通过关联交易占用公司资金、转移公司利润等情形;关联交易是否已经内部决策程序审批或决策。

该模块目标公司可能会遇到资金被关联方特别是大股东或实际控制人占用或者通过关联交易将利润转移的情形。该处所指资金占用一般是指公司存在对关联方的其他应收款,其他应收款的性质通常为非经营性资金拆借或往来款。因为收购人要收购目标公司,若目标公司存在频繁且金额较大的资金占用或利润转移,则侵占了公司的资金或侵蚀了本该留存于目标公司的利润,损害了目标公司的利益。为此,律师应充分提示风险,并给予收购人一些建议,譬如建议收购人在投资前要求关联方归还所占用资金。

(八)公司的主要资产

该模块主要通过公司提供的说明、审计报告及财务报表、土地或房屋产权证、房屋租赁合同、相关资产购买合同及价款支付凭证及企查查、国家知识产权官方网站、裁判文书网公示的信息等进行核查。该模块核查的要点在于公司主要资产有无受到限制,如被抵押、质押、冻结等情形,公司主要资产是否存在权属纠纷,是否存在资产尚未运营或未产生收益的情形,律师可在尽职调查报告中给予风险提示。

(九)公司重大债权债务

该模块主要通过查阅企业信用报告、审计报告、财务报表及借款融资合同、担保合同、重大采销合同、公司内部关于借款融资及担保的相关程序性决策文件以及与公司财务负责人访谈等途径进行核查。该模块核查的要点在于公司债务特别是借款融资负担的债务是否逾期,是否存在逾期未偿还的情形;公司债务的相对方收取的利息是否高于相关法律法规规定的上限从而侵蚀公司的利润;公司对外担保履行状态,对外担保金额占公司所有者权益的比重,被担保方的偿债能力;重大采销合同的履约情况,是否存在违约情形;公司是否存在未入账的隐性债务;公司重大债务合同中是否存在权利限制,如控股股东及实际控制人变更需经过债权人同意。

(十)公司的治理结构

该模块主要通过查阅工商档案、公司章程及国家企业信用信息公示系统、企查查公示信息等途径进行核查。该模块核查要点在于公司是否建立了三会一层即股东会、董事会(执行董事)、监事会(监事)及经理层的治理结构,以及公司董事、监事、经理是否按照《公司法》相关规定或公司章程的规定选举或聘任;公司章程是否对变更控股股东作出特别规定;公司历次股东会会议、董事会会议(执行董事决定)的会议记录保存是否完整等。

(十一)公司的人员

该模块主要通过查阅公司提供的董监高人员名单及履历、员工名册、劳动合同、工资表、社会保险和住房公积金缴纳凭证等途径进行核查。该模块核查要点在于公司董监高人员任职资格履历、公司劳动用工是否合法合规,是否与劳动用工人员签订了劳动合同,是否依法依规为劳动用工人员缴纳了社会保险及住房公积金;公司人员特别是核心技术人员或核心业务人员的竞业限制情况等。

(十二)公司的税收及财政补贴

该模块主要通过查阅审计报告,公司提供的税收优惠、财政补贴文件及获得财政补贴的相关银行凭证,纳税申报表、完税证明,受到税收方面的行政处罚相关文书及说明、缴纳罚款的凭证以及对相关人员访谈的途径来进行核查。核查的要点在于公司是否依法依规纳税,是否存在受到税务方面行政处罚的情形;公司享有的税收优惠及财政补贴是否具有合法依据。

(十三)诉讼、仲裁及行政处罚

该模块主要通过查阅公司提供的相关说明,裁判文书网、执行信息公开网、国家企业信用信息公示系统、信用中国、企查查等网络公示的信息以及公司提供的相关诉讼仲裁及受到行政处罚的文书,对控股股东及实际控制人、董监高访谈等途径进行核查。该模块核查的要点在于控股股东、实际控制人以及董监高的涉诉情况;公司尚未了结的诉讼、仲裁尤其是重大诉讼、仲裁即公司的或有负债情况;行政处罚方面则关注目标公司是否受到了行政处罚,受到该行政处罚的原因是公司业务经营中出现了重大违法违规还是一般性的违法违规行为,以及行政处罚后的整改情况。

二、股权收购项目尽职调查清单

尽职调查清单是律师提供给公司的重要资料之一,有了尽职调查清单,公司

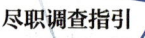
尽职调查指引

才能比较清楚地了解律师需要其提供哪些资料。对于律师而言,尽职调查清单是其为实现尽职调查各个内容模块项下要点的核查与查验的目的而需收集的底稿资料的详细呈现,同时也是开展法律尽职调查的初始环节。下面将列示股权收购项目的尽职调查清单(见表1),作为读者参考之用。

表1　尽职调查清单

序号	文件明细	已提供	未提供	不适用	备注
第一部分　公司基本情况					
1-1　公司主体情况					
1-1-1	公司注册地工商行政管理局出具的、盖有"工商档案查询专用章"的全套工商档案				
1-1-2	公司最新的证照文件等				
1-1-2-1	公司(包括公司前身)自成立以来(包括设立、历次变更、最新)的企业营业执照				
1-1-2-2	银行开户许可证/基本存款账户信息				
1-1-2-3	社会保险登记证/表(如有)				
1-1-2-4	法定代表人身份证复印件、护照、境外身份文件(包括境外护照、居留权证书、身份证等,如有),并请书面说明其经常居住地是否位于中国境内				
1-1-2-5	公司信用等级证书等资质评价证书(企业信用报告最新版需提供,其他信用评价证书如有的情况下提供)				
1-1-2-6	公司享受的优惠政策(资金、税收、进出口、土地使用权等)的证明文件(如有)				

续表

序号	文件明细	已提供	未提供	不适用	备注
1-1-3	公司关于历史沿革的说明				
1-1-4	公司设立时及增资时的出资协议、股东协议[包括但不限于公司设立时的出资协议、股东协议,历次增资(含最新)的出资协议、股东协议,以及历次出资协议、股东协议的修改和补充文件](如有)				
1-1-5	公司的验资报告(包括但不限于设立时的验资报告、历次资本变更的验资报告)/股东入资款的银行回单				
1-1-6	以资产(实物、技术、土地使用权、房产等)出资的股东出资时办理移交手续证明文件及办理完毕产权过户手续的证明文件,包括但不限于资产评估报告、资产评估备案/核准批文(如有)、资产交接文件、共同签署的资产清单及/或产权登记证。若未办理手续,请书面说明资产实际移交的情况(如有)				
1-1-7	政府主管部门向公司及其全资、控股、参股子公司和联营合营企业及下属部门核发的涉及公司及其下属企业、下属部门生产经营的许可、特许权或特许经营等许可性文件(如有)				
1-1-8	公司股东签署的公司章程(包括但不限于公司设立时的章程,现行有效的章程,以及历次章程的修改和补充文件)				
1-1-9	除公司出资协议和章程外,公司股东之间或股东与公司之间签订的与公司经营有关的其他合同、协议、意向书、备忘录				
1-1-10	公司现任董事会、监事会人员名单及选举/委派决议				
1-1-11	公司法定代表人、现任董监高名单及管理层人员介绍				

续表

序号	文件明细	已提供	未提供	不适用	备注
1-1-12	公司总经理、副总经理(如有)及其他高级管理人员聘任决议/委派书				
1-1-13	公司完整的组织结构图,包括公司的全资、控股、参股、联营、合营企业等不具备法人资格的下属企业或部门(包括分公司、营业部、中心等,下同)				
1-1-14	公司及其全资、控股、参股子公司和联营合营企业及部门的所有资质证明文件;高科技企业、国家重点扶持企业证书/批复,其他政府认定、资助或扶持项目的证书/批复或其他与公司及其下属企业、下属部门业务相关的证书及奖项(如有)				
1-2 公司股权结构					
1-2-1	截至本尽职调查清单发出之日,本企业股东情况,包括股东姓名、股东持股数与股东持股比例				
1-2-2	现行有效的公司营业执照、公司章程、最近一年度的审计报告及最近月份的财务报表,公司从事的业务情况介绍,其现任董事会成员及高级管理人员名单				
1-2-3	公司各股东之间是否存在关联关系(包括但不限于是否相互持有股份、一方的高级管理人员是否存在关联双方双重任职情形、是否相互存在重大债权债务关系或管理关系)的说明文件				
1-2-4	股东所持有的公司股份是否设置质押;如设置,请提供有关主合同、质押合同和质押登记文件				
1-2-5	股东所持有的公司股份是否存在被司法冻结、存在权属争议等其他限制转让的情形,如存在,请提供该等情形的详细书面说明和相关材料				

续表

序号	文件明细	已提供	未提供	不适用	备注
1-2-6	公司股东所持公司股份是否存在委托持股或代持股等情况;如存在,请提供该等情形的详细书面说明和相关协议或合同				
1-2-7	公司股东是否与他人签订有转让、回购或质押所持公司股份的协议;如存在,请提供该等协议				
1-2-8	公司所投资企业的营业执照、投资协议、现行有效的所投资企业的公司章程以及所投资企业历次注册资本缴付到位的验资报告或银行回单(若有)				
1-2-9	公司所有的对外投资企业的股权结构图和清单(请注明每家公司的准确名称、注册地址、注册资本、股权比例及经营范围)				
1-2-10	公司所有对外投资企业注册地主管工商行政管理局出具的盖有"工商档案查询专用章"的工商档案				
第二部分　公司经营状况					
2-1　行业发展情况					
2-1-1	公司所在行业的整体发展情况介绍				
2-1-2	公司在行业中的地位和优势分析				
2-2　业务发展情况					
2-2-1	公司总体业务经营情况的书面说明				
2-2-2	公司业务流程、业务管理的情况说明				
2-2-3	公司生产或经营的产品和服务清单				
2-2-4	公司各项产品和服务的业务流程、各项产品和服务的生产经营所对应依赖的资产,包括但不限于房屋、设备、生产线、主要检测仪器、运输、仓储、技术、商标等				

续表

序号	文件明细	已提供	未提供	不适用	备注
2-2-5	公司的主要客户名单、与其签署的合同副本、公司的所有分销协议、重要的销售合同、公司主要的原材料供应商名单及供货合同				
2-3　销售能力					
2-3-1	公司产品国内外销售市场开拓及销售网络的建立历程				
2-3-2	公司近两年及每年或某一期间内交易额排名前10的业务交易对象单位清单(包括原料、设备、服务前10名供应商及前10名销售客户的名单)及交易情况说明,包括购货总金额、付款形式、回款情况、违约情况等				
2-3-3	目标公司所有主要顾客群及其特性,如地区分布、付款形式、信用期限及回款周期等				
2-3-4	交易额排名前10的主要客户最近两年及一期的销售合同、交易额排名前10的主要供应商最近两年及一期的采购合同				
第三部分　公司财产状况					
3-1　土地					
3-1-1	公司及附属公司所占用的全部土地的清单及产权证明文件,如为划拨地,请提供国土资源部门出具的关于国有土地使用权划拨的批文				
3-1-2	土地使用权证、他项权利证、租赁登记证明、抵押登记证明等				
3-1-3	政府机关关于土地处置方案的批复(如有)				
3-1-4	与土地使用权有关的协议和批准文件(如土地使用权出让合同、转让合同、租赁协议、抵押协议等)				

续表

序号	文件明细	已提供	未提供	不适用	备注
3-1-5	土地使用权出让、租赁、转让所涉及的出让金、租金、转让费和土地使用费的支付凭证；对于出租的土地，请提供出租方有权出租的证明				
3-1-6	是否存在占用集体土地的情况，如有，请提供相关的协议文件				
3-1-7	提供与土地使用权有关的合作开发合同、联营或合作协议				
3-1-8	确认上述土地上是否设定了任何抵押、担保，如有，请提供抵押协议、担保协议、抵押登记文件、主债务合同				
3-2 房产					
3-2-1	请提供公司及下属全资子公司所有房产清单及所有的房屋所有权证、房屋购买协议，并说明上述自有房屋上是否存在抵押，如有，请提供房屋抵押协议和抵押登记证明文件				
3-2-2	公司拥有的全部租赁房产，并相应提供该等租赁房屋的租赁协议、租赁登记文件、租赁房屋的产权证明等文件				
3-2-3	拥有或租赁房产的使用、出售、租赁或转让的限制、合约及承诺的详细清单及协议文本				
3-2-4	确认上述房产上是否设定了任何抵押、担保，如有，请提供抵押协议、担保协议、抵押登记文件、主债务合同				
3-3 主要固定资产					
3-3-1	请提供公司的全部固定资产（包括公司的所有设施、设备、家具、固定装置、车辆等）的清单，并同时提供与购置和证明权利有关的文件				
3-3-2	与在建工程相关的协议，包括但不限于工程承包合同、建设合同				

续表

序号	文件明细	已提供	未提供	不适用	备注
3-3-3	拥有车辆的车辆登记证				
3-3-4	请确认上述固定资产上是否设定了任何抵押、担保,如有,请提供抵押协议、担保协议、抵押登记文件、主债务合同				
3-3-5	请说明近两年及一期以来公司出售、拟出售对生产经营有重大影响的,占公司净资产5%以上的资产情况,并提供相应文件				
3-4 无形资产					
3-4-1	列举并说明所拥有的,被许可使用的,或正在申请的所有知识产权,包括但不限于专利、商标、服务标识、商号、品牌、著作权、专有技术、域名等,并提供全部专利权证书、商标注册证、其他知识产权证明及有关申请文件				
3-4-2	就所持有或主张的前述知识产权,请确认是否已缴纳相应的费用(如专利年费),并请提供缴费凭证				
3-4-3	所有现行有效的公司作为一方的知识产权许可使用合同、转让合同以及技术开发合同等,包括但不限于商标、服务标记、著作权、专利或专有技术的许可、转让、开发合同及相关登记备案文件				
3-4-4	目前拥有的特许经营权(如有)的相关证明文件				
3-4-5	请确认上述知识产权上是否设定了任何质押、担保,如有,请提供质押协议、担保协议、质押登记文件、主债务合同				
3-4-6	有关上述知识产权的资产评估报告(如有)				
第四部分 公司财务状况					
4-1	最近两年的审计报告及一期的财务报表				

续表

序号	文件明细	已提供	未提供	不适用	备注
4-2	最近两年及一期的科目余额表及最近一期的银行账户流水				
4-3	会计师关于公司财务管理制度、会计制度、外汇支出及其他有关重大财务问题的信函,以及公司相应的回复(如有)				
4-4	最近两年及一期企业编制的内部财务计划、预算及预测,以及为评估现有预测而对实际结果进行的审查和比较(如有)				
第五部分　重大诉讼、仲裁或行政复议					
5-1	列出并说明公司成立以来所有与公司或其产品和服务以及公司经营有关的,正在进行的、已经结案的或潜在的诉讼、仲裁和其他司法程序及其他未结争议、行政复议等,以及有关公司股东、公司董事、监事或高级管理人员涉及之任何诉讼(含民事诉讼和刑事诉讼)、仲裁、纠纷、调查及行政复议(包括任何与政府机构有关的诉讼、仲裁、纠纷、调查及行政处分)的法律文件				
5-2	公司作为一方当事人的,法院和仲裁机关的判决、裁决、裁定、调解协议及其他类似协议,以及对公司判处的罚款(如有)				
5-3	有关公司涉及的未决诉讼、仲裁和其他程序进展情况的说明				
5-4	公司违反或被控违反卫生、防火、建筑、规划、环保、安全等方面的法律法规的通知或诉讼				
5-5	公司是否受到劳动、环保、税务、工商、质量、海关等部门的行政处罚,如有,请列示并提供相应处罚通知书、罚款单及缴纳罚金证明或纠正违法违规行为的说明等相关文件				

续表

序号	文件明细	已提供	未提供	不适用	备注
5-6	公司自成立以来发生的对公司财务状况产生重大影响的诉讼或行政处罚文件				
5-7	相关律师就现行或可能的诉讼、仲裁、行政纠纷或调查提供的法律意见和备忘录				
5-8	任何涉及公司股东之财产上(包括但不限于其在公司及其主要子公司之股权上)存在的任何行政机关、司法机关的查封、冻结及其他强制执行的措施或程序				
	第六部分　担保和保险				
6-1	公司存在的任何形式之担保情况清单,并就担保情况提供专项的书面说明。该担保包括但不限于保证、抵押、质押、留置、定金等,请提供担保之所有合同、文件、抵押和质押证明等,并提供相应的主合同				
6-2	公司的财产险保险合同及其他保险合同和相应文件(如有)				
	第七部分　债权债务				
7-1	公司目前有效、仍在履行的金融借款合同清单及合同文本,包括人民币或外汇币种贷款合同及有关批文、登记文件				
7-2	公司最近两年及一期内按照前五大(暂定)归集的应付账款及其他应付账款清单,包括单位名称、金额、期限、担保方式、债务到期期限等;该清单所列各项应付账款及其他应付账款对应的合同文件、担保(保证、抵押、质押)文件				

续表

序号	文件明细	已提供	未提供	不适用	备注
7-3	公司最近两年及一期内按照前五大(暂定)归集的应收账款及其他应收款清单,包括欠款单位名称、金额、期限、担保方式等;该清单所列各项应收账款及其他应收账款对应的合同文件、担保(保证、抵押、质押)文件。对公司拥有的债权,请说明公司对这些债权到期期限。同时,请公司说明是否曾经对已到期债权进行过书面催告,债务人是否进行过书面回复,并提供相关书面文件				
7-4	公司与关联方或其他企业、个人之间的借款及担保合同(含担保登记文件)(如有)				
7-5	股东借款合同及担保合同(含担保登记文件)				
7-6	涉及外债的请提供国家外汇管理局的相关批文和登记文件(如有)				
7-7	其他重大融资的协议和文件				
	第八部分　重大合同				
8-1	公司所有现行有效的重大合同清单及合同文本,即与公司生产经营有关的所有合同。这些合同包括但不限于买卖合同、工程施工合同、设备采购合同、设备租赁合同(包括经营性租赁和融资租赁)、原料采购合同、运输合同、产品销售合同、委托加工合同、货物进出口合同、技术转让合同、技术许可合同、技术进出口合同、研究开发合同、长期供应合同、售后服务委托合同、委托代理或分代理合同等				
8-2	所有不竞争协议和其他以公司为合同一方的可能限制其未来经营活动的协议				

续表

序号	文件明细	已提供	未提供	不适用	备注
8－3	公司与其他方签署的或实际履行的资产(产权、企业)代管协议				
8－4	公司与其股东,以及与全资子公司、控股公司、参股公司或其他有关联关系的公司签署的任何协议				
8－5	其他虽然未超过净资产总额20%,但对公司有重大影响的合同、协议或其他书面文件及公司认为应提供的其他文件				
8－6	所有与公司增资扩股、减资、股权转让、公司合并与分立、收购兼并、资产置换、资产剥离、对外投资等重大事件相关的协议、合同				
8－7	与公司股权质押相关的合同(如有)				
8－8	公司员工期权安排方面的相关协议(如有)				
	第九部分　劳动管理				
9－1	企业在职及离退休、下岗、内退员工的情况;在册员工的用工方式(如全民所有制固定工、合同工或其他方式)及劳动合同签订情况,如有未签订劳动合同的,请说明原因。目前使用的员工劳动合同标准文本及集体劳动合同标准文本(如有)				
9－2	正式员工的基本工资、奖金、福利(包括食堂、幼儿园、学校、鼓励性的补恤金、贷款或其他类似计划)及补贴的说明或最近两年及一期的工资表(如2019年1月、2019年12月、2020年1月、2020年12月、2021年1月、2021年10月);最近两年及一期(如2019年年底、2020年年底及2021年10月末)所有在职员工的人数、各年总人工成本和人均人工成本情况说明;为员工办理养老保险、工伤保险、失业保险、生育保险、医疗保险及住房公积金的银行缴费回单				

续表

序号	文件明细	已提供	未提供	不适用	备注
9-3	公司发生的一切劳动纠纷(包括但不限于劳动仲裁、不公平劳工待遇、工作环境、安全及劳动卫生等方面的诉讼或行政程序)的详细情况。如在过去两年及一期里有员工向公司提出过任何索赔,请提供相关文件				
9-4	公司经年检的社会保险登记证(如有),公司所在区域内社保机关已开征的社会保险险种的情况、公司员工参加社会保险及住房公积金的情况(包括但不限于养老保险、失业保险、医疗保险、工伤保险、生育保险、住房公积金),公司对员工的社会保险、住房公积金缴费情况,是否存在欠缴保费问题,是否受到过社保主管机关处罚等				
9-5	职工持股情况(如有)				
9-6	盖有政府部门公章的近两年及一期的社会保险与住房公积金缴纳表				
	第十部分 税务及财政补贴				
10-1	公司目前适用的主要税种、税率				
10-2	近两年及一期的纳税申报表				
10-3	公司任何时期所接到的所有税务部门签发的涉及公司欠税通知、欠税罚单				
10-4	为公司提供有关税务咨询、税务安排或其他税务服务的中介机构(包括会计师事务所、税务咨询公司等)的名称及地址				
10-5	税务部门出具的公司最近两年及一期的完税证明				

续表

序号	文件明细	已提供	未提供	不适用	备注
10-6	公司享受税收优惠或财政补贴的任何政府批准文件,包括但不限于认定公司具备享受减免税资格的批复和批准证书,任何政府部门同意对公司提供"先征后返"、财政补贴等待遇的批准文件、通知等				
10-7	有关公司及其主要子公司相互之间及其与关联公司有关税务安排的任何协议、文件或证明,包括但不限于提供税务担保或代为承担纳税义务等方面的任何文件				
第十一部分 其他文件					
11-1	各股东最新营业执照(或商业登记证、身份证明等)				
11-2	股东现行有效的公司章程及/或其他组织性文件				
11-3	公司现有登记股东是否存在代持或其他利益安排的说明,如存在,请提供有关代持协议或书面文件				
11-4	公司主营业务是否与发起人、控股股东或实际控制人相同、相似的说明				
11-5	公司最近两年及一期经常性关联交易的种类、交易额、交易对方、定价原则、批准程序(董事会及/或股东会决议),关联交易收入占公司主营业务收入的比例,关联交易产生的利润占公司利润总额的比例;公司最近两年及一期发生的重大关联交易合同复印件				
11-6	董事、监事、高级管理人员的竞业禁止规定落实情况,包括但不限于任职情况、劳动合同、规章制度				

注:1. 如果被要求提供的文件或相关事项不存在或者不适用,请在文件未提供或该事项不适用一栏中做记号标示。

2. 被要求文件需要目标公司提供复印件、电子扫描件各一套。

三、股权收购项目法律尽职调查报告模板

法律尽职调查报告是律师开展尽职调查的项目结果，也是尽职调查的终端环节。下面将列示股权收购项目的法律尽职调查报告模板，供读者参考。

北京市京师律师事务所
关于
某科技服务有限公司
之
法律尽职调查报告

京师律师
JINGSH LAWYER

北京市京师律师事务所

北京市朝阳区东四环中路××××
电话：8610 – 50××××99
传真：8610 – 50××××98
邮编：10××××

目 录

第一部分　引言
第二部分　正文
　　第一节　公司简介
　　第二节　公司的历史沿革
　　第三节　对外投资
　　第四节　股东及实际控制人
　　第五节　主体资格
　　第六节　公司业务
　　第七节　关联交易和同业竞争
　　第八节　主要资产
　　第九节　公司重大债权债务
　　第十节　公司的法人治理结构
　　第十一节　公司的人员
　　第十二节　税收及财政补贴
　　第十三节　诉讼、仲裁或行政处罚
第三部分　结论意见

第一部分　引　言

致:北京某科技股份有限公司

　　北京市京师律师事务所(以下简称本所)接受北京某科技股份有限公司(以下简称投资人)的委托,作为投资人收购北京某科技服务有限公司(以下简目标公司)前尽职调查之专项法律顾问,本所对目标公司进行了初步法律尽职调查。

　　现本所按律师行业公认的业务标准、道德规范和勤勉尽责精神,向投资人出具尽职调查报告。

　　在本次尽职调查中,本所律师通过向目标公司相关工作人员了解企业相关情况、查看目标公司提供的相关文件和材料、调取相关企业的工商档案信息、在第三方查询平台查询目标公司信息资料等方式进行了尽职调查。

　　在此基础上,本所律师对目标公司的历史沿革、对外投资、股东及实际控制人、业务、关联交易同业竞争、重大资产、重大债权债务、法人治理结构、劳动人事、税务、诉讼仲裁等相关法律问题进行了研究、调查、验证。

为出具本报告之目的，本所对目标公司出示及提供的文件、资料和信息以及本所从有关职能部门获取的资料、文件和信息等作如下假定：

1. 目标公司提供文件、资料、信息是真实的；

2. 复印件、扫描件与原件一致，内容相符；

3. 所有签字、印鉴、印章均为真实有效，且依法获得了必要的授权、许可或批准。

同时，本所及本所律师声明如下：

1. 本所律师仅根据本尽职调查报告出具之日现行有效的法律、法规和规范性文件的明确要求，对投资人本次投资事宜有重大影响的法律问题发表法律意见，而不对目标公司的会计、审计、验资、资产评估等专业事项和报告发表意见。本所律师在本尽职调查报告中对有关会计报表、审计报告、验资报告和资产评估报告中某些数据和结论的引述，并不意味着本所律师对该等数据和相关结论的合法性、真实性和准确性作出任何明示或默示的认可、担保或保证。

2. 本尽职调查报告仅依据出具日之前生效的法律、法规，并基于出具日之前发生的事实或签订的文件作出。

3. 本所律师未授权任何单位或个人对本尽职调查作任何解释或说明。

4. 本尽职调查报告仅为投资人投资目标公司决策参考使用，未征得本所事先书面许可或确认，不得向其他第三方披露、透露，并不得擅自引用或转述或用作其他用途。

基于上述假定和声明，本所及本所律师根据有关法律、法规、部门规章及相关业务规则，在对目标公司提供的有关文件和事实进行核查和验证的基础上，出具本尽职调查报告。

第二部分 正　　文

第一节　公　司　简　介

公司名称：北京某科技服务有限公司

住所：北京市朝阳区××区××号

法定代表人：王某某

统一社会信用代码：××××××××××

注册资本：200 万元

实缴资本：100 万元

公司类型：有限责任公司（自然人投资或控股）

成立日期：2010 年××月××日

营业期限：2010 年××月××日至 2030 年××月××日

经营范围:技术开发、技术转让、技术服务;××××(企业依法自主选择经营项目,开展经营活动;依法须经批准的项目,经相关部门批准后依批准的内容开展经营活动;不得从事本市产业政策禁止和限制类项目的经营活动。)

第二节 公司的历史沿革

目标公司的前身为北京某甲有限公司、北京某乙有限公司,系依法设立并有效存续的有限责任公司,其设立及主要历史沿革情况如下:

一、2010年××月,北京某甲有限公司设立

2010年××月××日,北京市工商行政管理局朝阳分局出具(京朝)名称预核(内)字[××××]第×××××××号《企业名称预先核准通知书》,同意预先核准由北京某投资有限公司、周某某共同设立企业,企业名称为:北京某甲有限公司。

2010年××月××日,公司全体股东签署《公司章程》,约定公司住所为:北京市朝阳区××东路×号院;注册资本为100万元,股东出资时间为2010年××月××日;公司经营范围为文化艺术交流策划、企业管理咨询、商务信息咨询(以上咨询不含经济)、会展服务、图文设计制作、设计、制作、代理、发布各类广告。

根据公司提供的工商档案,公司设立时,周某某担任北京某甲有限公司执行董事兼经理;何某担任监事。

2010年××月××日,北京××会计师事务所有限责任公司出具京××(验)字[××××]-××××××号《验资报告》。经审验,截至2010年××月××日,北京某甲有限公司已经收到全体股东北京某投资有限公司、周某某缴纳的注册资本合计人民币100万元,出资形式为货币。

2010年××月××日,经北京市工商行政管理局朝阳分局核准并颁发了注册号为×××××××××××××的企业法人营业执照。北京某甲有限公司设立时股权结构情况如下:

序号	股东姓名	认缴出资额(万元)	实际出资额(万元)	持股比例(%)
1	北京某投资有限公司	95	95	95
2	周某某	5	5	5
	合计	100	100	100

二、2014年××月,住所变更

2014年××月××日,北京某甲有限公司向工商行政管理部门提交公司变更登记申请

书,住所由"北京市朝阳区××东路×号院"变更为"北京市朝阳区××园×区"。

2014年××月××日,北京某甲有限公司取得北京市工商行政管理局朝阳分局换发的《企业法人营业执照》。

三、2014 年××月,企业名称、法定代表人、执行董事和经理变更

2014年××月××日,北京某甲有限公司召开股东会,全体股东一致同意作出如下决议:

1. 变更单位名称:同意将本公司名称"北京某甲有限公司"变更为"北京某乙有限公司"。
2. 变更公司执行董事:同意免去周某某公司执行董事职务。
3. 变更公司经理:同意解聘周某某公司经理职务。
4. 同意变更修改后的公司章程。

2014年××月××日,北京某甲有限公司召开股东会,全体股东一致同意作出如下决议:

1. 同意选举李某担任公司执行董事。
2. 同意聘任李某担任公司经理。
3. 同意修改后的公司章程。

2014年××月××日,北京市工商行政管理局朝阳分局出具(京朝)名称变核(内)字[××××]第×××××××号《企业名称变更核准通知书》,准予核准企业名称变更为:北京某乙有限公司。

2014年××月××日,北京某乙有限公司取得北京市工商行政管理局朝阳分局换发的《企业法人营业执照》。

四、2014 年××月,经营范围变更

2014年××月××日,北京某乙有限公司向工商行政管理部门提交公司变更登记申请书:

公司经营范围由"文化艺术交流策划;企业管理咨询、商务咨询(以上咨询不含经济)、会展服务;图文设计制作;设计、制作、代理、发布广告"变更为"组织文化艺术交流活动(不含演出);企业策划;企业管理咨询;会议服务;承办展览展示活动;电脑图文设计、制作;经济贸易咨询(依法须经批准的项目,经相关部门批准后方可开展经营活动)"。

2014年××月××日,北京某乙有限公司取得北京市工商行政管理局朝阳分局换发的《企业法人营业执照》。

五、2015 年××月,经营范围变更

2015年××月××日,北京某乙有限公司向工商行政管理部门提交公司变更登记申请书:

变更经营范围:由"组织文化艺术交流活动(不含演出);企业策划;企业管理咨询;会议服务;承办展览展示活动;电脑图文设计、制作;经济贸易咨询(依法须经批准的项目,经相关

部门批准后方可开展经营活动)"变更为"演出经纪;文艺表演;组织文化艺术交流活动;企业策划;企业管理咨询;会议服务;承办展览展示活动;电脑图文设计、制作;经济贸易咨询。依法须经批准的项目,经相关部门批准后依批准的内容开展经营活动"。

2015年××月××日,北京某乙有限公司取得北京市工商行政管理局朝阳分局换发的《企业法人营业执照》。

六、2015年××月,法定代表人、执行董事和经理变更

2015年××月××日,北京某乙有限公司召开股东会,股东一致同意作出如下决议:

1. 变更公司执行董事:同意免去李某执行董事职务;选举王某某担任公司执行董事;

2. 变更公司经理:同意解聘李某经理职务,聘任王某某为公司经理;

3. 同意变更后的公司章程。

2015年××月××日,北京某乙有限公司取得北京市工商行政管理局朝阳分局换发的《企业法人营业执照》。

七、2016年××月,法定代表人、执行董事和经理变更

2016年××月××日,北京某乙有限公司召开股东会,股东一致同意作出如下决议:

1. 变更公司执行董事:同意选举刘某某担任公司执行董事;

2. 变更公司经理:同意聘任刘某某担任公司经理。

同日,北京某乙有限公司召开股东会,股东一致同意作出如下决议:

1. 变更公司执行董事:同意免去王某某公司执行董事职务;

2. 变更公司经理:同意解聘王某某公司经理职务。

2016年××月××日,北京某乙有限公司取得北京市工商行政管理局朝阳分局换发的《企业法人营业执照》。

八、2016年××月,法定代表人、执行董事和经理变更

2016年××月××日,北京某乙有限公司召开股东会,全体股东一致同意作出如下决议:

1. 变更公司执行董事:同意免去刘某某公司执行董事职务;

2. 变更公司执行董事:同意选举孙某某为公司执行董事;

3. 变更公司经理:同意免去刘某某公司经理职务;

4. 变更公司经理:同意聘任孙某某为公司经理职务。

2016年××月××日,北京某乙有限公司取得北京市工商行政管理局朝阳分局换发的《企业法人营业执照》。

九、2017年××月,经营范围、投资人、企业类型和企业名称变更

2017年××月××日,北京某乙有限公司召开股东会,全体股东一致同意作出如下决议:

1. 同意原股东北京某投资有限公司退出股东会;

2. 同意股东北京某投资有限公司将其持有的出资 95 万元转让给周某某;
3. 同意修改公司章程。

同日,股东周某某作出股东决定:
1. 同意公司名称变更为北京某科技服务有限公司。
2. 同意公司经营范围变更为"演出经纪、文艺表演;技术开发、技术转让、技术服务;设计、制作、代理、发布广告;经济贸易咨询;会议服务;销售通讯设备(以工商局核定为准)"。
3. 同意周某某为公司唯一股东。
4. 同意修改公司章程。

2017 年××月××日,北京某投资有限公司(转让方)与周某某(受让方)签署《股权转让协议》,北京某投资有限公司同意将北京某乙有限公司中的股权 95 万元(人民币)转让给周某某,周某某同意接收上述股权。双方于 2017 年××月××日正式转让,自转让之日起,转让方对已转让的出资不再享有出资人的权利,也不再承担出资人的义务;受让方以其出资额为限在企业内享有出资人的权利,承担出资人的义务。

2017 年××月××日,北京市工商行政管理局朝阳分局出具(京朝)名称变核(内)字[××××]第×××××××号《企业名称变更核准通知书》,准予核准企业名称变更为:北京某科技服务有限公司。

2017 年××月××日,目标公司取得北京市工商行政管理局朝阳分局换发的《企业法人营业执照》。

本次股权转让后,目标公司的股权结构情况如下:

序号	股东姓名	认缴出资额(万元)	实际出资额(万元)	持股比例(%)
1	周某某	100	100	100
	合计	100	100	100

十、2017 年××月,董事、经理、注册资本、法定代表人、投资人和企业类型变更

2017 年××月××日,目标公司股东周某某决定:
1. 同意增加新股东北京某企业管理中心(有限合伙)、何某;
2. 同意原股东周某某退出股东会;
3. 同意股东周某某将其持有的出资 100 万元转让给何某;
4. 同意免去孙某某的执行董事职务;
5. 同意修改公司章程。

同日,执行董事孙某某作出决定:同意解聘孙某某的经理职务。

2017 年××月××日,周某某(转让方)与何某(受让方)签署《股权转让协议》,周某某同意将目标公司中的股权 100 万元(人民币)转让给何某,何某同意接收上述股权。双方于 2017 年××月××日正式转让,自转让之日起,转让方对已转让的出资不再享有出资人的权利,也不再承担出资人的义务;受让方以其出资额为限在企业内享有出资人的权利,承担出资人的义务。

2017年××月××日,目标公司召开股东会,全体股东一致同意作出如下决议:

1.同意注册资本变更为200万元,变更后的出资情况为:股东北京某企业管理中心(有限合伙)出资40万元,股东何某出资160万元;

2.同意由北京某企业管理中心(有限合伙)、何某组成新的股东会;

3.同意选举王某某为公司执行董事;

4.同意修改公司章程。

同日,执行董事王某某作出决定:同意聘任王某某为公司经理。

2017年××月××日,目标公司取得北京市工商行政管理局朝阳分局换发的《企业法人营业执照》。

本次股权转让后,目标公司的股权结构情况如下:

序号	股东姓名	认缴出资额（万元）	实际出资额（万元）	持股比例（％）
1	何某	160	100	80
2	北京某企业管理中心（有限合伙）	40	0	20
	合计	200	100	100

十一、2018年,注册资本变更、股东变更

依据目标公司提供的股权投资占比情况说明,公司股东、持股数及持股比例如下:

序号	股东姓名	认缴出资额（万元）	实际出资额（万元）	持股比例（％）
1	何某	160	100	54
2	北京某企业管理中心（有限合伙）	40	0	14
3	吴某	4	4	1
4	蒋某某	10	10	3
5	钱某	82	82	28
	合计	296	196	100

截至本尽职调查报告出具之日,本所律师未取得吴某、蒋某某、钱某向目标公司出资的协议、股东会决议及原股东放弃优先购买权的相关文件,亦未提供工商变更文件。本所律师未能在企业信用信息公示系统查询到本次变更的相关信息,因此尚不能核实本次变更的协议和出资情况。通过对目标公司人员的访谈得知,本次变更尚存在不确定事项,即新增股东出资额及持股比例尚在协商中。

综上,本所律师认为:

1. 公司本次变更存在重大的不确定性,公司股权存在潜在争议,影响公司股权稳定性。

2. 根据目标公司说明,新增股东吴某、蒋某某、钱某已经于2018年向目标公司出资。《公司登记管理条例》(已废止,下同)第34条第1款规定:"有限责任公司变更股东的,应当自变更之日起30日内申请变更登记,并应当提交新股东的主体资格证明或者自然人身份证明。"第68条第1款规定:"公司登记事项发生变更时,未依照本条例规定办理有关变更登记的,由公司登记机关责令限期登记;逾期不登记的,处以1万元以上10万元以下的罚款……"目标公司新增股东及增加注册资本事项,已经超过《公司登记管理条例》规定的办理期限,存在受到行政机关处罚的风险。

综上,本所律师提请投资人注意,目标公司股权存在重大争议风险,建议在投资前要求:

1. 原股东之间确定出资价格及持股比例事项;

2. 要求公司及其原股东完成工商变更事项;

3. 原股东出具承诺,承诺以下事项:

(1)原股东之间出资价格及持股比例已经确定,公司股权清晰,公司股东之间就公司股权事项不存在争议和潜在争议;

(2)因公司未及时办理工商登记,若因此造成公司受到行政处罚,由原股东承担。

另外,本所律师注意到,目标公司在2014年××月、2015年××月、2016年××月以及2016年××月变更过程中,经理职务均由股东会聘任或解聘。核查《公司章程》第8条第11项规定,股东会有权"决定聘任或者解聘公司经理及其报酬事项,并根据经理的提名决定聘任或者解聘公司副经理、财务负责人及其报酬事项"。该规定违反了《公司法》(2018年修正)第49条的规定,《公司章程》及治理机制存在法律瑕疵。

第三节 对外投资

经核查目标公司的工商档案、企业基本信息并经本所律师于北京市企业信用信息网进行检索查询,截至本尽职调查报告出具之日,目标公司无对外投资。

第四节　股东及实际控制人

一、目标公司目前的股东

依据目标公司提供的《内资企业设立(变更)登记(备案)审核表》,经本所律师通过国家企业信用信息公示系统核查,截至本尽职调查报告出具之日,目标公司的股东、持股数及持股比例如下:

序号	股东姓名	认缴出资额（万元）	实际出资额（万元）	持股比例（%）
1	何某	160	100	80
2	北京某企业管理中心（有限合伙）	40	0	20
	合计	200	100	100

依据目标公司提供的《北京某科技服务有限公司股权投资占比情况表》,公司股东、持股数及持股比例实际情况如下:

序号	股东姓名	认缴出资额（万元）	实际出资额（万元）	持股比例（%）
1	何某	160	100	54
2	北京某企业管理中心（有限合伙）	40	0	14
3	吴某	4	4	1
4	蒋某某	10	10	3
5	钱某	82	82	28
	合计	296	196	100

二、股东股权质押及代持情况

本所律师在国家企业信用信息公示系统进行查询,目标公司不存在股权出质登记信息。

根据目标公司提供的《关于北京目标公司科技服务有限公司股权清晰的承诺(实际控制人)》《股东承诺》,目标公司股东持有的公司股权,不存在任何权属纠纷和被司法冻结的情况,不存在任何股权代持、委托持股和信托持股行为,不存在任何权利限制。

三、公司的控股股东及实际控制人

截至本尽职调查报告出具之日,目标公司控股股东何某持有公司股份160万股,持股比例为54%,同时担任公司监事。自2017年××月目标公司工商变更之后,公司第一大股东一直为何某。其通过所持股东会表决权,能够对公司经营决策产生实质性影响,是公司的控股股东及实际控制人。

何某:男,出生于×××年×月,中国国籍,汉族,无境外永久居留权。毕业于某大学,大专学历。本所律师未能获得何某工作经历相关资料,提请投资人注意。

综上所述,本所律师认为,认定何某为公司控股股东、实际控制人的理由和依据充分、合法。

第五节 主体资格

一、公司存续情况

目标公司成立于2010年××月××日,并取得由北京市工商行政管理局朝阳分局核发的《企业法人营业执照》(工商注册号:×××××××××××)。经本所律师查询国家企业信用信息公示系统(http://www.gsxt.gov.cn/index.html),目标公司自设立之日起存续,不存在按照法律、法规及《公司章程》中规定需要终止的情形。

二、相关登记

(一)营业执照

目标公司现持有2018年××月××日由北京市工商行政管理局朝阳分局核发的《企业法人营业执照》,统一社会信用代码:××××××××××××××。根据该《企业法人营业执照》,目标的基本信息如下:

统一社会信用代码	××××××××××××××
名称	北京某科技服务有限公司
住所	北京市朝阳区××区××号
法定代表人	王某某
注册资本	200万元
企业类型	有限责任公司(自然人投资或控股)
成立日期	2010年××月××日
营业期限	2010年××月××日至2030年××月××日
经营范围	技术开发、技术转让、技术服务;××××××

(二)开户许可证

目标公司现持有2017年××月××日由中国人民银行营业管理部核发的《开户许可证》

(编号：××××××××××，核准号：××××××××××××)，开户行为某银行股份有限公司某支行，银行账号为××××××××××××××××。

(三) 社会保险登记证

目标公司现持有编号为×××××××的社会保险登记证。

(四) 增值电信业务经营许可证

目标公司现持有编号为京××-××××××的增值电信业务经营许可证。

(五) 食品经营许可证

目标公司现持有编号为××××××××××××的食品经营许可证。

三、公司章程

目标公司目前使用的《北京某科技服务有限公司章程》对公司名称和住所，公司经营范围，公司注册资本，股东持股情况，公司的机构及其产生办法、职权、议事规则，公司法定代表人，股权转让，公司清算等事项进行了规定。

第六节 公 司 业 务

一、业务经营范围

(一) 根据目标公司取得的《企业法人营业执照》(统一社会信用代码：××××××××××××××××)，公司的经营范围为：技术开发、技术转让、技术服务；××××××(企业依法自主选择经营项目，开展经营活动；依法须经批准的项目，经相关部门批准后依批准的内容开展经营活动；不得从事本市产业政策禁止和限制类项目的经营活动)。

根据目标公司提供的业务介绍，公司主要业务包括三部分：××××××。

(二) 根据目标公司提供的财务报表及审计报告，公司的业务收入情况如下：

项目	2018 年度		2017 年度		2016 年度	
	金额(元)	占比(%)	金额(元)	占比(%)	金额(元)	占比(%)
主营业务收入	××××	100	××××	100	××××	100
其他业务收入	—	—	—	—	—	—
总计	××××	100	××××	100	××××	100

经与目标公司工作人员访谈，公司××××业务尚在开发阶段，目前仅存在项目支出成本，尚未产生收益。公司 2018 年收入主要来源于××××销售业务，提请投资人注意投资风险。

二、取得的业务许可资格或资质情况

(一) 增值电信业务经营许可证

1. 经营许可证编号:京××-××××××××
2. 业务种类(服务项目):×××业务
3. 覆盖范围:北京市
4. 发证日期:2018年××月××日
5. 有效期至:2023年××月××日
6. 发证机关:北京市通信管理局

(二) 食品经营许可证

1. 许可证编号:××××××××××××××
2. 主体业态:食品销售经营者(贸易商)
3. 经营项目:预包装食品销售,含冷藏冷冻食品
4. 发证日期:2018年××月××日
5. 有效期至:2023年××月××日
6. 发证机关:北京市朝阳区食品药品监督管理局

三、特许经营权

无。

综上,公司目前已经取得其业务运营所需的资质、许可。

第七节 关联交易和同业竞争

一、关联交易

根据《公司法》和《证监会上市公司信息披露管理办法》、《企业会计准则》等相关规定,截至本尽职调查报告出具之日,公司的关联方、关联关系和关联交易如下。

(一) 目标公司的关联方

依据《公司法》《企业会计准则第36号——关联方披露》等规范性文件的有关规定以及公司提供的相关资料,经本所律师进行网络核查并经目标公司确认,截至本尽职调查报告出具之日,目标公司的关联方如下:

关联方名称	注册资本(万元)	经营范围	法定代表人	关联关系
何某	—	—	—	目标公司股东、实际控制人、监事

续表

关联方名称	注册资本（万元）	经营范围	法定代表人	关联关系
钱某	—	—	—	目标公司股东
王某某	—	—	—	目标公司执行董事、经理
北京某企业管理中心(有限合伙)	××	企业管理（企业依法自主选择经营项目，开展经营活动；依法须经批准的项目，经相关部门批准后依批准的内容开展经营活动；不得从事本市产业政策禁止和限制类项目的经营活动）	王某某	目标公司股东
北京某丙有限公司	××××	销售食品；销售新鲜水果、新鲜蔬菜	张某某	何某控股该公司，持股72%；钱某参股该公司，持股10%
北京某餐饮有限公司(已吊销)	×××	餐饮服务	秦某	何某参股该公司，持股13%，在该公司担任副董事长
北京某燃气有限责任公司(已吊销)	×××	燃气、炊具设备安装、维修、租赁；销售饮食炊事机械	韩某某	何某控股该公司，持股80%，在该公司担任董事
北京某丁有限公司	×××××	自有房产物业管理；接受委托从事物业管理	朱某	何某在该公司担任副董事长、董事
北京某投资顾问集团(已吊销)	×××××	投资、房地产信息咨询服务	秦某	何某在该企业担任董事长

续表

关联方名称	注册资本（万元）	经营范围	法定代表人	关联关系
北京某商贸有限公司	×××	销售安全防范技术产品、计算机软件及辅助设备	何某某	何某之子何某某控股该公司，持股85%；杨某配偶于某某参股该公司，持股14%，且于某某在该公司担任监事
北京某投资有限公司	××××	投资管理；投资咨询	吕某某	何某之子何某某、配偶吕某某实际控制该公司，吕某某在该公司担任法定代表人、执行董事、经理
北京某科技股份有限公司	××××	技术开发、技术转让、技术服务	沈某	何某之子何某某、配偶吕某某实际控制该公司，吕某某在该公司担任董事
北京某电子商务有限公司	××××	销售电子产品；计算机系统服务	王某某	何某之子何某某、配偶吕某某实际控制该公司
北京甲企业管理中心(有限合伙)	××	企业管理服务；经济贸易咨询	北京某投资有限公司	何某之子何某某、配偶吕某某实际控制该企业
北京甲餐饮有限公司	××	餐饮服务	康某某	何某某配偶吕某某在该公司担任监事
北京甲商贸有限公司	××	销售五金交电、日用品、化妆品、电子产品、机械设备、通讯设备	李某某	何某兄弟何甲持有该公司35%股权

续表

关联方名称	注册资本（万元）	经营范围	法定代表人	关联关系
北京乙商贸有限公司	××	销售五金交电、日用品、化妆品、电子产品、机械设备、通讯设备	李某某	何某兄弟何甲持有该公司35%股权
北京市某戊有限公司	×××	技术开发；企业策划；计算机系统集成；维修通信设备；技术推广服务	何甲	何某兄弟何甲在该公司担任法定代表人，目标公司经理王某某在该公司担任监事
北京某投资发展有限公司	××××	项目投资；投资管理	钱某	钱某实际控制该公司（持股100%），担任该公司法定代表人、执行董事和经理
北京某科技发展有限责任公司	×××	技术推广服务；计算机技术培训；技术进出口；货物进出口	孙某	钱某实际控制该公司（持股99.99%）
北京某投资中心（普通合伙）	××××	投资管理；资产管理；投资咨询；企业管理咨询	钱某	钱某担任该公司执行事务合伙人
某（北京）科技有限责任公司	××	技术开发、技术咨询、技术转让、技术服务、技术推广	钱某某	钱某实际控制该公司（持股90%），担任该公司监事
北京某投资顾问有限公司	××	投资咨询；房地产信息咨询（不含中介服务）；技术开发；技术转让；技术培训	黄某某	钱某参股该公司30%的股份，担任该公司董事

注：截至本尽职调查报告出具之日，目标公司未提供关联方公司章程、营业执照等资料，以上关联方情况均由本所律师通过查询国家企业信用信息公示系统等网站及股东确认获取。由于目标公司未提供关联方公司章程及营业执照等资料，本所律师无法确认上述所列关联方、关联关系的真实性和准确性，故对于关联方认定以及所涉关联交易、同业竞争等事项亦无法保证其真实、准确、完整。提请公司投资人注意。

本所律师注意到：目标公司控股股东及实际控制人何某持股的北京某餐饮有限公司、北京某燃气有限责任公司已先后于××××年××月××日和××××年××月××日被吊销营业执照。根据《最高人民法院关于适用〈中华人民共和国公司法〉若干问题的规定（二）》第18条的规定：有限责任公司的股东、股份有限公司的董事和控股股东未在法定期限内成立清算组开始清算，导致公司财产贬值、流失、毁损或者灭失，债权人主张其在造成损失范围内对公司债务承担赔偿责任的，人民法院应依法予以支持。有限责任公司的股东、股份有限公司的董事和控股股东因怠于履行义务，导致公司主要财产、账册、重要文件等灭失，无法进行清算，债权人主张其对公司债务承担连带清偿责任的，人民法院应依法予以支持。何某作为上述两家公司的股东，怠于履行清算义务会存在对该两家公司债权人的债务承担连带清偿责任的风险，进而可能影响目标公司股权稳定性。建议投资人要求何某及时处理被吊销企业，依法履行清算义务。

（二）目标公司的关联交易

根据目标公司提供的关联交易情况说明及2017~2018年的合同、发票，公司尚未履行完毕的关联交易如下所示：

1. 往来款

序号	关联方名称	交易金额（万元）	主要内容	备注
1	北京某投资有限公司	53	目标公司与北京某投资有限公司往来款余款	尚未归还
2	北京市某戊有限公司	7	目标公司提供给北京市某戊有限公司的借款	尚未归还

注：（1）目标公司于2011年向北京某投资有限公司借款1万元，并于2011年、2012年向北京某投资有限公司共计借出100万元；北京某投资有限公司于2011年、2014年以及2015年陆续还款共计47万元，故北京某投资有限公司尚欠目标公司53万元未还。

（2）北京市某戊有限公司于2017年与目标公司签订了《借款合同》，约定借款金额为70,000元，截至本报告出具之日，该笔款项未还。

2. 销售商品或者服务

序号	关联方名称	交易金额（万元）	主要内容	备注
1	北京市某戊有限公司	215	××××项目	北京市某戊有限公司尚欠余款200万元未支付

3.购入商品或服务

序号	关联方名称	交易金额（万元）	主要内容	备注
1	何某	11	公司向何某租赁汽车	预付款

本所律师注意到：

1.目标公司存在关联方占用公司资金的情形，违反《公司法》等相关法律法规的规定；

2.目标公司与关联方交易频繁且数额较大。

根据上述情形，本所律师建议投资人：

1.投资前，要求目标公司关联方归还占用资金；

2.要求目标公司及其控股股东、实际控制人出具承诺，承诺规范和减少关联交易。

二、同业竞争

目标公司的经营范围为技术开发、技术转让、技术服务；××××××（企业依法自主选择经营项目，开展经营活动；依法须经批准的项目，经相关部门批准后依批准的内容开展经营活动；不得从事本市产业政策禁止和限制类项目的经营活动）。

根据目标公司介绍，公司的主营业务围绕××××××展开，细分为三大业务板块：××××。目前，前两项业务公司尚在筹备阶段，尚未产生任何收益；公司收入主要来源于××××销售。

经查询国家企业信用信息公示系统，除投资人外，公司控股股东、实际控制人何某及其近亲属控制或能够施加重大影响的部分关联方经营范围与公司存在重合，具体情况如下：

序号	关联方名称	经营范围
1	北京某丙有限公司	技术开发；技术服务
2	北京某燃气有限责任公司（吊销）	燃气、炊具设备安装、维修、租赁；销售饮食炊事机械
3	北京某商贸有限公司	销售安全防范技术产品、计算机软件及辅助设备
4	北京某投资有限公司	投资管理；投资咨询；物业管理
5	北京甲商贸有限公司	销售五金交电、日用品、化妆品、电子产品、机械设备、通讯设备
6	北京乙商贸有限公司	销售五金交电、日用品、化妆品、电子产品、机械设备、通讯设备
7	北京某戊有限公司	技术开发；企业策划；计算机系统集成；维修通信设备；技术推广服务

综上，目标公司存在同业竞争的情形。根据投资人公示的信息，投资人、董事、监事、高级管理人员均出具了避免同业竞争的承诺。根据《公司法》第184条的规定，董事、监事、高级管理人员未向董事会或者股东会报告，并按照公司章程的规定经董事会或者股东会决议通过，不得自营或者为他人经营与其任职公司同类的业务。若投资人收购目标公司，上述同业竞争将构成与投资人的同业竞争。

本所律师建议投资人，在投资前要求目标公司及其实际控制人：

1. 放弃和投资人相同或相似的业务，变更其经营范围；或者对涉及同业竞争的企业进行整体收购（需合并报表）；或者控股股东、实际控制人将竞争方转让给第三人（需实际退出，将股权全部出让）；

2. 控股股东及实际控制人承诺今后不再进行同业竞争的有法律约束力的书面承诺。

第八节　主要资产

一、土地使用权

根据目标公司出具的说明，截至本尽职调查报告出具之日，公司无土地使用权。

二、自有房屋

根据目标公司出具的说明函，截至本尽职调查报告出具之日，公司无自有房屋。

三、租赁房屋

根据目标公司提供的《房屋使用协议》及《场地使用协议》，《房屋使用协议》显示北京市某中心将位于北京市朝阳区×××园×室提供给目标公司使用。另根据《场地使用协议》，北京市某中心将北京市朝阳区×××园×号活动中心提供给目标公司，使用时间为××××年×月××日至××××年×月××日，按次收费，共50次，每次700元。

四、固定资产

根据目标公司提供的固定资产明细表，目标公司固定资产如下所示：

资产编号	资产名称	购入日期	原值（元）	净残值（元）	折旧年限	月折旧额（元）
DZ001	音响	××××年××月	2570	128.5	1年	203.45
DZ002	电脑	××××年××月	6999	349.95	3年	184.7

五、无形资产

根据目标公司提供的无形资产摊销清单，目标公司无形资产如下所示：

资产名称	原值(元)	净值(元)
某科技平台	××××	××××
某科技平台二期	××××	××××
微信公众号平台	××××	××××
合计	××××	××××

本所律师注意到：

1. 某科技平台的原值为××××元，实由《某项目技术服务合同》项下目标公司向北京某互联科技发展有限公司支付的平台系统开发服务费形成，截至本尽职调查报告出具之日，目标公司尚未取得软件著作权或者专利，亦未被认定为非专利技术。

2. 某科技平台二期的原值为××××元，实为《某项目技术服务合同补充协议1》项下目标公司向北京某互联科技发展有限公司支付的平台系统开发服务费形成，截至本尽职调查报告出具之日，目标公司尚未取得软件著作权或者专利，亦未被认定为非专利技术。

3. 微信公众号平台的原值为××××元，实由《技术服务协议》项下向某物联技术有限责任公司支付的技术开发服务费形成，截至本尽职调查报告出具之日，目标公司尚未取得软件著作权或者专利，亦未被认定为非专利技术。

综上，本所律师认为，目标公司账面无形资产尚未取得任何著作权、专利证书，提请投资人注意上述风险。

第九节　公司重大债权债务

一、公司的重大合同

1. 借款合同和担保合同

根据目标公司出具的说明、借款合同以及北京某投资有限公司收款凭证，截至本尽职调查报告出具之日，目标公司存在提供给北京市某戊有限公司、北京某投资有限公司两笔借款，详见本调查报告第七节。

根据目标公司提供的企业信用报告及公司说明，截至本尽职调查报告出具之日，公司无正在履行的担保合同。

2. 应付票据

根据目标公司出具的说明，公司截至本尽职调查报告出具之日，没有应付票据。

3. 采购合同

根据目标公司提供的合同，近2年目标公司签署的金额在10万元人民币以上的单笔采购合同和主要供应商的框架式协议如下：

序号	合同名称	合同对方	合同内容	合同金额（元）	签署日期	状态
1	××××	××××	××××	该三笔合同的服务费为混合支付，2018年度，该三笔合同项下的结算总额为×××元	2018年1月8日	已经履行完毕
2	××××	××××	××××		2018年1月8日	已经履行完毕
3	××××	××××	××××		2017年10月1日	已经履行完毕
4	××××	××××	××××	××××	2017年7月	正在履行
5	××××	××××	××××	合同总金额为××××元，分5年支付，2018年度结算费用×××元	2017年11月，履行期限至2022年10月30日	正在履行
6	××××	××××	××××	××××	2017年9月	履行完毕
7	××××	××××	××××	合同项下金额为××××，已结算额为××××元	2018年5月7日	正在履行
8	××××	××××	××××	××××	2018年10月15日	履行完毕
9	××××	××××	××××	××××	2018年10月16日	正在履行
10	××××	××××	××××	××××	2017年12月	履行完毕
11	××××	××××	××××	××××	2018年3月15日	合同终止

4. 销售合同

根据目标公司提供的合同,近 2 年目标公司签署的金额在 10 万元人民币以上的单笔销售合同和主要客户的框架式协议如下:

序号	合同名称	合同对方	合同内容	合同金额（元）	签署日期	状态
1	××××	××××	××××	××××	2016年9月1日	正在履行
2	××××	××××	××××	××××	2018年11月16日	正在履行
3	××××	××××	××××	××××	2017年11月7日	履行完毕
4	××××	××××	××××	××××	2018年12月	正在履行
5	××××	××××	××××	××××	2018年9月	履行完毕

根据目标公司介绍,公司 2018 年主要业务收入来源于与××××北京有限公司的合作业务。另有少量业务来源于关联方的关联交易。本所律师认为,公司业务对××××北京有限公司以及公司关联方存在重大依赖,如果××××北京有限公司停止与公司的业务合作,则公司业务将会受到重大影响,提请投资人注意投资风险。

二、侵权之债

根据公司的说明,截至本尽职调查报告出具之日,公司不存在因环境保护、知识产权、产品质量、劳动安全、人身权等原因产生的重大侵权之债。

三、其他应收款、其他应付款

根据公司提供的资料,截至 2018 年××月××日,公司其他应收款、其他应付款情况如下:

1. 按欠款方归集的期末余额前五名的其他应收款情况

单位名称	2018 年 12 月 31 日	
	款项性质	期末余额(元)
北京某投资有限公司	往来款	××××
个人往来	往来款	××××

续表

单位名称	2018 年 12 月 31 日	
	款项性质	期末余额(元)
××××北京有限公司	往来款	××××
北京市某戊有限公司	往来款	××××
押金	往来款	××××
合计		××××

2. 按应付对象归集的期末余额前四名的其他应付款情况

款项性质	期末余额(元)
代扣个人保险	××××
代扣个人住房公积金	××××
其他	××××
合计	××××

第十节 公司的法人治理结构

一、股东

依据目标公司章程,截至本尽职调查报告出具之日,公司有 2 名股东,股东会决定公司重大事项并行使权力机构职权。

二、执行董事

公司依据章程,公司不设董事会,设执行董事 1 名。

三、监事

公司依据章程,公司不设监事会,设立监事 1 名。

四、经理

公司依据章程,公司设经理 1 名。

本所律师注意到:

1.《公司章程》第 8 条第 11 项约定,公司股东会有权决定"聘任或者解聘公司经理及其报酬事项,并根据经理的提名决定聘任或者解聘公司副经理、财务负责人及其报酬事项"。该约定违反了《公司法》第 74 条第 1 款的规定:"有限责任公司可以设经理,由董事会决定聘任或者解聘。"

2. 公司历次股东会、执行董事会议/决定记录保存不全,治理机制执行情况存在瑕疵。

本所律师提请投资人注意上述风险,建议:

1. 收购前,要求目标公司完善公司章程;

2. 要求目标公司原股东出具承诺:承诺对公司治理机制的执行情况无异议,对股东会会议决议、记录保存不全相关事项不存在争议,认可公司历次工商变更事项。并承诺,若公司历史治理机制的执行过程中的瑕疵给投资人造成任何损失,由原股东承担责任。

第十一节　公司的人员

一、董事、监事、高级管理人员

（一）执行董事

根据目标公司提供的资料并经本所律师查询,公司的执行董事为王某某。

王某某,女,硕士研究生,××××年×月毕业于某大学××专业;××××年至今,就职于北京某科技服务有限公司,任总经理。

（二）监事

根据目标公司提供的资料并经本所律师查询,公司现有监事 1 名,为何某。何某简历相见本调查报告第四节。

（三）高级管理人员

公司提供的资料并经本所律师查询,公司的经理为王某某。截至本尽职调查报告出具之日,公司已与王某某签订劳动合同。

（四）董事、监事、高级管理人员的变动情况

详见本调查报告第二节。

二、公司员工

（一）公司的劳动用工

根据目标公司提供的人员花名册,截至 2019 年××月××日,公司的用工人数为 12 人。公司已与其中 8 名员工签署了固定期限劳动合同,与其余 4 名返聘员工签署了劳务协议。根据公司提供的单位职工社保缴费信息和住房公积金缴纳的银行电子回单(2018 年 12 月),公司已为签署劳动合同的 8 名员工依法缴纳了社会保险及住房公积金。

（二）劳动纠纷

根据目标公司的说明及本所律师核查,截至本尽职调查报告出具之日,未发现公司存在劳动纠纷。

第十二节　税收及财政补贴

一、税种及税率

根据目标公司提供的说明及提供的纳税申报表，公司目前适用的税种和税率情况如下：

序号	税种	税率(%)
1	增值税	6
2	城市维护建设税	7
3	教育费附加	3
4	地方教育费附加	2
5	企业所得税	25

二、税收优惠及财政补贴

根据目标公司的说明，截至本尽职调查报告出具之日，公司不享受税收优惠及财政补贴。

三、税务机关处罚

根据目标公司提供的材料及对公司实际控制人何某的访谈，并经本所律师查询国家税务总局"重大税收违法案件信息公布栏"，公司未受到过税务机关的处罚。

第十三节　诉讼、仲裁或行政处罚

一、公司的涉诉情况

依据目标公司提供的《企业信用报告》，公司自设立以来未与金融机构发生过信贷关系。

经查询中国裁判文书网（http://wenshu.court.gov.cn/），截至本尽职调查报告出具之日，公司存在一项诉讼，已经终结，具体情况如下：

2017年××月××日，北京市某区人民法院作出判决，目标公司于判决生效之日起10日内向北京某广告有限公司支付合同货款×××元。目标公司不服北京市某区人民法院作出的民事判决，向北京市某三中级人民法院提起上诉，后和解，目标公司撤回上诉。公司已履行生效的判决文书。

经本所律师检索中国执行信息公开网（http://zhixing.court.gov.cn/search/），截至本尽职调查报告出具之日，未发现目标公司存在失信被执行人信息及被执行信息。

经本所律师查询国家企业信用信息公示系统、信用中国等机构网站，截至本尽职调查报告出具之日，未发现目标公司受到过行政处罚，公司未被列入经营异常名录和严重违法失信企业名单或存在其他不良信用记录。

二、公司受到行政处罚的情况

根据目标公司提供的说明,并经本所律师核查国家企业信用信息公示系统以及信用中国等机构网站,截至本尽职调查报告出具之日,未发现目标公司受到行政处罚。

第三部分　结 论 意 见

基于本报告引言和上述尽职调查事项,本所律师对本次尽职调查情况发表如下结论意见:

一、公司的设立及历史沿革

根据目标公司提供的工商档案,除股东吴某、蒋某某、钱某2018年向公司增资事项外,公司股本及其演变过程符合有关法律、法规、规章和规范性文件的规定,履行了必要的法律程序,真实、合法、有效;各股东所持公司股份不存在质押或者被司法冻结等权利受限制的情形。

2018年,股东吴某、蒋某某、钱某向公司出资。但是,根据目标公司的说明,本次变更尚存在不确定事项,即新增股东出资价格及持股比例尚在协商中,因此,未向工商行政管理部门提交变更登记申请。

本所律师认为:公司本次变更存在重大的不确定性,公司股权存在潜在的争议,将影响公司股权的稳定性,因此,提请投资人注意,目标公司股权存在争议风险,建议在投资前要求:

1. 原股东之间确定出资价格及持股比例事项。

2. 公司及其原股东完成工商变更事项。

3. 原股东出具承诺,承诺以下事项:

(1)原股东之间出资价格及持股比例已经确定,公司股权清晰,公司股东之间就公司股权事项不存在争议和潜在争议;

(2)因公司未及时办理工商登记,若因此造成公司受到行政处罚,由原股东承担。

二、目标公司的主体资格

经本所律师核查,目标公司现持有2018年××月××日由北京市工商行政管理局朝阳分局核发的《企业法人营业执照》,统一社会信用代码:××××××××××××××××,公司的营业期限为2010年××月××日至2030年××月××日。

根据公司的确认及本所律师核查,截至本调查报告出具之日,公司不存在法律法规及《公司章程》中规定的需要终止的情形,为有效存续的有限责任公司。

三、公司业务

根据目标公司的《公司章程》及公司确认,经本所律师核查,公司的经营期限未届满,未出现相关法律、法规、规范性文件和《公司章程》规定的终止事由,公司的生产经营正常,不存在法律、法规和《公司章程》规定的导致无法持续经营的情形。公司的经营范围和经营方式符合有关法律、法规和规范性文件的规定；公司的经营范围变更均在相关工商行政管理机关进行了变更登记,合法、有效。

本所律师注意到,目标公司2018年主要业务收入来源于与×××北京有限公司的合作业务。另有少量业务来源于关联方的关联交易。本所律师认为,公司业务对×××北京有限公司以及公司关联存在重大依赖,如果×××北京有限公司停止与公司的业务合作,则公司业务将会受到重大影响,其持续经营能力受到限制,提请投资人注意投资风险。

四、关联交易及关联方占用资金的风险

根据公司提供的资料及本所律师核查,截至本调查报告出具之日,北京某投资有限公司占用公司资金××万元,北京市某戊有限公司占用公司资金××万元。除此之外,目标公司与关联方交易频繁且数额较大,关联方北京市某戊有限公司尚欠目标公司××万元服务款项未支付。综上,目标公司存在关联方占用公司资金的情形,违反《公司法》等相关法律法规的规定。若投资人在目标公司关联方归还占用资金前收购且取得控制权,合并报表后,将体现为关联方占用投资人资金。

本所律师建议投资人在投资前要求：

1. 求目标公司关联方归还占用资金；

2. 目标公司及其控股股东、实际控制人出具承诺,承诺规范和减少关联交易。

五、股权稳定性风险

经本所律师核查国家企业信用信息公示系统等网站,目标公司控股股东及实际控制人何某持股的北京某餐饮有限公司、北京某燃气有限责任公司已先后于2007年××月××日和2008年××月××日被吊销营业执照。根据《最高人民法院关于适用〈中华人民共和国公司法〉若干问题的规定(二)》第18条的规定：有限责任公司的股东、股份有限公司的董事和控股股东未在法定期限内成立清算组开始清算,导致公司财产贬值、流失、毁损或者灭失,债权人主张其在造成损失范围内对公司债务承担赔偿责任的,人民法院应依法予以支持。有限责任公司的股东、股份有限公司的董事和控股股东因怠于履行义务,导致公司主要财产、账册、重要文件等灭失,无法进行清算,债权人主张其对公司债务承担连带清偿责任的,人民法院应依法予以支持。何某作为上述两家公司的股东,怠于履行清算义务会存在对该两家公司债权人的债务承担连带清偿责任的风险,进而可能影响目标公司股权稳定性。

建议投资人要求目标公司控股股东何某及时处理被吊销企业,依法履行清算义务,防止影响投资人及目标公司股权稳定性。

六、同业竞争

经本所律师查询全国企业信用信息公示系统,目标公司存在同业竞争的情形。存在目标公司将其商业机会转移给关联方运营的潜在风险。

本所律师建议投资人在投资前要求目标公司及其实际控制人：

1.放弃和目标公司相同或相似的业务,变更其经营范围;或者对涉及同业竞争的企业进行整体收购(需合并报表);或者控股股东、实际控制人将竞争方转让给第三人(需实际退出)。

2.控股股东及实际控制人今后不再进行同业竞争的有法律约束力的书面承诺。

七、主要资产

经本所律师核查,目标公司主要资产所有权或使用权不存在产权纠纷,公司通过购买、租赁等方式合法拥有其主要财产的使用权或所有权。

但是,经本所律师核查,目标公司账面无形资产尚未取得任何著作权和专利权属证书,提请投资人注意该等无形资产的减值风险。

八、治理机制

根据目标公司提供的资料,并经本所律师适当核查,公司治理机制存在以下问题:

1.《公司章程》第8条第11项约定,公司股东会有权决定"聘任或者解聘公司经理及其报酬事项,并根据经理的提名决定聘任或者解聘公司副经理、财务负责人及其报酬事项"。该约定违反了《公司法》第74条第1款的规定:"有限责任公司可以设经理,由董事会决定聘任或者解聘。"

2.公司历次股东会、执行董事会议/决定记录保存不全,治理机制执行情况存在瑕疵。

本所律师提请投资人注意上述风险,建议收购前要求:

1.目标公司完善公司章程。

2.目标公司原股东出具承诺:承诺对公司治理机制的执行情况无异议,对股东会会议决议、记录保存不全相关事项不存在争议,认可公司历次工商变更事项。并承诺,若公司历史治理机制的执行过程中的瑕疵给投资人造成任何损失,由原股东承担责任。

九、劳动用工

根据公司提供的相关资料,并经本所律师适当核查,公司已与员工签署固定期限劳动合同,与返聘员工签署了劳务协议。并为签署劳动合同的员工依法缴纳了社会保险及住房公积金。且根据公司的说明及本所律师核查,截至本尽职调查报告出具之日,未发现公司存在劳动纠纷。

十、诉讼、仲裁或行政处罚

目标公司自成立以来存在诉讼的情形,但不存在受到行政处罚的情形。公司已主动履行生效的判决文书,不存在被列入失信企业名单的情形或其他不良信用记录。

综上,本所律师认为,目标公司自设立以来,其股本及其演变过程符合有关法律、法规、规章和规范性文件的规定,各股东所持公司股份不存在被质押以及被司法冻结等权利受限制的情形;目标公司在法律规定的范围内开展业务,不存在法律、法规和《公司章程》规定的导致无法持续经营的情形;截至本尽职调查报告出具之日,不存在未决诉讼、仲裁或行政处罚,不存在被列入经营异常名录和严重违法失信企业名单或存在其他重大不良信用记录的情况。

但是，截至本尽职调查报告出具之日，目标公司尚存在股权不清晰、关联方占用资金、同业竞争、治理机制不完善、无形资产减值风险等瑕疵。本所律师建议投资人在投资前要求目标公司解决上述各项瑕疵或风险。

本尽职调查报告仅供投资人对本次投资决策参考使用，任何人不得用作其他任何目的。

本尽职调查报告正本一式四份，经本所盖章并经承办律师签字后生效。

第二节 新三板挂牌项目

一、新三板挂牌项目尽职调查内容和要点

随着北京证券交易所（以下简称北交所）的设立，新三板挂牌成为诸多欲在北交所挂牌的中小企业资本市场运作的必经之路。全国中小企业股份转让系统有限责任公司对于新三板挂牌项目并未出台专门的关于法律意见书内容与格式的指引。律师事务所律师在承做新三板挂牌项目出具法律意见书时一般参照《公开发行证券公司信息披露的编报规则第12号——公开发行证券的法律意见书和律师工作报告》的要求，结合《全国中小企业股份转让系统业务规则（试行）》《全国中小企业股份转让系统股票挂牌审核业务规则适用指引第1号》编制。新三板挂牌项目律师无须提交工作报告，所以律师事务所律师在承做新三板挂牌项目时出具的法律意见书会涵盖律师工作报告的内容。

下文将以北京市京师律师事务所出具的新三板挂牌项目法律意见书的编排体例为例对新三板挂牌项目尽职调查所需调查的内容和要点展开说明。北京市京师律师事务所承做的新三板挂牌项目法律意见书正文内容包括公司本次挂牌的批准和授权，本次挂牌的主体资格，本次挂牌的实质条件，股份公司的设立，股份公司的独立性，股份公司的发起人和股东，股份公司的股本及其演变，股份公司的业务，股份公司的关联交易及同业竞争，股份公司的主要财产，股份公司的重大债权、债务关系，股份公司的重大资产重组、对外投资及收购兼并，股份公司章程的制定与修改，股份公司股东大会、董事会、监事会议事规则及规范运作情况，股份公司的董事、监事、高级管理人员及核心技术人员，股份公司的税务和财政补贴，股份公司的环境保护和产品质量、技术等标准，股份公司的劳动用工、劳动保护和社会保险，股份公司的诉讼、仲裁或行政处罚等。下面将按照法律意见书的模块，说明每个模块律师事务所律师通过何种途径进行核查以及每个模块

的核查要点。

（一）本次挂牌的批准和授权

该模块主要通过目标公司提供的董事会、股东大会等会议文件及《公司章程》的途径进行核查。该模块核查要点在于：股东大会是否已依法定程序作出批准股票在全国中小企业股份转让系统有限责任公司公开挂牌转让的决议；根据有关法律、法规、规范性文件以及公司章程等规定，上述决议的内容是否合法有效；如股东大会授权董事会办理有关挂牌事宜，上述授权范围、程序是否合法有效。

（二）本次挂牌的主体资格

该模块主要通过查阅公司提供的工商档案、营业执照、公司章程，并通过国家企业信用信息公示系统、企查查等网站进行核查，核查的要点在于公司是否依法有效存续，是否存在因经营期限届满、股东大会决议解散、因合并或分立而解散、不能清偿到期债务依法被宣告破产及因违反法律、法规被依法吊销营业执照、责令关闭或被撤销等根据法律、法规及公司章程需要终止、解散的情形。

（三）本次挂牌的实质条件

该模块主要通过查阅工商档案、公开转让说明书、审计报告、公司提供的各项内部规章制度和议事规则及董事会、股东会（股东大会）会议文件、控股股东及实际控制人、董监高的个人信用报告、无犯罪记录证明、公司的企业信用报告、各主管政府部门出具的合法合规性证明及律师的网络核查等途径进行核查。核查的要点在于公司是否符合挂牌的实质条件。具体而言，需核查公司是否满足以下四个方面的条件，每个方面所需具备的条件的具体核查要点如下所示：

1. 依法设立且存续满两年，股本总额不低于500万元

核查要点：公司目前是否为有限责任公司，若是，则需要确定股改基准日依据经审计的净资产进行股份制改造，这样存续时间可以从有限责任公司成立之日起计算。另外，核查公司股本总额是否不低于500万元。

2. 业务明确，具有持续经营能力，最近两年净利润累计不低于800万元（最常用标准之挂牌标准一）

核查要点：

（1）主营业务明确，报告期内没有发生重大变化。

（2）公司登记以及实际经营的业务所属行业或从事的业务不属于国家发展

和改革委员会颁发的《产业结构调整指导目录(2019年本)》中规定的限制类或淘汰类行业,公司业务符合国家产业政策及环保、质量、安全等要求;公司没有受到重大行政处罚,不存在法律、法规和《公司章程》规定的导致无法持续经营的情形,不属于法规政策明确禁止进入资本市场融资的行业、业务,或不符合全国股转系统市场定位及中国证监会、股转公司规定的其他情形。

(3)报告期内公司在每一个会计期间内应形成与同期业务相关的持续营运记录,不存在仅存在偶发性交易或事项的情形;公司报告期内两个完整会计年度净利润(指归属于母公司所有者的净利润)满足最近两年净利润均为正且累计不低于800万元,或者最近一年净利润不低于600万元的要求;报告期末每股净资产不低于1元/股。

(4)公司拥有多项与其主营业务相关的知识产权、专利,且已取得开展业务经营所需的必要资质、许可。

(5)持续经营,不存在依据《公司法》规定应当解散的情形,或法院依法受理重整、和解或者破产申请的情形,亦不存在《中国注册会计师审计准则第1324号——持续经营》应用指南中列举的影响其持续经营能力的相关事项或情况,且相关事项或情况导致公司持续经营能力存在重大不确定性,且会计师事务所已对公司报告期内的财务报表出具了标准无保留意见的申报《审计报告》。

3. 股份公司公司治理机制健全,合法规范经营

核查要点:

(1)《公司章程》《股东大会议事规则》《董事会议事规则》《监事会议事规则》《关联交易管理办法》《总经理工作细则》《董事会秘书工作细则》《对外担保管理办法》《信息披露管理制度》等一系列公司治理文件的制定与运行情况。

(2)"三会一层"组织架构的建立与运行情况。

(3)报告期内关联交易已按照法律法规、公司章程及关联交易管理制度等履行审议程序,公平、公允,不存在损害公司及股东合法权益的情形。

(4)报告期内,公司、实际控制人、子公司及董监高的合法合规性情况,重点关注是否存在以下情形:

a. 最近24个月以内,公司或其股东、实际控制人、子公司因贪污、贿赂、侵占财产、挪用财产或者破坏社会主义市场经济秩序行为被司法机关作出有罪判决,或刑事处罚未执行完毕;

b. 最近24个月以内，公司或其股东、实际控制人、子公司存在欺诈发行、重大信息披露违法或者其他涉及国家安全、公共安全、生态安全、生产安全、公众健康安全等领域的重大违法行为；

c. 最近12个月以内，公司或其股东、实际控制人、子公司、董监高被中国证监会及其派出机构采取行政处罚；

d. 公司或其股东、实际控制人、子公司、董监高因涉嫌犯罪正被司法机关立案侦查或涉嫌违法违规正被中国证监会及其派出机构立案调查，尚未有明确结论意见；

e. 公司或其股东、实际控制人、子公司、董监高被列为失信联合惩戒对象且尚未消除；

f. 公司董监高被中国证监会及其派出机构采取证券市场禁入措施，或被全国股转公司认定其不适合担任公司董监高，且市场禁入措施或不适格情形尚未消除；

（5）不存在资金、资产或其他资源被控股股东、实际控制人及其控制的其他企业以借款、代偿债务、代垫款项或者其他方式占用的情形。

公司的控股股东、实际控制人及其关联方存在占用公司资金、资产或其他资源情形的，应在申请挂牌前予以归还或规范（完成交付或权属变更登记）。

占用公司资金、资产或其他资源的具体情形包括：从公司拆借资金；由公司代垫费用、代偿债务；由公司承担担保责任而形成债权；无偿使用公司的土地房产、设备动产等资产；无偿使用公司的劳务等人力资源；在没有商品和服务对价情况下其他使用公司的资金、资产或其他资源的行为。

4. 股份公司股权明晰、股份发行及转让行为合法合规

核查要点：

（1）公司目前的股东是否存在国家法律、法规、规章及规范性文件规定不适宜担任股东的情形；公司目前的股权结构是否清晰，权属是否真实、明确，公司股东持有公司的股份是否存在信托持股、委托代持等情形，不存在权属争议或潜在纠纷。

（2）有限公司阶段的股权转让的当事人是否均签订了相关的股权转让协议及支付股权转让对价款，并经过股东会决议确认，且转让双方依法办理了工商变更登记。股份公司阶段的股份转让当事人是否均签订了相关的股份转让协议及支付股份转让对价款，并经相关股权登记机构办理了变更登记。

(四)股份公司的设立

该模块主要通过查询公司提供的工商档案、《发起人协议》、股改及创立大会相关文件、审计报告、评估报告并在国家企业信用信息公示系统、企查查等网站搜索的途径进行核查。核查的要点在于设立过程中是否履行了必要的内部决议、审计、评估及验资程序,是否依法办理完毕工商变更登记手续,是否符合《公司法》等法律、法规和规范性文件的规定。

(五)股份公司的独立性

该模块主要通过《营业执照》、各部门的设置说明、业务合同、《验资报告》、《审计报告》、《评估报告》、开户许可证、财务报告、纳税申报表、实地走访及对相关人员开展访谈等多种途径综合核查,核查的要点在于:

1. 业务独立

公司是否设置了业务经营所需的各部门,是否具有独立的研发、采购、服务业务体系,独立签署各项与其生产经营有关的合同,独立开展各项生产经营活动。公司的业务是否独立于控股股东、实际控制人及其控制的其他企业。与控股股东、实际控制人及其控制的其他企业间是否存在同业竞争,以及严重影响公司独立性或者显失公允的关联交易。

2. 资产独立

公司设立以及历次增资(若有)的注册资本是否均已足额缴纳,股东投入公司的资产是否已全部到位。

公司是否合法拥有与其生产经营有关的生产系统、辅助生产系统和配套设备,是否合法拥有或占有与生产经营有关的土地使用权和房屋所有权,相关产品是否具有专利证书、软件著作权证书等知识产权。公司与股东资产产权是否已明确界定和划清,不存在资产、资金被公司的控股股东、实际控制人及其他关联方占用的情形,不存在公司股东利用公司资产为股东个人债务提供担保的情形。

3. 人员独立

是否存在公司的总经理、财务总监和董事会秘书等高级管理人员在控股股东、实际控制人及其控制的其他企业中担任除董事、监事以外职务的情况,或在公司的控股股东、实际控制人及其控制的其他企业领取薪酬的情况;是否存在公司的财务人员在公司的控股股东、实际控制人及其控制的其他企业中兼职、领薪的情况。

4. 财务独立

公司是否设立了独立的财务部门，建立了独立的财务核算体系，具有规范、独立的财务会计制度，并配备了专职财务人员。独立在银行开立账户、独立核算，独立进行纳税申报和依法纳税。不存在与控股股东、实际控制人及其控制的其他企业共用银行账户的现象。

5. 机构独立

公司内部是否设立了相应的职能部门。公司是否具有健全的内部经营管理机构，并设有独立的组织机构，独立行使经营管理职权，与控股股东、实际控制人及其控制的其他企业不存在机构混同的情形。公司是否具有独立的办公机构和场所，不存在与股东单位或控股股东及实际控制人控制的其他单位混合办公的情形。

6. 具有面向市场独立经营的能力

公司是否拥有独立完整的采购、服务、研发体系，在资产、人员、财务、业务、机构方面独立于控股股东和关联方，是否具有完整的业务体系和直接面向市场独立经营的能力。

(六) 股份公司的发起人、股东

该模块主要通过查阅发起人、股东的工商档案或身份证证件、公司相关的说明及承诺，并通过查询国家企业信用信息公示系统、企查查及对发起人、股东访谈等途径进行核查。核查的要点在于公司的发起人是否具有担任股份公司发起人股东的主体资格，发起人人数、住所、出资方式和出资比例是否符合有关法律、法规和规范性文件的规定；股份公司全体发起人投入的资本是否存在法律障碍；发起人的出资方式和出资比例是否符合法律、法规和规范性文件的规定；股东出资的合法合规性；控股股东及实际控制人的认定及报告期内是否发生变更等。

(七) 股份公司的股本及其演变

该模块主要通过查询公司的工商档案、国家企业信用信息公示系统、企查查等途径进行核查，核查要点在于公司历史沿革尤其是增减资及股权转让的历史沿革之合法合规性以及股份公司股本的清晰性；是否存在信托持股或者委托代持情况，是否存在特殊利益安排，是否存在权属争议，股东股权是否存在质押或司法冻结等权利受限制的情形。

(八) 股份公司的业务

该模块主要通过查询公司章程、营业执照、公司关于主营业务的说明、审计报告、公司开展业务所取得的各项资质、许可及认证等进行核查,核查要点在于公司开展业务经营是否取得所需资质及资质是否在有效期内,公司是否存在超范围经营问题等。

(九)股份公司的关联交易和同业竞争

该模块主要通过主要查阅股东、董监高签署的调查表、审计报告、关联交易决策程序文件、关于规范关联交易的承诺、关于避免同业竞争的承诺,对相关人员进行访谈,网络查询等途径进行核查,核查要点为是否存在隐蔽的关联方;关联交易的决策程序、公允性;公司对关联方的依赖程度;是否存在公司的控股股东、实际控制人及其关联方占用公司资金、资产或其他资源的情形;是否存在同业竞争等。

(十)股份公司的主要财产

该模块主要通过查阅公司提供的说明、审计报告及财务报表、土地或房屋产权证、房屋租赁合同、相关资产购买合同及价款支付凭证、借款融资合同等,查询企查查、国家知识产权相关官方网站、裁判文书网等途径进行核查。核查要点在于公司拥有的主要财产是否存在产权纠纷,是否存在其他抵押、质押或财产被查封、冻结、扣押、拍卖的情形。

(十一)股份公司的重大债权债务

该模块主要通过查阅企业信用报告、审计报告、财务报表及借款融资合同、担保合同、重大采销合同、公司内部关于借款融资及担保的相关程序性决策文件及与公司财务负责人访谈的途径进行核查。核查要点在于银行借款、对外担保、重大采购与销售合同的履行情况;是否存在因环境保护、知识产权、产品质量、劳动安全、人身损害等原因产生的重大侵权之债;其他应收应付款情况。

(十二)股份公司的重大资产重组、对外投资及收购兼并

该模块主要通过查阅公司提供的工商档案、公司章程及查询国家企业信用信息公示系统、企查查等途径进行核查。核查要点在于公司设立至今的重大资产重组、对外投资及收购兼并的情况。

(十三)股份公司章程的制定与修改

该模块主要通过查阅公司提供的工商档案、公司章程、董事会会议及股东大会会议文件等途径进行核查。核查要点在于公司章程的内容是否符合现行股转公司管理规定及挂牌公司治理规则的有关要求等。

(十四)股份公司股东大会、董事会、监事会议事规则及规范运作情况

该模块主要通过查阅公司提供的工商档案、公司章程、董事会会议及股东大会会议文件及股东大会、董事会、监事会议事规则等途径进行核查。核查要点在于公司是否已经建立了股东大会、董事会、监事会等法人治理结构,具有健全的组织机构;公司是否具有健全的股东大会、董事会、监事会议事规则,该等议事规则符合相关法律、法规和规范性文件的规定;公司设立以来的历次股东大会、董事会和监事会会议的召开、召集程序、决议内容及签署是否均合法、合规、真实、有效;股份公司设立以来,其重大决策是否均履行了内部批准程序,重大决策行为是否合法有效。

(十五)股份公司的董监高及核心技术人员

该模块主要通过查阅董监高及核心技术人员的调查表,公司的股东大会、董事会、监事会等相关会议通知、议案、决议及记录,以及董监高的声明和承诺函等途径进行核查。核查要点在于董监高的任职资格是否符合《公司法》和《公司章程》的规定,选任与聘任是否履行了内部审议程序以及董监高是否存在违反下列诚信的情形:

(1)最近二年内因违反国家法律、行政法规、部门规章、自律规则等受到刑事、民事、行政处罚或纪律处分等;

(2)因涉嫌违法违规处于调查之中尚无定论的情形;

(3)最近二年内对所任职(包括现任职和曾任职)的公司因重大违法违规行为被处罚负有责任;

(4)个人负有数额较大债务到期未清偿;

(5)有欺诈或其他不诚实行为等。

(十六)股份公司的税务和财政补贴

该模块主要通过查阅审计报告,公司提供的税收优惠、财政补贴文件,获得财政补贴的相关银行凭证、纳税申报表、完税证明,受到税收方面的行政处罚相关文书及说明、缴纳罚款的凭证以及通过对相关人员进行访谈的途径来核查。核查要点在于公司是否存在受到税务方面行政处罚的情形;公司享有的税收优惠及财政补贴是否具有合法依据。

(十七)股份公司的环境保护和产品质量、技术等标准

该模块主要通过查阅建设项目环境影响报告书、报告表或登记表,环保部门审批意见,竣工验收报告/表;关于环保设施运营情况的说明;环保部门作出的处罚文件(若有);走访公司相关部门、环保部门、公司实际经营地;网络核查(如国家标准委员会官网)等途径进行核查。核查要点在于公司内部是否建立了完善

的环境保护、产品质量及安全生产等制度体系,公司是否受到过环保、产品质量、安全生产等方面的行政处罚。

(十八) 股份公司的劳动用工、劳动保护和社会保险

该模块主要通过查阅公司提供的员工花名册、劳动合同、工资表、社会保险和住房公积金缴纳凭证等途径进行核查。核查要点在于公司劳动用工是否合法合规,是否与劳动用工人员签订了劳动合同,是否依法依规为劳动用工人员缴纳了社会保险及住房公积金等。

(十九) 股份公司的诉讼、仲裁或行政处罚

该模块主要通过查阅公司提供的相关说明、相关诉讼仲裁及受到行政处罚的文书,查询裁判文书网、执行信息公开网、国家企业信用信息公示系统、信用中国、企查查等,对控股股东及实际控制人、董监高访谈等途径进行核查。核查要点在于控股股东、实际控制人以及董监高的涉诉情况;公司报告期内的诉讼、仲裁情况尤其是重大诉讼、仲裁即公司的或有负债情况;行政处罚方面则关注目标公司是否受到了行政处罚,受到该行政处罚的原因是公司业务经营中出现了重大违法违规还是一般性的违法违规行为,以及行政处罚后的整改情况。

二、新三板挂牌项目初步尽职调查清单

尽职调查清单是律师提供给公司的重要资料之一,有了尽职调查清单,公司才能清楚地了解需要其提供哪些资料。而对于律师而言,尽职调查清单是其为实现尽职调查各个内容模块项下要点的核查与查验目的而需收集的底稿资料的详细呈现,同时也是开展法律尽职调查的初始环节。下面将列示新三板挂牌项目的尽职调查清单,作为读者参考之用(见表2)。

表2　新三板挂牌项目的尽职调查清单

序号	材料名称	提供情况	备注
1	公司最新全套工商档案		
2	公司最新营业执照和公司章程		
3	公司及其关联公司股东名册、股东简介以及关联关系说明		
4	公司办公地点房屋产权证或租赁协议		

续表

序号	材料名称	提供情况	备注
5	公司开户许可证、排污许可证、环评文件、特殊行业许可证等,包括但不限于公司经营事项所需之各项行政许可文件、相关的资质证书、认证文件和特许经营权等		
6	公司资产权属文件(设备、车辆等所有权)		
7	公司的无形资产(包括土地使用权、商标权、专利权、著作权等)		
8	公司受限资产情况说明及相应文件依据以及股东资产受限情况说明及相应文件依据		若公司、子公司、股东存在资产抵质押或其他受限情况,请出具说明;若无,请说明不存在前述情形
9	公司最新员工名册、劳动合同、工资单、缴纳社保及公积金的凭据、个税申报情况		
10	公司的组织结构图及部门职能介绍,董监高(具备相似职能的部门负责人)名单及简历		
11	公司重要内控制度及其执行情况说明		
12	公司及其关联公司、公司股东、董监高的公司占款情况说明		若存在关联公司、公司股东、董监高占用公司资金的情况,应予以说明
13	公司近两年的重大合同(贷款合同、担保合同、采购合同、销售合同等)		
14	公司近两年的缴税证明、缴税比率及税收优惠、政府补贴文件		
15	公司近两年的未决或已决诉讼、仲裁情况以及行政处罚情况,包括但不限于已决诉讼及仲裁涉及的调解书、判决书、执行书、仲裁书等及未决诉讼及仲裁涉及的起诉书、答辩状等案卷及行政处罚书决定书等		

续表

序号	材料名称	提供情况	备注
16	公司业务简介及业务流程表		
17	公司过去两年经注册会计师审计之审计报告及一期的财务报表		
18	提供企业信用报告、持股5%以上股东的个人征信报告以及董监高的个人征信报告		

注：1. 本清单为初步尽职调查清单之补充清单，不排除根据尽职调查工作深入而调整的可能性；

2. 本清单所指公司为挂牌主体公司和拟纳入挂牌主体合并范围的公司以及可能需要纳入挂牌主体合并范围的公司。

三、新三板挂牌项目尽职调查核查要点清单

前文已对新三板挂牌项目尽职调查的内容和核查要点进行了详细分析，现列示股转公司发布的新三板挂牌项目审核关注要点落实情况表（原文有删减与调整，见表3），用于律师开展法律尽职调查时对尽职调查要点进行梳理，以更加直观地呈现。

表3 新三板挂牌项目尽职调查核查要点清单

全国中小企业股份转让系统股票挂牌审核关注要点落实情况表	
（原文有删减与调整，适用于律师）	
序号	问题	核查要求
---	---	---
1		基本情况
1-1		股东情况
1-1-1	股东信息	公司股东入股交易价格明显异常的，律师应当关注前述股东或其最终持有人是否与公司、中介机构及相关人员存在关联关系，前述股东的入股背景、入股价格依据，前述入股行为是否存在股权代持、不当利益输送事项
1-1-2	股权明晰	律师应核查公司股权是否权属明晰，控股股东、实际控制人持有或控制的股份是否存在可能导致控制权变更的重大权属纠纷

续表

序号	问题	核查要求
1-1-3	历史沿革中是否存在股权代持	律师应当关注代持关系是否全部解除,是否存在纠纷或潜在纠纷,相关人员是否涉及规避持股限制等法律法规规定的情形
1-2		股东人数情况
1-2-1	公司是否披露穿透计算的股东人数	股份公司股权结构中存在工会持股、职工持股会代持、委托持股或信托持股等股份代持关系,或者存在通过"持股平台"间接持股的安排以致实际股东超过200人的,应当已经将代持股份还原至实际股东、将间接持股转为直接持股,并依法履行了相应的法律程序。以依法设立的员工持股计划以及已经接受证券监督管理机构监管的私募股权基金、资产管理计划和其他金融计划进行持股,并规范运作的,可不进行股份还原或转为直接持股。 律师应核查公司股东情况,核实股权的合法性和真实性
1-2-2	公司控股股东、实际控制人或其重要控股子公司是否为200人公司	如是,律师应核查相关主体是否按照《非上市公众公司监管指引第4号——股东人数超过200人的未上市股份有限公司申请行政许可有关问题的审核指引》的要求进行规范
1-2-3	200人公司是否符合合规性要求	如超过200人,律师应按照《非上市公众公司监管指引第4号——股东人数超过200人的未上市股份公司申请行政许可有关问题的审核指引》的规定,核查公司是否依法设立并合法存续,股权是否清晰,经营是否规范以及公司治理与信息披露制度是否健全,并发表明确意见
1-2-4	200人公司是否属于需要取得省级人民政府确认函的情形	律师应核查公司是否存在以下情形:(1)1994年7月1日《公司法》实施前,经过体改部门批准设立,但存在内部职工股超范围或超比例发行、法人股向社会个人发行等不规范情形的定向募集公司。(2)1994年7月1日《公司法》实施前,依法批准向社会公开发行股票的公司。(3)按照《国务院办公厅转发证监会关于清理整顿场外非法股票交易方案的通知》(国办发〔1998〕10号),清理整顿证券交易场所后"下柜"形成的股东超过200人的公司。(4)中国证监会认为需要省级人民政府出具确认函的其他情形。如存在,应由省级人民政府出具确认函,说明公司股份形成、规范的过程以及存在的问题并明确承担相应责任

续表

序号	问题	核查要求
1-3		实际控制人认定情况
1-3-1	实际控制人的认定	律师应当结合公司章程、协议或其他安排以及公司股东大会(股东出席会议情况、表决过程、审议结果、董事提名和任命等)、董事会(重大决策的提议和表决过程等)、监事会及公司经营管理的实际运作情况对公司实际控制人的认定发表明确意见。 公司认定存在实际控制人,但其他股东持股比例较高且与实际控制人持股比例接近的,律师应当进一步分析说明公司是否存在通过实际控制人认定规避挂牌条件相关要求的情形
1-3-2	是否涉及共同实际控制人的认定	公司未将一致行动协议全体签署人认定为共同实际控制人的,律师应当说明是否存在通过实际控制人认定规避挂牌条件相关要求的情形。实际控制人的配偶和直系亲属,如其持有公司股份达到5%以上或者虽未达到5%但是担任公司董事、高级管理人员并在公司经营决策中发挥重要作用,律师应当说明上述主体是否为共同实际控制人
1-3-3	是否无实际控制人	律师应关注以下事项: (一)认定公司无实际控制人的依据及合理性、真实性; (二)无实际控制人对公司治理和内部控制的有效性、公司经营发展的稳定性的影响。 若公司第一大股东持股接近30%,其他股东持股比例不高且较为分散,公司认定无实际控制人的,律师应进一步关注公司是否存在通过实际控制人认定规避挂牌条件相关要求的情形
1-4	控股股东、实际控制人、前10名股东及持有5%以上股份股东所持股份是否被质押或被冻结	律师应结合相关债务人以及被质押或被冻结股份持有人的财务状况和清偿能力,关注相关股份是否存在被行权或强制处分的可能性,公司控制权是否存在重大不确定性,股权归属是否明晰,是否影响相关主体在公司的任职或履职,是否对公司经营管理产生重大不利影响
1-5		股权形成及变动情况
1-5-1	股权形成及变动	律师应核查公司注册资本是否已足额缴纳,股东的出资资产、出资方式、出资程序等是否符合相关法律法规的规定。律师应核查公司及其重要控股子公司的股票发行和转让行为是否合法合规,是否履行了必要的内部决议、外部审批程序,是否存在擅自公开或变相公开发行证券且仍未依法规范或还原的情形

续表

序号	问题	核查要求
1-5-2	是否涉及出资资产、出资程序等瑕疵	律师应当关注出资瑕疵事项的影响，公司及相关股东是否因出资瑕疵受到行政处罚，是否属于重大违法违规，是否存在纠纷，补救措施的合法性、有效性以及公司股权归属的清晰性、资本充足性
1-5-3	是否涉及国有股权的形成与变动	律师应当关注国有资产出资是否遵守有关国有资产评估的规定、相关文件作为国资批复替代文件的有效性、出具相关文件的机构是否具有相应管理权限，以及国有股权变动是否依法履行评估程序、是否依法通过产权市场公开进行、是否办理国有产权登记、是否存在国有资产流失
1-5-4	是否系历史上由国有企业、集体企业改制而来或曾挂靠集体组织经营	律师应当结合当时有效的法律法规等，关注相关改制行为是否符合法律法规规定、是否经有权机关批准、是否存在国有资产或集体资产流失的情况、职工安置是否存在纠纷、股权权属是否清晰等
1-5-5	是否曾在区域性股权市场或其他交易场所挂牌	公司曾在区域性股权市场及其他交易场所进行融资及股权转让的，律师应当关注相关融资及股权转让行为是否涉及公开发行、变相公开发行、集中交易等违反《国务院关于清理整顿各类交易场所切实防范金融风险的决定》《国务院办公厅关于清理整顿各类交易场所的实施意见》等规定的情形
1-6	对赌等特殊投资条款	
1-6-1	对赌等特殊投资条款的规范性要求	律师应关注公司是否符合对赌等特殊投资条款的规范性要求
1-6-2	是否涉及尚未履行完毕的对赌等特殊投资条款	律师应当对特殊投资条款的合法有效性、是否存在应当予以清理的情形、是否已履行公司内部审议程序、相关义务主体的履约能力、挂牌后的可执行性，对公司控制权稳定性、相关义务主体任职资格以及其他公司治理、经营事项产生的影响进行核查并发表明确意见
1-6-3	是否涉及报告期内已履行完毕或终止的特殊投资条款	律师应当对特殊投资条款的履行或解除情况、履行或解除过程中是否存在纠纷、是否存在损害公司及其他股东利益的情形、是否对公司经营产生不利影响等事项进行核查并发表明确意见

续表

序号	问题	核查要求
2		公司业务
2-1	业务资质、许可或特许经营权	律师应核查公司是否依法依规开展生产经营活动,是否具备开展业务所必需的资质、许可或特许经营权等
2-2	环境保护	律师应当关注公司所处行业是否属于重污染行业,是否被环保监管部门列入重点排污单位名录,公司已建和在建项目的环境影响评价及验收,公司环保设施是否正常有效运转,公司环保措施的建立和运行情况;污染物类型及治理情况,排污许可办理情况,公司污染物排放是否符合相关标准及总量控制要求;出现的环境污染事件或因环保受到的行政处罚是否构成重大违法违规、是否整改完毕,公司环保涉及的重大负面舆情等。公司属于重污染行业的,还应关注污染物排放量及排污费缴纳情况;涉及危险废弃物的,还应关注危险废弃物处置措施
3		公司治理
3-1	公司治理机制	律师应核查公司是否依据法律法规、中国证监会及全国股转系统相关规定制定完善公司章程和股东大会、董事会、监事会议事规则,建立健全公司治理组织机构,并有效运作;公司是否明确公司与股东等主体之间的纠纷解决机制,建立投资者关系管理、关联交易管理等制度,切实保障投资者和公司的合法权益
3-2	公司章程	律师应核查公司提交的公司章程及作为章程附件的股东大会议事规则、董事会议事规则、监事会议事规则是否符合《全国中小企业股份转让系统股票挂牌审核业务规则适用指引第1号》1-10相关规定
3-3	是否设置表决权差异安排	律师应核查表决权差异安排是否符合全国股转系统关于表决权差异安排设置条件、设置程序、投资者保护、规范运行等方面的规定,是否已履行完设置程序
3-4	董事、监事、高级管理人员	律师应核查公司董事、监事、高级管理人员是否具备法律法规、部门规章或规范性文件、全国股转系统业务规则和公司章程等规定的任职资格

续表

序号	问题	核查要求
3-5		违法违规及失信行为
3-5-1	公司及其控股股东、实际控制人、重要控股子公司是否存在违法违规、失信行为	律师应核查相关主体：(1)最近24个月以内，是否存在因贪污、贿赂、侵占财产、挪用财产或者破坏社会主义市场经济秩序行为被司法机关作出有罪判决，或刑事处罚未执行完毕；(2)最近24个月以内，是否存在欺诈发行、重大信息披露违法或者其他涉及国家安全、公共安全、生态安全、生产安全、公众健康安全等领域的重大违法行为；(3)最近12个月以内，是否存在被中国证监会及其派出机构采取行政处罚；(4)是否因涉嫌犯罪正被司法机关立案侦查或涉嫌违法违规正被中国证监会及其派出机构立案调查，尚未有明确结论意见；(5)是否被列为失信联合惩戒对象且尚未消除；(6)是否存在中国证监会和全国股转公司规定的其他情形。律师应按照《全国中小企业股份转让系统股票挂牌审核业务规则适用指引第1号》1-4的规定判断是否构成重大违法行为
3-5-2	董事、监事、高级管理人员存在违法违规行为、失信行为	律师应核查相关主体： (1)最近12个月以内，是否存在被中国证监会及其派出机构采取行政处罚； (2)是否因涉嫌犯罪正被司法机关立案侦查或涉嫌违法违规正被中国证监会及其派出机构立案调查，尚未有明确结论意见； (3)是否被列为失信联合惩戒对象且尚未消除； (4)是否被中国证监会及其派出机构采取证券市场禁入措施，或被全国股转公司认定其不适合担任公司董事、监事、高级管理人员，且市场禁入措施或不适格情形尚未消除； (5)是否存在中国证监会和全国股转公司规定的其他情形
3-6	同业竞争	律师不能简单以产品销售地域不同、产品的档次不同等认定不构成同业竞争。律师应当结合相关企业历史沿革、资产、人员、主营业务(包括但不限于产品服务的具体特点、技术、商标商号、客户、供应商等)等方面与公司的关系，业务是否有替代性、竞争性，是否有利益冲突，是否在同一市场范围内销售等，论证是否对公司构成竞争。 存在同业竞争的，律师应当结合竞争方与公司的经营地域、产品或服务的定位，竞争方同类收入或毛利占公司该类业务收入或毛利的比例，同业竞争是否会导致公司与竞争方之间存在非公平竞争、利益输送、商业机会让渡情形等方面，核查该同业竞争是否对公司生产经营构成重大不利影响并发表明确意见。 律师应当对相关措施的履行情况、可执行性、实施时间安排的合理可行性以及影响有效执行的风险因素等进行核查

续表

序号	问题	核查要求
3-7	是否涉及公开承诺	律师应核查公司及其控股股东、实际控制人、董事、监事、高级管理人员等主体，在申请挂牌过程中就特定事项作出的公开承诺是否具体、明确、无歧义、具有可操作性及明确的履行时限，是否符合相关法律法规、部门规章、规范性文件和业务规则等要求，并在符合《证券法》规定的信息披露平台予以披露
3-8	报告期内及期后是否涉及未决或未执行完毕重大诉讼或仲裁事项	律师应当核查相关诉讼或仲裁事项的具体情况，并分析评估公司可能承担的责任或损失、对公司经营的具体影响、公司内控或合规管理是否健全、是否构成挂牌障碍以及公司应对措施的有效性
4	公司财务	
4-1	是否存在境外销售	律师应重点关注境外销售业务的合规经营情况，包括公司在销售所涉国家和地区是否依法取得从事相关业务所必需的资质、许可，报告期内是否存在被相关国家和地区处罚或者立案调查的情形；相关业务模式下的结算方式、跨境资金流动、结换汇等是否符合国家外汇及税务等法律法规的规定
4-2	关联交易	律师应重点关注以下事项： (1)关联方及关联交易信息披露的完整性，关联交易相关制度的建立健全及执行情况； (2)报告期内关联方注销及转让的情况，转让后公司与上述原关联方的后续交易情况，是否存在关联方非关联化的情形； (3)关联交易产生的收入、利润总额合理性，关联交易是否影响公司的业务独立性，是否构成对控股股东或实际控制人的依赖； (4)结合可比市场公允价格、第三方交易价格、关联方与其他交易方的价格等，或对比关联交易毛利率与第三方之间毛利率的差异等情况，核查关联交易定价是否公允、是否存在对公司或关联方的利益输送； (5)关联交易是否可能对公司持续经营能力产生重大不利影响，公司未来减少和规范关联交易的具体措施是否切实可行

续表

序号	问题	核查要求
5	豁免披露相关信息	
5-1	是否申请信息披露豁免	律师应当核查公司不予披露相关信息是否符合相关规定、是否影响投资者决策判断，当前披露的信息是否存在泄密风险，以及中介机构提供涉密业务咨询服务是否符合相应的监督管理要求等，并出具专项核查报告。公司以商业秘密为由不予披露相关信息的，律师应当核查商业秘密认定依据的充分性、认定的合理性，并审慎发表意见

四、新三板挂牌项目法律意见书模板

法律意见书是新三板挂牌项目律师开展尽职调查的项目结果，也是尽职调查的终端环节。下面将列示新三板挂牌法律意见书模板，仅作为读者参考之用。

**北京市京师律师事务所
关于某技术股份有限公司
申请股票在全国中小企业股份转让系统挂牌并
公开转让的法律意见书**

京师非字［××××］第××××号

致：某技术股份有限公司

北京市京师律师事务所（以下简称本所）接受某技术股份有限公司（以下简称公司）的委托，作为公司股份在全国中小企业股份转让系统挂牌并公开转让（以下简称本次挂牌）事宜的专项法律顾问，为公司本次挂牌出具法律意见书。

本所现根据《中华人民共和国公司法》（以下简称《公司法》）、《中华人民共和国证券法》（以下简称《证券法》）、《非上市公众公司监督管理办法》（以下简称《监管办法》）、《全国中小企业股份转让系统业务规则（试行）》（以下简称《业务规则》）、《全国中小企业股份转让系统股票挂牌条件适用基本标准指引》（以下简称《挂牌标准指引》）等有关法律法规、部门规章及相关业务规则，按照律师行业公认的业务标准、道德规范和勤勉尽责精神，为公司本次挂牌事

宜出具本法律意见书。

为出具本法律意见书,本所律师特作出如下声明:

1. 本所及本所律师依据《公司法》、《证券法》、《律师事务所从事证券法律业务管理办法》和《律师事务所证券法律业务执业规则(试行)》等规定及本法律意见书出具之日前已经发生或者存在的事实,严格履行了法定职责,遵循了勤勉尽责和诚实信用原则,进行了充分的核查验证,保证本法律意见书所认定的事实真实、准确、完整,所发表的结论性意见合法、准确,不存在虚假记载、误导性陈述或者重大遗漏。

2. 公司已向本所出具书面的《关于公司申请股票在全国中小企业股份转让系统挂牌并公开转让相关事项的确认函》(以下简称《确认函》),确认其已经向本所律师提供了为出具本法律意见书所必需的真实、准确、完整和有效的原始书面材料、副本材料、复印材料、《确认函》或者口头证言,并无隐瞒、虚假和重大遗漏之处,文件材料为副本或复印件的,其与正本、原件一致。

3. 对于本法律意见书至关重要而又无法得到独立证据支持的事实,本所律师依赖有关政府部门或其他有关单位出具的文件以及与本次挂牌有关的其他中介机构出具的书面报告和专业意见。

4. 本所律师仅根据本法律意见书出具之日现行有效的法律、法规和有关规范性文件的明确要求,对公司本次挂牌的合法性及对本次挂牌有重大影响的法律问题发表法律意见,而不对公司的会计、审计、验资、资产评估等专业事项和报告发表意见。本所律师在本法律意见书中对有关会计报表、审计、验资和资产评估报告中某些数据和结论的引述,并不意味着本所律师对该等数据和相关结论的合法性、真实性和准确性作出任何明示或默示的担保或保证。

5. 本所律师同意将本法律意见书作为公司申请本次挂牌所必备的法律文件,随同其他材料一同上报,并同意对本所律师出具的法律意见书依法承担相应的法律责任。

6. 本所律师同意公司部分或全部按全国中小企业股份转让系统有限责任公司的审核要求引用法律意见书的内容,但在作上述引用时,不得导致法律上的歧义或曲解。

7. 本所律师未授权任何单位或个人对本法律意见书作任何解释或说明。

8. 本法律意见书仅供公司为申请本次挂牌之目的使用,除非事先取得本所律师的书面授权,任何单位和个人均不得将本法律意见书或其任何部分用作任何其他目的。

基于上述声明,本所及本所律师根据有关法律法规、部门规章及相关业务规则,在对公司提供的有关文件和事实进行核查和验证的基础上,出具本法律意见书。

目　录

释　义

正　文

　一、公司本次挂牌的批准和授权

二、本次挂牌的主体资格

三、本次挂牌的实质条件

四、公司的设立

五、公司的独立性

六、公司的发起人、股东

七、公司的股本及其演变

八、公司的业务

九、公司的关联交易及同业竞争

十、公司的主要财产

十一、公司的重大债权、债务关系

十二、公司的重大资产重组、对外投资及收购兼并

十三、《公司章程》的制定与修改

十四、公司股东大会、董事会、监事会议事规则及规范运作情况

十五、公司的董监高及核心技术人员

十六、公司的税务和财政补贴

十七、公司的环境保护和产品质量、技术等标准

十八、公司的劳动用工、劳动保护和社会保险

十九、公司的诉讼、仲裁或行政处罚

二十、主办券商

二十一、结论意见

释　义

除另有说明外，下列简称具有以下含义：

证监会	指	中国证券监督管理委员会
全国中小企业股份转让系统	指	全国中小企业股份转让系统有限责任公司
公司	指	某技术股份有限公司
某有限	指	某建设工程有限公司
子公司	指	某科技有限公司,系某技术股份有限公司的全资子公司
本次挂牌	指	某技术股份有限公司申请股票在全国中小企业股份转让系统挂牌并公开转让

续表

三会一层	指	某技术股份有限公司股东大会、董事会、监事会、高级管理层
董监高	指	某技术股份有限公司董事、监事、高级管理人员
《公司法》	指	《中华人民共和国公司法》
《证券法》	指	《中华人民共和国证券法》
《业务规则》	指	《全国中小企业股份转让系统业务规则(试行)》
《监管办法》	指	《非上市公众公司监督管理办法》
证券公司	指	某证券股份有限公司
本所	指	北京市京师律师事务所
会计所	指	某会计师事务所(特殊普通合伙)
评估公司	指	某资产评估有限公司
《审计报告》	指	某会计师事务所(特殊普通合伙)出具的×××号《审计报告》
《评估报告》	指	某资产评估有限公司出具的×××号《评估报告》
《验资报告》	指	某会计师事务所(特殊普通合伙)出具的×××号《验资报告》
《公开转让说明书》	指	《某技术股份有限公司公开转让说明书》

正　　文

一、公司本次挂牌的批准和授权

××××年××月××日,公司召开第一届董事会第三次会议,审议通过了《关于申请公司股票在全国中小企业股份转让系统挂牌并公开转让的议案》、《关于公司申请股票在全国中小企业股份转让系统公开转让采取集合竞价方式的议案》、《关于提请股东大会授权公司董事会全权办理公司股票在全国中小企业股份转让系统挂牌并公开转让相关事宜的议案》和《关于召开公司××××年第三次临时股东大会的议案》等议案。

××××年××月××日,公司召开××××年第三次临时股东大会,会议审议通过了《关于申请公司股票在全国中小企业股份转让系统挂牌并公开转让的议案》《关于公司申请股票在全国中小企业股份转让系统公开转让采取集合竞价方式的议案》《关于提请股东大会授权公司董事会全权办理公司股票在全国中小企业股份转让系统挂牌并公开转让相关事宜的议案》。本次临时股东大会授权公司董事会全权办理公司本次挂牌并公开转让相关事宜的具体内容如下：

1. 根据要求或规定，办理申请股票在全国中小企业股份转让系统挂牌并公开转让所需的批复文件和核准手续等；

2. 与全国中小企业股份转让系统签订挂牌协议；

3. 批准、签署与本次挂牌相关的文件、合同；

4. 聘请或解聘参与本次挂牌的中介机构并决定其专业服务费用；

5. 在本次挂牌完成后，办理公司章程中有关条款修改、工商变更登记等事宜；

6. 其他与申请股票在全国中小企业股份转让系统挂牌并公开转让相关的工作。

根据我国现行法律、法规、规范性文件以及公司章程等规定，本所律师认为，上述决议的内容和形式合法有效；公司股东大会对董事会的授权范围和程序合法、有效。公司本次挂牌事宜已取得现阶段必要的批准和授权；公司本次挂牌事宜尚有待取得全国股份转让系统同意挂牌的审查意见。

二、本次挂牌的主体资格

（一）公司依法设立

××××年××月××日，经公司创立大会暨第一次临时股东大会决议，某有限通过整体变更方式，发起设立股份有限公司，发起人为甲、乙。××××年××月××日，公司完成工商变更登记，取得××工商行政管理局核发的《营业执照》(统一社会信用代码：×××)，公司依法设立。

根据公司现持有的××工商行政管理局核发的《营业执照》，公司的基本情况如下：

名称	某技术股份有限公司
住所	××××
法定代表人	甲
注册资本	××××万元
实收资本	××××万元
公司类型	股份有限公司(非上市、自然人投资或控股)
经营范围	××××
营业期限	长期
成立日期	××××年××月××日

本所律师经核查后认为：公司系依法设立的股份有限公司，在设立过程中，履行了法律、法规及其他规范性文件规定的程序，并办理完成工商变更登记，设立合法、有效。

（二）公司依法存续

公司现持有××工商行政管理局核发的《营业执照》（统一社会信用代码：××××），经核查，公司的营业期限为长期。

根据公司的确认及本所律师核查，截至本法律意见书出具之日，公司不存在法律法规及《公司章程》中规定的需要终止的情形，为有效存续的股份有限公司。

根据××工商行政管理局出具的证明，公司自××××年××月××日至××××年××月××日，没有发现违反工商行政管理法律法规被工商局行政处罚或列入经营异常名录的情形。

综上，本所律师核查后认为，截至本法律意见书出具之日，公司为依法设立并有效存续的股份有限公司，具备本次挂牌的主体资格。

三、本次挂牌的实质条件

本所律师根据《公司法》、《证券法》、《监管办法》、《业务规则》、《股票挂牌规则》及全国中小企业股份转让系统的其他规定，对公司挂牌所具备的实质条件逐项进行了审查。经本所律师核查，并结合《公开转让说明书》《审计报告》等的记载，本所律师认为，公司本次挂牌符合以下实质条件。

（一）公司依法设立且存续满两年，股本总额不低于500万元

1. 公司的前身某有限根据《公司法》等法律、法规及规章的规定，于××××年××月××日成立，并取得××工商行政管理局核发的《企业法人营业执照》（注册号：××××）。

2. 某有限按照经审计的原账面净资产折股，整体变更为股份有限公司，并于××××年××月××日在××行政审批服务局完成工商变更手续，取得了新的《营业执照》（统一社会信用代码：××××）。截至本法律意见书出具之日，公司股本总额为×××万元。

本所律师经核查后认为：公司系由某有限按经审计的原账面净资产折股，整体变更设立的股份有限公司，其存续时间可以从某有限成立之日起计算。因此，截至本法律意见书出具之日，公司已存续满两年以上，且公司股本总额为×××万元，不低于500万元，符合《业务规则》第二章第2.1条第1项和《股票挂牌规则》第10条、第11条的规定。

（二）公司业务明确，具有持续经营能力

1. 根据《公开转让说明书》、公司的相关业务合同及公司说明，报告期内，公司主营业务为××××。其所属行业、所从事业务不属于主要业务或产能被国家或地方发布的产业政策明确禁止或淘汰，或法规政策明确禁止进入资本市场融资的行业、业务，或不符合中国证监会、股转公司规定的其他情形。截至本法律意见书出具之日，公司主营业务明确，最近两年内没有发生重大变化。

2. 根据会计师事务所出具的《审计报告》，公司××××年度、××××年度以及×××

×年度××月至××月的主营业务收入占其营业收入总额的比例分别为××%、××%及××%,主营业务明确、突出;报告期公司在每一个会计期间内形成与同期业务相关的持续营运记录,不存在仅存在偶发性交易或事项的情形;公司××××年度、××××年度(指归属于母公司股东的净利润)分别为×××万元及××万元,扣除非经常性损益后归属母公司所有者的净利润分别为××××万元及××万元,满足最近两年净利润均为正且累计不低于800万元,或者最近一年净利润不低于600万元的要求。截至××××年××月××日,归属于申请挂牌公司股东的每股净资产为××元/股,不低于1元/股。

3. 根据公司说明、《审计报告》及本所律师核查,公司近两年内持续经营,不存在依据《公司法》规定应当解散的情形,或法院依法受理重整、和解或者破产申请的情形,亦不存在《中国注册会计师审计准则第1324号——持续经营》中列举的影响其持续经营能力的相关事项或情况,且相关事项或情况导致公司持续经营能力存在重大不确定性。公司最近两年业务明确,持续经营,不存在终止经营或影响持续经营的情形。

经公司说明及本所律师核查后认为,截至本法律意见书出具之日,公司的主营业务明确、突出,具有持续经营能力,符合《业务规则》第2.1条第2项和《股票挂牌规则》第10条第3项、第21条第1项的规定,公司所从事的业务不属于《挂牌规则》第22条的任一情形。

(三)公司治理结构健全、运作规范

公司根据《非上市公众公司监管指引第3号——章程必备条款》的规定,制定并通过了《公司章程》,制定了《股东大会议事规则》《董事会议事规则》《监事会议事规则》《投资者关系管理制度》《关联交易管理办法》《对外担保管理办法》《信息披露管理制度》《总经理工作细则》《董事会秘书工作细则》等一系列公司治理文件。

根据公司说明及本所律师核查,公司建立了股东大会、董事会、监事会和高级管理层的"三会一层"的组织架构。公司"三会一层"严格按照公司的治理制度进行规范运作,公司董事会已对公司治理机制的执行情况进行了讨论、评估,经讨论后认为,公司现有的治理机制能够有效地提高公司治理水平和决策质量、有效地识别和控制经营管理中的重大风险,能够给所有股东提供合适保护以及保证股东充分行使知情权、参与权、质询权及社会公众的监督,符合公司发展的要求。公司现任董事、监事和高级管理人员具备《公司法》等法律法规规范性文件规定的任职资格。

公司已召开第×届董事会第×次会议和××××年度股东大会,审议通过了《关于确认公司报告期内关联交易的议案》,确认报告期内的关联交易公平、公允,不存在损害公司及股东合法权益的情形。

根据公司及子公司提供的资质文件、行政主管部门出具的证明及公司的说明、对相关人员的访谈并经本所律师核查,公司及子公司依法开展生产经营活动,开展业务已取得相应的资质,公司生产经营符合国家产业政策以及环保、质量、安全等方面的要求,不存在重大违法违规的情形。

根据政府主管部门出具的证明、公司及其子公司的企业信用报告及公司的说明、实际控制人及董监高签署的调查表、实际控制人及董监高访谈、董监高声明及承诺、实际控制人、董监高的个人信用报告、公安机关派出机构出具的无犯罪记录证明并经本所律师核查，截至本法律意见书出具之日，公司及其股东、实际控制人、子公司、董监高不存在以下情形：

（1）最近 24 个月以内，申请挂牌公司或其股东、实际控制人、子公司因贪污、贿赂、侵占财产、挪用财产或者破坏社会主义市场经济秩序行为被司法机关作出有罪判决，或刑事处罚未执行完毕；

（2）最近 24 个月以内，申请挂牌公司或其股东、实际控制人、子公司存在欺诈发行、重大信息披露违法或者其他涉及国家安全、公共安全、生态安全、生产安全、公众健康安全等领域的重大违法行为；

（3）最近 12 个月以内，申请挂牌公司或其股东、实际控制人、子公司、董监高被中国证监会及其派出机构采取行政处罚；

（4）申请挂牌公司或其股东、实际控制人、子公司、董监高因涉嫌犯罪正被司法机关立案侦查或涉嫌违法违规正被中国证监会及其派出机构立案调查，尚未有明确结论意见；

（5）申请挂牌公司或其股东、实际控制人、子公司、董监高被列为失信联合惩戒对象且尚未消除；

（6）申请挂牌公司董监高被中国证监会及其派出机构采取证券市场禁入措施，或被全国股转公司认定其不适合担任公司董监高，且市场禁入措施或不适格情形尚未消除。

根据《审计报告》及公司确认，经本所律师核查，截至本法律意见书出具之日，公司不存在资金、资产或其他资源被实际控制人及其控制的其他企业以借款、代偿债务、代垫款项或者其他方式占用的情形。

根据《审计报告》及公司的书面说明，公司设有独立财务部门，并进行独立的财务会计核算、作出财务决策，公司会计基础工作规范，财务报表的编制和披露符合企业会计准则及相关信息披露规则的规定，在所有重大方面公允地反映公司财务状况、经营成果和现金流量，并由会计师事务所出具无保留意见的审计报告。

综上，本所律师认为，公司具有健全的法人治理结构，运行规范，符合《业务规则》第 2.1 条第 3 项和《股票挂牌规则》第 10 条第 2 项、第 14 条、第 16 条和第 17 条的规定。

（四）公司股权明晰、股份发行及转让行为合法合规

根据工商登记资料、验资报告、公司说明及公司股东出具的声明，并经本所律师核查，公司注册资本已足额缴纳，股东的出资资产、出资方式、出资程序等符合相关法律法规的规定，股东不存在依法不得投资公司的情形；公司目前的股东不存在国家法律、法规、规章及规范性文件规定不适宜担任股东的情形；公司目前的股权结构清晰，权属真实、明确，公司股东持有公司的股份不存在信托持股、委托代持等情形，亦不存在被冻结、设定质押或其他权利限制的情形，实际控制人持有或控制的股份不存在可能导致控制权变更的重大权属纠纷。

根据本所律师核查，有限公司阶段的股权转让当事人，均签订了相关的股权转让协议，并经过股东会决议确认，转让双方依法办理了工商变更登记，转让行为合法有效。公司设立至今，未发生股份转让行为。

根据公司说明并经本所律师核查，公司不存在擅自公开或变相公开发行证券的情形。另，根据公司出具的书面说明并经本所律师核查，截至本法律意见书出具之日，公司未在区域股权交易市场或其他交易市场进行融资及股权转让。

综上，本所律师认为，公司股权清晰、明确，股权转让行为合法合规，符合《业务规则》第2.1条第4项和《股票挂牌规则》第10条第1项、第12条、第13条的规定。

四、公司的设立

（一）公司的设立程序和方式

经本所律师核查，公司系由某有限以××××年××月××日为基准日的经审计的原账面净资产折股整体变更而来。发起人为某有限的全部2名自然人股东甲、乙。公司设立的方式和程序如下。

1. 公司的前身某有限成立于××××年××月××日，某有限成立后的历次股权及资本变动，详见本法律意见书"七、公司的股本及其演变"。

2. ××××年××月××日，公司召开临时股东会，全体股东一致同意将公司以经审计的某有限净资产折股整体变更为股份有限公司，折合的实收股本总额不高于经审计的净资产额；某有限全部2名股东作为公司的发起人股东；同意授权公司执行董事筹备有限公司整体变更为股份有限公司的相关事宜。

3. ××××年××月××日，会计所出具了《审计报告》，经审计，截至××××年××月××日，公司的账面净资产为×××元。

4. ××××年××月××日，评估公司出具了《评估报告》，经评估，截至××××年××月××日，公司净资产评估价值为×××万元。

5. ××××年××月××日，公司召开临时股东会，全体股东一致同意依据《审计报告》，以截至××××年××月××日经审计的原账面净资产值进行折股，折股后公司股本总额为××万股，每股面值人民币1元；同时，审议通过评估公司对有限公司整体变更为股份公司所涉事项出具的《评估报告》、股份公司名称及公司债权债务承继等事项。

6. ××××年××月××日，××工商行政管理局核发（××）名称变核私字［××］第××××号《企业名称预先核准通知书》，核准"某建设工程有限公司"名称变更为"某技术股份有限公司"。

7. ××××年××月××日，公司召开创立大会暨第一次临时股东大会，公司全体发起人参加了会议，会议审议通过了《某技术股份有限公司筹办情况的报告》《关于整体变更设立某技术股份有限公司及各发起人出资情况的议案》《关于确认某建设工程有限公司所签署的一切协议、文件等均由变更后的某技术股份有限公司承继的议案》《关于某技术股份有限公司章程(草案)的议案》《关于选举某技术股份有限公司第一届董事会董事成员的议案》《关于选举某技术股份有限公司第一届监事会监事成员的议案》等议案。

8.××××年××月××日,会计所出具《验资报告》,经审验,截至××××年××月××日,公司(筹)已将某有限×××年××月××日的净资产中的××××元折合为股本××××元,其余未折股部分××元计入股份公司资本公积。

9.××××年××月××日,公司办理了工商变更登记手续,取得××工商行政管理局核发的统一社会信用代码为××××的《营业执照》,公司的登记信息如下:企业名称:某技术股份有限公司;住所:××××;注册资本:××××万元;企业类型:股份有限公司(非上市、自然人投资或控股);法定代表人:×××;营业期限:长期,经营范围:××××。

公司设立时的股权结构如下:

序号	股东姓名或名称	出资方式	认缴出资额（万元）	实缴出资额（万元）	出资比例（%）
1	×××	净资产	××××	××××	××
2	×××	净资产	××××	××××	××
合计			××××	××××	100.00

公司设立时,治理结构为:

职务	人数(名)	姓名
董事	5	
监事	3	
总经理	1	
副总经理	1	
董事会秘书	1	
财务负责人	1	

10.根据公司说明并经本所律师核查自然人发起人的身份证件、法人发起人的《营业执照》等文件,公司2名自然人发起人均具有完全的民事权利能力和民事行为能力,均在中国境内有固定住所,具有相关法律、法规和规范性文件规定的担任发起人的资格。

(二)《发起人协议》

××××年××月××日,公司发起人甲、乙签订了《发起人协议》,该协议就拟设立公司的名称、住所、经营范围、公司设立的方式和组织形式、资产投入及股本结构、发起人的权利和义务、违约条款和争议解决等内容作出了明确约定。

经本所律师核查后认为:公司设立过程中签订的《发起人协议》符合有关法律、法规和规范性文件的要求,合法有效,不存在潜在的法律纠纷和风险。

(三)公司创立大会

××××年××月××日,公司召开了创立大会暨第一次临时股东大会,全体发起人出席并审议通过了关于公司章程的决议,选举甲、乙、丙、丁、戊为董事,组成公司第一届董事会,选举己、庚为股东代表监事,与公司职工民主推荐的职工代表监事辛,共同组成公司第一届监事会。

经本所律师核查,公司创立大会的召开程序及所议事项符合法律、法规和规范性文件的规定。

(四)公司的工商变更登记

××××年××月××日,公司办理了工商登记手续,取得了××工商行政管理局核发的统一社会信用代码为××××的《营业执照》,公司正式成立。

本所律师认为,公司设立过程中履行了工商变更登记的必要程序,符合有关法律、法规和规范性文件的规定。

综上,本所律师认为,公司设立过程中履行了必要的内部决议程序、审计、评估及验资程序,并依法办理完毕工商变更登记手续,符合《公司法》等法律、法规和规范性文件的规定,公司是依法设立的股份有限公司。

五、公司的独立性

(一)公司业务独立

根据公司《营业执照》的记载,公司的经营范围是:××××。根据《公开转让说明书》和《审计报告》,公司主营业务为:××××。

公司设置了业务经营所需的采购、生产、技术、质检、仓储、销售及售后等部门,具有独立运营业务的能力,拥有与公司生产经营相适应的生产人员和管理人员,具有与其经营相适应的场所、机械、设备。公司独立于控股股东、实际控制人及其控制的其他企业,独立从事其《营业执照》所核定的经营范围中的业务。

经本所律师核查,报告期内,公司与其实际控制人甲持股的某公司经营范围重叠,存在同业竞争,截至本法律意见书出具之日,甲已经将某公司股权全部转让给他人,并辞去了在某公司担任的全部职务,甲与公司同业竞争情况已经消除。

综上,本所律师认为,公司业务独立。

(二) 公司资产独立

根据《审计报告》、《评估报告》及公司出具的声明,并经本所律师适当核查,截至本法律意见书出具之日,公司设立以及历次增资的注册资本均已足额缴纳,股东投入公司的资产已全部到位。

公司合法拥有与其生产经营有关的生产系统、辅助生产系统和配套设备,合法拥有与生产经营有关的土地使用权和房屋所有权以及注册商标使用权等知识产权。截至本法律意见书出具之日,公司与股东资产产权已明确界定和划清,不存在资产、资金被公司的控股股东、实际控制人及其他关联方占用的情形,不存在公司股东利用公司资产为股东个人债务提供担保的情形。

综上,本所律师认为,公司资产独立完整、产权明晰。

(三) 公司人员独立

1. 公司董事会成员、股东代表监事均由公司股东大会选举产生;职工代表监事由公司职工代表大会选举产生;高级管理人员由公司董事会聘任或者辞退。公司董监高均通过合法程序产生,不存在控股股东或实际控制人干预股东大会、董事会作出的人事任免决定的情况。

2. 根据公司及高级管理人员提供的书面声明,公司的高级管理人员均通过合法程序产生,并在公司领取薪酬;不存在公司的总经理、财务总监和董事会秘书等高级管理人员在控股股东、实际控制人及其控制的其他企业中担任除董事、监事以外职务的情况,或在公司的控股股东、实际控制人及其控制的其他企业领取薪酬的情况,亦不存在公司的财务人员在公司的控股股东、实际控制人及其控制的其他企业中兼职的情况。

3. 根据公司的说明与承诺,截至本法律意见书出具之日,公司按照相关法律、法规的规定与员工签订劳动合同,并严格执行有关的劳动工资制度,独立发放员工工资。

综上,本所律师认为,公司的人员独立。

(四) 公司财务独立

公司现持有××××年××月××日由某银行出具的《基本存款账户信息》,信息显示:账户名称为某技术股份有限公司,银行账号为××××,开户银行为××××,法定代表人为甲,基本存款账号编号为××××。

公司现持有××××年××月××日由××工商行政管理局核发的《营业执照》,统一社会信用代码为××××。

经核查公司的开户许可证、财务报告、纳税申报表等资料,基于本所律师作为非财务专业人员对相关文件的理解和判断,目前公司设立了独立的财务部门,建立了独立的财务核算体系,具有规范、独立的财务会计制度,并配备了专职财务人员。公司独立在银行开立账户、独立核算,独立进行纳税申报和依法纳税。不存在与控股股东、实际控制人及其控制的其他企业共用银行账户的现象。公司独立对外签订合同,不受控股股东、实际控制人及其控制的其他企业的影响。

综上，本所律师认为，公司财务独立。

（五）公司机构独立

根据公司说明，并经本所律师核查，公司已按照《公司法》等相关法律法规及《公司章程》的规定，建立健全了法人治理结构。公司设立了股东大会、董事会、监事会；选举了董事、监事，聘任了总经理、董事会秘书、财务总监等高级管理人员，并在公司内部设立了相应的职能部门。公司具有健全的内部经营管理机构，设有独立的组织机构，独立行使经营管理职权，与控股股东、实际控制人及其控制的其他企业不存在机构混同的情形。

经本所律师核查，公司具有独立的办公机构和场所，不存在与股东单位或控股股东及实际控制人控制的其他单位混合办公的情形。

基于上述事实，本所律师认为，公司机构独立。

（六）公司具有面向市场独立经营的能力

综上所述，本所律师认为，公司拥有独立完整的供应、技术、生产、销售系统，在资产、人员、财务、业务、机构方面独立于控股股东和关联方，具有完整的业务体系和直接面向市场独立经营的能力。

六、公司的发起人、股东

（一）发起人及其主体资格

根据公司说明，并经本所律师核查自然人发起人的身份证明等文件，某有限整体变更为股份公司时，发起人甲、乙均具有完全的民事权利能力和民事行为能力，具有《公司法》等法律法规规定的担任发起人并进行出资的资格。

截至本法律意见书出具之日，各发起人的基本情况如下：

1. 甲

   身份证号为××××，住所为××××。

2. 乙

   身份证号为××××，住所为××××。

经本所律师核查，公司的发起人具有担任股份公司发起人股东的主体资格，发起人人数、住所、出资方式和出资比例符合有关法律、法规和规范性文件的规定。

（二）发起人的出资方式及出资比例

根据公司提供的资料，并经本所律师核查，公司设立时发起人人数为 2 名，均为自然人股东，发起人均在中国境内有住所，各发起人均以某有限经审计的净资产出资。

本所律师核查认为，公司全体发起人投入的资本不存在法律障碍；发起人的出资方式和出资比例符合法律、法规和规范性文件的规定。

（三）现有股东

经本所律师核查，截至本法律意见书出具之日，公司共有××名股东，其中自然人股东×

×名,非自然人股东××名,具体如下:

1. 自然人股东

序号	姓名	持股数量（万股）	持股比例（%）	身份证号	住址
1					
2					
3					
4					
5					

2. 非自然人股东

（1）某咨询中心

企业名称				
统一社会信用代码				
执行事务合伙人				
住所				
实缴出资额				
企业类型	有限合伙企业			
经营范围				
成立日期				
出资情况	合伙人	合伙人类型	认缴出资额(万元)	出资比例(%)

(2)某股份有限公司

企业名称	
统一社会信用代码	
法定代表人	
住所	
注册资本	
公司类型	
经营范围	
治理结构	
股权结构	

根据《全国中小企业股份转让系统关于加强参与全国股转系统业务的私募投资基金备案管理的监管问答函》《中华人民共和国证券投资基金法》《私募投资基金监督管理暂行办法》《私募投资基金登记备案办法》等相关规定，本所律师对公司股东是否存在私募投资基金管理人、私募投资基金及其登记、备案情况进行了核查。经核查，截至本法律意见书出具之日，公司现有股东中有××名股东为机构投资者，其中无私募投资基金或募投资基金管理人。

本所律师核查后认为，公司的现有股东均具有《公司法》等法律法规规定担任公司股东并进行出资的资格。公司股东人数、住所、出资方式和出资比例符合有关法律、法规和规范性文件的规定。

（四）股东出资的合法性

1.公司股东出资的情况

公司股东出资的情况详见本法律意见之"七、公司的股本及其演变"。

2.公司设立时发起人出资的合法性

×××年××月××日，会计所出具了《审计报告》，经审计，截至×××年××月××日，某有限的账面净资产为×××元。

×××年××月××日，评估公司出具了《评估报告》，经评估，截至×××年××月××日，某有限净资产的评估价值为×××万元。

某有限以原有全部股东作为共同发起人，整体变更为股份有限公司，以×××年××月××日为基准日，以经审计的原账面净资产中的×××万元折抵公司发起人股×××万股，每股面值1元，剩余净资产计入公司资本公积。

根据会计所于×××年××月××日出具的《验资报告》，截至×××年××月××日，公司(筹)已将某有限×××年××月××日的净资产中的×××元折合为股本×××元，其余未折股部分×××元计入公司资本公积。

3.公司变更注册资本时股东出资的合法性

×××年××月××日,公司召开×××年第二次临时股东大会,审议通过了《关于某技术股份有限公司增资扩股方案的议案》,公司注册资本变更为×××万元,新增×××万股,每股价格××元。

根据会计所于×××年××月××日出具的《验资报告》,截至×××年××月××日,公司已收到股东缴纳的出资×××元,其中×××元计入注册资本,×××元计入股份公司资本公积。

综上,经本所律师核查后认为,公司股东的出资符合法律及《公司章程》的规定,已依法履行了必要的法律程序,上述出资不存在法律障碍。

(五)控股股东及实际控制人

根据公司工商档案及公司章程,甲直接持有公司股份××股,持股比例为××%,为公司第一大股东,依其持有的股份所享有的表决权足以对股东大会的决议产生重大影响,且甲担任公司董事长,能够对董事会的决策和公司经营活动产生重大影响,同时,甲作为公司总经理,能够对公司的经营活动产生重大影响。因此,甲为公司控股股东和实际控制人。

根据甲、乙出具的确认函及公司说明,并经本所律师访谈公司股东丙、丁等,甲在报告期内一直实际支配公司50%以上的股权,在×××年××月至×××年××月,实际持有公司××%的股权,×××年××月至×××年××月,持有公司××%的股权,×××年××月至本法律意见书出具之日,甲持有公司××%的股份。综上,报告期内,公司实际控制人为甲,未发生过变化。

综上,报告期内,公司的控股股东和实际控制人未发生过变化。

七、公司的股本及其演变

(一)某有限的设立

×××年××月××日,××工商行政管理局核发了(××)登记内名预核字[××]第××号《企业名称预先核准通知书》,同意预先核准名称"某建设工程有限公司"。

×××年××月××日,某有限召开股东会,经全体股东研究决定:(1)选举甲为某有限执行董事,并为公司法定代表人;(2)选举乙为某有限监事;(3)通过公司章程。

《某建设工程有限公司章程》规定:公司名称为:某建设工程有限公司;住所为:×××;注册资本为:××万元;经营范围为:××××。出资人及出资额为:甲出资××万元,乙出资××万元,均为货币出资;公司出资采用分期出资,设立时甲实缴出资××万元,乙实缴出资××万元。

×××年××月××日,会计所出具了《验资报告》,载明:截至×××年××月××日,某有限已收到甲、乙首次缴纳的注册资本(实收资本)合计××万元,出资方式均为货币,其中甲实缴出资××万元,乙实缴出资××万元。

×××年××月××日,某有限取得了由××工商行政管理局核发的《企业法人营业执照》(注册号:××××)。

某有限设立时,股权结构如下:

序号	股东姓名	认缴出资额(万元)	实缴出资额(万元)	出资方式	出资比例(%)
1	甲			货币	
2	乙			货币	
总计	—			—	100

经本所律师核查,某有限的设立经股东会决议,履行了出资的验资程序,并经工商行政管理部门核准注册,某有限的设立合法、有效。

(二)某有限的股本演变

根据某有限提供的工商变更登记资料、历次股权转让的股东会决议、股权转让协议、验资报告等文件,经本所律师核查,某有限的股本变化情况如下:

1.××××年××月实收资本变更

××××年××月××日,某有限召开股东会并作出决议:(1)某有限实收资本由××万元变更为××万元;增加的××万元由甲出资××万元,由乙出资××万元;(2)修改公司章程。

××××年××月××日,会计所出具了《验资报告》,经审验,截至××××年××月××日,某有限已收到股东甲、乙缴纳的新增实缴资本××万元,其中,甲以货币出资××万元,乙以货币出资××万元。

××××年××月××日,某有限取得××工商行政管理局换发的《企业法人营业执照》。

本次变更后某有限的股权结构如下:

序号	股东姓名	认缴出资额(万元)	实缴出资额(万元)	出资方式	出资比例(%)
1	甲			货币	
2	乙			货币	
总计					100

2.××××年××月注册资本变更、股东变更

××××年××月××日,某有限召开股东会并作出决议:(1)某有限增加注册资本××万元,增加的××万元由丙出资。(2)修改公司章程。

××××年××月××日,会计所出具《验资报告》,经审验,截至××××年××月××日,某有限已收到股东缴纳的新增注册资本××万元,某有限全体股东累计实缴注册资本为××万元人民币。

××××年××月××日，某有限取得××工商行政管理局换发的《企业法人营业执照》。

本次变更后某有限的股权结构如下：

序号	股东姓名	认缴出资额(万元)	实缴出资额(万元)	出资方式	出资比例(%)
1	甲			货币	
2	乙			货币	
3	丙			货币	
总计					100

3. ××××年××月股权转让、股东变更

××××年××月××日，某有限召开股东会并作出决议：(1)公司同意股东变更；(2)同意股东甲在某有限的货币出资××万元转让给丙，同意股东乙在某有限的货币出资××万元转让给丙；(3)同意修改公司章程。

××××年××月××日，甲、乙分别与丙签订了股权转让协议。

××××年××月××日，某有限取得××工商行政管理局换发的《营业执照》。

本次变更后某有限的股权结构如下：

序号	股东姓名	出资额(万元)	出资方式	出资比例(%)
1	甲		货币	
2	丙		货币	
总计				100

4. ××××年××月注册资本、实收资本变更

××××年××月××日，某有限召开股东会并作出决议：同意注册资本、实收资本变更为××万元并修改公司章程相关条款。

××××年××月××日，会计所出具《验资报告》，经审验，截至××××年××月××日，某有限已收到股东丙缴纳的新增注册资本××万元。

××××年××月××日，某有限取得××工商行政管理局换发的《企业法人营业执照》。

本次变更后，某有限的股权结构如下：

序号	股东姓名	出资额(万元)	出资方式	出资比例(%)
1	甲		货币	
2	丙		货币	
总计				100

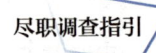

5. ××××年××月注册资本变更

××××年××月××日,某有限召开股东会,审议通过了如下决议:(1)同意增加注册资本、实收资本××万元,由股东甲增加出资××万元、由股东丙增加出资××万元;(2)同意修改公司章程相关条款。

××××年××月××日,会计所出具《验资报告》,经审验,截至××××年××月××日,某有限已收到股东缴纳的新增注册资本××万元,其中,甲新增出资××万元,丙新增出资××万元。

××××年××月××日,某有限取得××工商行政管理局换发的《企业法人营业执照》。

本次股权变更后,某有限的股权结构如下:

序号	股东姓名	出资额(万元)	出资方式	出资比例(%)
1	甲		货币	
2	丙		货币	
总计				100

6. ××××年××月注册资本变更

××××年××月××日,某有限召开股东会并作出决议:(1)同意增加注册资本××万元,由股东甲增加出资××万元、股东丙增加出资××万元;(2)同意修改公司章程相关条款。

××××年××月××日,会计所出具《验资报告》,经审验,截至××××年××月××日,某有限已收到股东缴纳的新增注册资本××万元,出资方式为货币。

××××年××月××日,某有限取得××工商行政管理局换发的《企业法人营业执照》。

本次股权变更后,某有限的股权结构如下:

序号	股东姓名	出资额(万元)	出资方式	出资比例(%)
1	甲		货币	
2	丙		货币	
总计				100

7. ××××年××月公司名称变更

××××年××月××日,某有限召开股东会并作出决议:同意公司名称由某建设工程有限公司变更为某技术有限公司并修改公司章程相关条款。

××××年××月××日,××工商行政管理局向某有限核发了××××号《企业名称变更核准通知书》,核准有限公司名称由某建设工程有限公司变更为某技术有限公司。

××××年××月××日,某有限取得××工商行政管理局换发的《营业执照》。

8.××××年××月,注册资本变更、股东变更

××××年××月××日,某有限召开股东会并作出决议:同意变更公司股东,同意甲将其持有的某有限股权××万元转让给丁,丙将其持有的某有限股权××万元转让给丁;同意公司新增注册资本××万元,由丁以货币出资;同意修改公司章程。

××××年××月××日,会计所出具了《验资报告》,经审验,截至××××年××月××日,某有限已收到股东丁缴纳的新增注册资本××万元,某有限全体股东累计实缴注册资本为××万元人民币。

××××年××月××日,甲、丙分别与丁签署《股权转让协议》。

××××年××月××日,某有限取得××市场监督管理局换发的《营业执照》。

本次股权变更后,某有限的股权结构如下:

序号	股东姓名	出资额(万元)	出资方式	出资比例(%)
1	甲		货币	
2	丁		货币	
总计				100

(三)公司设立时的股权设置与股本结构

1.××××年××月××日,某有限召开临时股东会,全体股东一致同意将某技术有限公司整体变更为股份公司,变更后公司名称为:某技术股份有限公司;同意依据会计所出具的《审计报告》,以截至××××年××月××日经审计的账面净资产值进行折股,折股后股份公司股本总额为××万股,每股人民币1元,剩余净资产计入股份公司资本公积。

2.根据《某技术股份有限公司发起人协议书》、《某技术股份有限公司创立大会暨第一次临时股东大会决议》、会计所出具的《验资报告》及《某技术股份有限公司章程》,公司设立时股本总额××万元,股本结构如下:

序号	股东姓名	出资方式	认缴出资额(万元)	实缴出资额(万元)	出资比例(%)
1	甲	净资产			
2	丁	净资产			
合计					100

(四)公司设立后的股本演变

××××年××月××日,公司召开第一届董事会第二次会议,审议通过了《关于某技术股份有限公司增资扩股方案的议案》《关于签署〈某技术股份有限公司增资协议〉的议案》《关于提请股东大会授权董事会全权办理本次增资扩股相关事宜的议案》《关于修订〈某技术

股份有限公司章程〉的议案》。

×××年××月××日,公司召开×××年第二次临时股东大会,审议通过了《关于某技术股份有限公司增资扩股方案的议案》《关于签署〈某技术股份有限公司增资协议〉的议案》《关于提请股东大会授权董事会全权办理本次增资扩股相关事宜的议案》《关于修订〈某技术股份有限公司章程〉的议案》等议案,决议增加注册资本×××万元。根据《关于某技术股份有限公司增资扩股方案的议案》,公司增资方案如下:

序号	股东姓名或名称	认购数量(万股)	认购金额(万元)	认购方式
1	甲			货币
2	乙			货币
3	丙			货币
4	丁			货币
5	戊			货币
6	己			货币
7	庚			货币
8	辛			货币
9	壬			货币
10	癸			货币
合计				—

×××年××月××日,会计所出具了《验资报告》,根据该验资报告:截至×××年××月××日,公司已收到全部××名新增股东缴纳的出资款××万元,其中××万元计入注册资本,剩余部分××万元计入资本公积,上述出资均以货币形式出资。

×××年××月××日,公司与子、丑签订《定向增资认购协议》。

×××年××月××日,公司取得××工商行政管理局换发的《营业执照》。

本次增资后,公司的股权结构如下:

序号	股东姓名或名称	出资方式	持股数量(万股)	持股比例(%)
1	甲	净资产		
2	乙	净资产		
3	丙	货币		
4	丁	货币		
5	戊	货币		

续表

序号	股东姓名或名称	出资方式	持股数量(万股)	持股比例(%)
6	己	货币		
7	庚	货币		
8	辛	货币		
9	壬	货币		
10	癸	货币		
11	子	货币		
12	丑	货币		
合计	—	—		100

根据公司的确认，并经本所律师核查，除本次增资外，自公司设立以来，公司的股东和股本未发生其他变化。

综上，本所律师经核查后认为，某有限整体变更后进行的增资经公司股东大会审议批准、新增股东已经根据股东大会的决议交纳了出资款，增资过程及结果合法合规。

（五）公司的股份质押情况

经各股东确认及本所律师核查，截至本法律意见书出具之日，各股东所持公司股份不存在质押以及司法冻结等权利受限制情形。

根据公司部分股东出具的《关于股份自愿锁定的承诺函》：公司股东甲、乙、丙等持有的股份，自愿锁定，锁定期安排为：自实缴认购款之日起12个月内不得转让；认购款实缴12个月期满，解锁30%；认购款实缴24个月期满，解锁70%。

除此之外，公司股东持有的股份，除因《公司法》《业务规则》等规定对股份转让的限制外，不存其他锁定、特别转让安排等转让限制情形。

公司全体股东签署了《股东股份是否存在质押、锁定、特别转让安排等转让限制情形、是否存在股权纠纷或潜在纠纷的书面声明》："作为某技术股份有限公司的股东，本人就持有某技术股份有限公司股份的事项，作出如下声明：

1. 本人所持的股份除因《公司法》《业务规则》等规定对股份转让的限制及本人自愿锁定承诺外，不存在质押、锁定、特别转让安排等转让限制情形；

2. 本人所持的股份不存在股权纠纷或潜在纠纷等争议情形；

3. 本人所持的股份系本人真实持有，不存在信托持股、委托持股等情形。"

综上，本所律师认为，公司的股本及其演变过程符合有关法律、法规、规章和规范性文件的规定，履行了必要的法律程序，真实、合法、有效；除本法律意见书披露的情形外，各股东所持公司股份不存在质押以及司法冻结等权利受限制的情形。

八、公司的业务

(一)公司的经营范围及主营业务

根据××××年××月××日××工商行政管理局核发的营业执照(统一社会信用代码:××××)及《公司章程》记载,公司的经营范围为:××××。

根据××××年××月××日××工商行政管理局核发的营业执照(统一社会信用代码:××××),子公司的经营范围为:××××。

根据公司的说明及本所律师核查,公司的主营业务为:××××。

经本所律师核查认为:公司及子公司的经营范围、主营业务符合《公司章程》及国家产业政策,公司及子公司在经依法核准经营范围内从事经营。

(二)公司经营范围变更

根据公司提供的工商资料,公司自成立以来,经营范围共发生过一次变更,具体如下:

××××年××月××日,某有限召开股东会,全体股东一致决议在原经营范围的基础上增加××××,并审议通过公司章程修正案。

××××年××月××日,某有限完成工商变更登记并取得××工商行政管理局换发的《企业法人营业执照》。

本次变更后,某有限的经营范围变更为:××××。

(三)公司的主营业务突出

经公司确认以及根据会计所出具的《审计报告》,公司××××年度的主营业务收入占其营业收入总额的××%,××××年度的主营业务收入占其营业收入总额的××%,××××年度××月至××月的主营业务收入占其营业收入总额的××%,主营业务明确、突出。

(四)公司及子公司的业务许可、经营资质和认证

经本所律师核查,截至本法律意见书出具之日,公司获得的业务许可、经营资质和认证情况如下:

证书名称	证书编号	认证范围	发证机关	核发日期或有效期

子公司获得的业务许可、经营资质和认证情况如下：

证书名称	证书编号	认证范围	发证机关	核发日期或有效期

（五）公司及子公司的持续经营

根据《公司章程》及公司确认，经本所律师核查，公司的经营期限为长期，未出现相关法律、法规、规范性文件和《公司章程》规定的终止事由，公司的生产经营正常，不存在法律、法规和《公司章程》规定的导致无法持续经营的情形。

经核查，本所律师认为，截至本法律意见书出具之日，公司及子公司不存在影响其持续经营的法律障碍。

综上所述，本所律师认为，公司及子公司的经营范围和经营方式符合有关法律、法规和规范性文件的规定；公司及子公司的经营范围变更均在相关工商行政管理机关进行了变更登记，合法、有效；公司的主营业务明确、突出；截至本法律意见书出具之日，公司及子公司的持续经营不存在法律障碍。

九、公司的关联交易及同业竞争

（一）公司的关联方

依据《公司法》《企业会计准则第36号——关联方披露》等规范性文件的规定，根据《公开转让说明书》《审计报告》及公司提供的相关文件，公司及其主要股东、董监高出具的声明及提供的相关资料，经本所律师查验，截至本法律意见书出具之日，公司的关联方如下：

1. 公司的控股股东和实际控制人、直接或间接持有公司5%以上股份的股东

（1）公司的控股股东及实际控制人

公司的控股股东及实际控制人为甲，甲持有公司××万股股份，持股比例××%，为公司的控股股东。

（2）持有公司5%以上股份的其他股东

根据公司提供的工商档案及公司说明，经本所律师核查，持有公司5%以上股份的其他股东为乙、丙，乙具体情况详见本法律意见书之"十五、公司的董监高及核心技术人员"之"（一）董监高的基本情况"，丙具体情况详见本法律意见书之"六、公司的发起人、

股东"。

2. 控股股东、实际控制人、持有公司 5% 以上股份的股东及其关系密切的家庭成员投资的公司

名称	注册资本	公司地址	经营范围	关联关系

3. 公司董监高

截至本法律意见书出具之日，公司董监高情况如下：

序号	姓名	关联关系
1		董事长、总经理
2		董事、副总经理
3		董事
4		董事
5		董事、财务总监、董事会秘书
6		监事会主席
7		监事
8		职工代表监事

4. 公司董监高及/或与其关系密切的家庭成员控制、共同控制或能够施加重大影响的其他企业

根据公司董监高分别出具的书面声明，截至本法律意见书出具之日，公司董监高及/或与其关系密切的家庭成员无控制、共同控制的其他企业。

5. 公司直接或间接投资的企业

根据公司确认及本所律师核查，公司直接或间接投资的企业为子公司。子公司具体情况如下：

企业名称	
统一社会信用代码	
法定代表人	
住所	
注册资本	
公司类型	
经营范围	
治理结构	
股权结构	

6. 报告期内曾经存在的关联方

报告期内,甲公司、寅、卯等均与公司存在关联关系,具体情况如下:

关联方姓名或名称	注册资本	住所地	经营范围	关联关系
甲公司				
寅	—			
卯	—			

(二)关联交易

根据会计所出具的《审计报告》和公司的确认及本所律师的核查,报告期内,公司的关联交易如下:

1. 日常性关联交易

关联方名称	关联交易内容	××××年××~××月发生额		××××年度发生额		××××年度发生额	
		金额	占营业成本的比例	金额	占营业成本的比例	金额	占营业成本的比例
	采购						
	采购						
合计							

2. 偶发性的关联交易

（1）关联方往来余额

关联方单位名称	××××年××月××日	××××年××月××日	××××年××月××日	核算科目
				其他应收款
				其他应收款
				其他应收款
				其他应付款
				其他应付款

（2）关联方担保情况

担保方	被担保方	担保金额	担保起始日	担保到期日	担保是否已经履行完毕
	有限公司				
	有限公司				
	有限公司				
	有限公司				

3. 关键管理人员薪酬

项目	××××年××~××月	××××年度	××××年度
关键管理人员人数			
关键管理人员薪酬			

4. 报告期内关联方资金占用情况

报告期内存在关联方占用资金情况，即××××年年末应收甲公司往来款××××元、壬往来款××××元。公司与关联方资金拆借均发生在有限公司阶段，有限公司时期，公司内控制度不健全，未建立专门的关联交易决策制度，存在关联交易制度不完善、资金拆借合同不齐备等不规范之处。以上往来款项均于××××年结清，且公司与甲公司、壬的关联关系已解除。

（三）壬有关关联交易决策程序的规定

根据公司提供的文件，并经本所律师核查，为了保证公司与关联方之间关联交易的公平合理，壬在《公司章程》《关联交易管理办法》《防范控股股东及关联方占用公司资金管理制度》等内部制度和议事规则中对关联交易的决策程序以及避免关联方占用公司资金进行了明确的规定。

为规范公司的关联交易，公司实际控制人、持股5%以上的股东及董监高向公司出具了《××××股份有限公司规范关联交易的承诺函》，承诺：

"一、本人及本人直接或间接控制或影响的企业与公司之间将规范并尽可能减少关联交易。对于无法避免或者有合理原因而发生的关联交易，本人承诺将遵循市场化的公正、公平、公开的原则进行，并按照有关法律法规、规范性文件和公司章程等有关规定依法签订协议，履行合法程序，保证不通过关联交易损害公司及其他股东的合法权益。

二、本人及本人直接或间接控制或影响的企业将严格避免向公司及其控股和参股公司拆借、占用资金或采取由公司及其控股和参股公司代垫款、代偿债务等方式侵占公司资金。

三、本人将严格按照有关法律法规、规范性文件以及公司章程的有关规定行使股东/董事/监事/高级管理人员的权利；在公司对涉及有关本人的关联交易进行表决时，履行回避表决的义务。

四、本人保证不通过关联交易取得任何不正当的利益或使公司及其控股和参股的企业承担任何不正当的义务。

如果因本人违反上述承诺导致公司或其控股和参股公司遭受损失或本人利用关联交易侵占公司或其控股和参股公司利益的，公司及其控股和参股公司的损失由本人承担。"

本所律师认为，公司已采取有效措施，防止因关联交易对公司及公司股东造成不利影响，《公司章程》以及内部制度和议事规则有关关联交易的规定和实际控制人、董监高出具的《规范关联交易的承诺函》《关于避免资金占用的承诺函》合法有效。

（四）公司的同业竞争

根据公司及其董监高的确认，并经本所律师核查，报告期内，公司控股股东及实际控制人甲控制的乙公司、丙公司与公司经营范围相似或相同，存在同业竞争。截至本法律意见书出具之日，公司已经整体收购了乙公司，甲已将所持乙公司股权全部转让至与公司无关联的第三人，并辞去在乙公司担任的全部职务。根据公司及其董监高的确认，以及本所律师核查，截至本法律意见书出具之日，公司与其控股股东、实际控制人及其董监高控制的企业之间已不存在同业竞争情况。

1. 乙公司

截至××××年××月，甲持有乙公司的××万元出资额，占乙公司注册资本的××%，并担任该公司的执行董事、总经理职务。乙公司成立于××××年××月××日，统一社会信用代码：××××，经营范围为：××××。

自公司设立后，公司实际控制人甲的经营重点开始转移至公司，乙公司在报告期内基本无实际业务。××××年××月××日，甲与李某签订股权转让合同，将其持有的乙公司的全部股权转让给李某，并于××××年××月××日完成工商变更登记。公司实际控制人甲

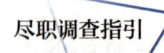

已经退出了乙公司,将乙公司股权转让至无关的第三人,并办理了工商登记手续。至此,公司与乙公司的同业竞争已经消除。

2. 丙公司

公司股东乙在××××年××月之前,实际持有丙公司100%的股权,丙公司经营范围与公司经营范围重叠。为规范同业竞争,乙将其持有的丙公司的股权全部转让给公司,同业竞争情况已经得到规范。

3. 为避免与公司之间的同业竞争,公司控股股东乙出具了《关于避免同业竞争的承诺》,承诺:

"一、本人目前与公司间不存在同业竞争,也不存在本人控制的其他企业与公司具有竞争关系的情形。

二、本人今后作为公司控股股东或实际控制人或能够实际控制公司期间,不会在中国境内或境外,以任何方式(包括但不限于单独经营、通过合资经营或拥有另一公司或企业的股份及其他权益)直接或间接参与任何与公司构成竞争的任何业务或活动。

三、本人今后作为公司控股股东或实际控制人或能够实际控制公司期间,不会利用对公司控制地位损害公司及其他股东的合法权益。

四、本人保证关系密切的家庭成员在本人作为公司控股股东或实际控制人或能够实际控制公司期间,不会在中国境内或境外,以任何方式(包括但不限于单独经营、通过合资经营或拥有另一公司或企业的股份及其他权益)直接或间接参与任何与公司构成竞争的任何业务或活动。

五、本人保证在作为公司控股股东或实际控制人或能够实际控制公司期间,上述承诺持续有效且不可撤销。如有任何违反上述承诺的事项发生,本人承担因此给公司造成的一切损失(含直接损失和间接损失),本人因违反本承诺所取得的利益归公司所有。"

4. 公司董监高签署《董事、监事、高级管理人员避免同业竞争承诺函》,承诺:

"一、本人郑重声明,截至本承诺函签署日,本人未持有其他任何从事与公司可能产生同业竞争的企业的股份、股权或在竞争企业拥有任何权益,亦未在任何与公司产生同业竞争的企业担任高级管理人员或核心技术人员。

二、本人将不以任何方式(包括但不限于单独经营、通过合资经营、直接持有或通过他人代持另一公司或企业的股份及其他权益等)从事可能与公司经营业务构成直接或间接竞争的业务或活动,也不会以任何方式为竞争企业提供业务上的帮助,不会在任何可能与公司主营业务产生同业竞争的企业担任高级管理人员或核心技术人员,保证将采取合法、有效的措施保证本人不以任何方式直接或间接从事与公司的经营运作相竞争的任何业务或活动。

三、如公司进一步拓展其业务范围,本人将不与公司拓展后的业务相竞争;可能与公司拓展后的业务产生竞争的,本人将按照以下方式退出与公司的竞争:(1)停止与公司构成竞争或可能构成竞争的业务;(2)将相竞争的业务通过合法合规的方式纳入公司来经营;(3)将相竞争的业务转让给无关联的第三方。

四、如本人有任何从事、参与可能与公司的经营运作构成竞争活动的商业机会,本人应立即将上述商业机会通知公司,在通知所指定的合理期间内,公司作出愿意利用该商业机会的肯定答复的,则尽力将该商业机会按照不差于提供给本人或任何独立第三方的条件给予公司。

五、如违反以上承诺,本人愿意承担由此产生的全部责任,充分赔偿或补偿由此给公司造成的所有直接或间接损失。"

经本所律师核查后认为:公司的股东、实际控制人、董事、高级管理人员及核心技术人员出具的《避免同业竞争的承诺函》合法有效。

综上,本所律师认为:

1. 公司已依据相关法律、法规,建立、健全了关于关联交易的内部管理制度。同时,公司持股5%以上的股东已作出有效承诺以避免或减少关联交易,该等承诺真实、合法、有效。

2. 截至本法律意见书出具之日,公司的控股股东及实际控制人、董事、监事、高级管理人员及其控制的企业与公司同业竞争问题已经解决。公司控股股东及实际控制人、董监高已分别作出有效承诺以避免同业竞争,该等承诺真实、合法、有效。

十、公司的主要财产

公司在本次申请股份进入全国中小企业股份转让系统挂牌公开转让过程中,聘请会计所对其财务状况进行了审计,并出具了《审计报告》。

根据会计所出具的《审计报告》、公司的确认及本所律师的核查,公司的主要财产情况如下:

(一)子公司

根据公司确认及本所律师核查,公司现有一家全资子公司,具体情况如下:

企业名称	
统一社会信用代码	
法定代表人	
住所	
注册资本	
公司类型	
营业期限	
经营范围	
治理结构	
股权结构	

1. 子公司的设立

×××culate×。

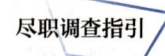

2. 子公司的变更

××××。

据此，截至本法律意见书出具之日，子公司是合法设立、有效存续的有限责任公司，公司依法持有其 100% 的股权。

（二）土地使用权和房屋所有权

根据公司提供的合同、不动产证等文件，截至本法律意见书出具之日，公司及子公司取得土地使用权及房屋所有权如下所示：

序号	产权证编号	坐落地址	面积（平方米）	用途	取得方式	他项权利
1						
2						
3						
4						

（三）设备

根据会计所出具的《审计报告》，公司设备主要包括机器设备、运输工具和办公设备，截至××××年××月××日，公司设备账面净值为××万元，其中，机器设备××万元，运输设备××万元，电子设备及其他××万元。

根据《审计报告》及公司说明，公司依法拥有主要经营设备的所有权和使用权。

（四）知识产权

1. 商标权

根据公司确认并经本所律师核查，截至本法律意见书出具之日，公司拥有以下 4 项正在使用的注册商标：

商标名称	商标图像	注册号	核定类别	注册人	专用期限

2. 专利权

根据公司确认并经本所律师核查，截至本法律意见书出具之日，公司已经取得的专利权共6项，具体如下：

序号	名称	专利号	专利申请日	专利类型	专利权人
1					
2					
3					
4					
5					
6					

3. 域名

根据公司确认并经本所律师核查，截至本法律意见书出具之日，公司持有2项域名，具体如下：

序号	域名	权利人	审核通过日期	备案/许可证号
1				
2				

（五）公司主要财产的产权纠纷和权利限制情况

根据公司的确认以及本所律师的核查，公司拥有的主要财产不存在产权纠纷，除本法律意见书之"十一、公司的重大债权、债务关系"中披露的因银行借款而产生的抵押、质押外，不存在其他抵押、质押或财产被查封、冻结、扣押、拍卖的情形，公司行使其所有权/使用权不存在法律障碍。

综上所述，本所律师认为：

公司上述财产所有权或使用权不存在产权纠纷。公司通过购买、原始取得等方式合法拥有上述财产的使用权或所有权。

十一、公司的重大债权、债务关系

（一）公司的重大合同

根据会计所出具的《审计报告》和公司的确认，并经本所律师核查，报告期内，公司签署的对公司持续经营有重大影响的合同如下：

1. 借款合同及其担保合同

根据公司提供的合同,经本所律师核查,报告期内,公司及其子公司签署的借款合同详见本法律意见书附件一、附件二。

2. 对外担保合同

截至×××年××月××日,根据《审计报告》和公司的确认,并经本所律师核查,公司正在履行的对外担保合同如下:

(1)《综合授信最高额保证合同》

×××年××月××日,公司与乙有限公司(以下简称乙公司)签订了编号为××××号《综合授信最高额保证合同》,约定公司为某甲银行与乙公司签订的编号为××××号的《乙公司综合授信合同》(有效期:×××年××月××日至×××年××月××日)提供连带责任保证担保,担保的最高债权额为××万元。

(2)《保证合同》

①×××年××月××日,公司与某甲银行签订了编号为××××号《保证合同》,约定公司为某甲银行与丙有限公司签订的编号为××××号的《借款合同》提供连带责任保证担保,担保额为××万元,担保期限为主合同期满后两年。

②×××年××月××日,公司与某乙银行签订了编号为××××号《保证合同》,约定公司为某乙银行与丁有限公司签订的编号为××××号的《借款合同》提供连带责任保证担保,担保额为××万元,担保期限为主合同期满后两年。

报告期内,公司不存在其他为控股股东、实际控制人及其控制的其他企业提供违规担保的情况。

3. 采购合同

根据公司提供的合同等文件,经本所律师核查,报告期内,公司及其子公司签署的金额在××万元人民币以上的单笔采购合同和主要供应商的框架式协议如下:

(1)××××

序号	合同名称	合同对方	合同内容	合同金额(元)	签署日期	状态
1						
2						
3						
4						
5						

(2)子公司××××

序号	合同名称	合同对方	合同内容	合同金额(元)	签署日期	状态
1						
2						
3						
4						
5						

4. 销售合同

根据公司提供的合同等文件，经本所律师核查，报告期内，公司及其子公司签署的金额在××万元人民币以上的单笔销售合同和主要客户的框架式协议如下：

(1)××××

序号	合同名称	客户名称	主要内容	金额(元)	签署日期	状态
1						
2						
3						
4						
5						

(2)子公司××××

序号	合同名称	客户名称	主要内容	金额(元)	签署日期	状态
1						
2						
3						
4						
5						

5. 融资租赁合同

公司将报告期内金额在××万元人民币以上的租赁合同和正在履行的租赁合同界定为重大租赁合同。其履行情况如下：

序号	出租方	合同编号	租赁标的	租金(元)	租赁期	用途	履行情况
1			机器设备				

经核查，本所律师认为，公司签署重大合同均系其在正常经营活动中产生，除本法律意见书已经披露的情形外，该等合同的内容与形式均合法有效，不存在因违反我国法律、法规等有关规定而导致不能成立或无效的情况。

(二)侵权之债

根据公司的说明，并经本所律师核查，截至本法律意见书出具之日，公司不存在未了结的因环境保护、知识产权、产品质量、劳动安全、人身损害等原因产生的重大侵权之债。

(三)其他应收款、其他应付款的情况

1. 其他应收款

根据会计所出具的《审计报告》，××××年××月××日按欠款方归集的期末余额前五名其他应收款汇总金额×××元，占其他应收款期末余额合计数的比例××%。情况如下：

单位名称	××××年××月××日	占总额比例	款项性质
合计			

2. 其他应付款

根据会计所出具的《审计报告》并经公司确认，截至××××年××月××日，公司其他应付款中应付关联方的款项情况具体如下：

单位名称	××××年××月××日	占总额比例	款项性质
合计			

公司其他应付款为正常经营所产生,不存在对公司正常经营造成重大不利影响的潜在偿债风险。

(四)公司和关联方的重大债权、债务关系及相互担保情况

经公司书面确认并经本所律师核查,除本法律意见书披露的情况外,公司与关联方之间不存在其他重大债权、债务关系和相互提供担保的情况。

综上所述,本所律师认为:

公司的重大债权债务真实、有效,不存在影响本次挂牌的实质性法律障碍。

十二、公司的重大资产重组、对外投资及收购兼并

除本法律意见书披露的情形外,公司设立至今没有发生过其他合并、分立、减少注册资本、资产转换、重大资产收购或重大资产出售行为。

公司的历次增资情况详见本法律意见书之"七、公司的股本及其演变"的相关内容。

十三、《公司章程》的制定与修改

(一)《公司章程》的制定

××××年××月××日,公司召开创立大会暨第一次临时股东大会,会议审议通过了《公司章程》。《公司章程》对公司的名称、公司形式、住所和经营期限、经营宗旨和范围、注册资本、股份转让、股东的权利和义务、股东大会的职权、董事会、监事会的组成及职权、公司总经理及其他高级管理人员、财务会计制度、公司的利润分配、审计、公司的合并、分立、增资、减资、解散和清算、修改章程等事项进行了规定,符合法律、法规和规范性文件的规定。

(二)《公司章程》的修改

××××年××月××日,公司召开××××年第二次临时股东大会,审议通过了《关于××××股份有限公司增资扩股方案的议案》《关于变更公司经营范围的议案》《关于修订〈××××股份有限公司章程〉的议案》等议案,对公司章程中涉及股东、股本、经营范围的相关条款进行了修改。

××××年××月××日,公司召开××××年第三次临时股东大会,审议通过了《关于修改〈××××股份有限公司公司章程〉的议案》《关于修改〈××××股份有限关联交易管理办法〉的议案》等议案,根据《非上市公众公司监管指引第3号——章程必备条款》《全国中小企业股份转让系统挂牌公司信息披露细则(试行)》等规定对公司章程进行了修改。

本所律师经核查后认为,××××《公司章程》的制定和修改,履行了法律、法规和规范性文件以及《公司章程》规定的必要程序;《公司章程》及《公司章程(草案)》的内容符合《公司法》《监管办法》《业务规则》《非上市公众公司监管指引第3号——章程必备条款》等法律、法规和规范性文件的要求。

十四、公司股东大会、董事会、监事会议事规则及规范运作情况

(一) 公司的组织结构

1. 股东大会

股东大会是公司的权力机构,由全体股东组成,代表股东利益,按照《公司法》及《公司章程》的规定行使权利。公司现有股东××名,其中自然人股东××名,法人股东××名,有限合伙企业股东××名。

股东大会按照《公司法》及《公司章程》等规定行使职权。

2. 董事会

公司董事由股东大会选举产生或更换,董事任期3年。董事任期届满,可连选连任。董事在任期届满以前,股东大会不能无故解除其职务。董事会由5名董事组成。董事会设董事长1名。

董事会按照《公司法》及《公司章程》等规定行使职权。

3. 监事会

公司设立监事会。公司监事由股东代表和公司职工代表担任,监事会由3名监事组成,其中1名为职工代表担任的监事。监事会设主席1名。

监事会按照《公司法》及《公司章程》等规定行使职权。

4. 总经理

公司设总经理1名,由董事会聘任或解聘。总经理对董事会负责,按照《公司法》及《公司章程》等规定行使职权。

5. 董事会秘书

股份公司设董事会秘书,由董事长提名,董事会聘任或解聘。董事会秘书负责股东大会和董事会会议的筹备、文件保管以及股东资料管理,办理信息披露事务等事宜。

6. 其他主要职能部门

公司在总经理下设副总经理、财务总监以及各职能部门,分别负责股份公司经营管理的各项具体工作。

综上,本所律师认为,公司具有健全的组织机构,其组织机构的设置符合现行法律、法规和规范性文件的规定。

(二) 股东大会、董事会、监事会议事规则及重要制度文件

××××年××月××日,股份公司召开创立大会暨第一届股东大会,审议并通过了《股东大会议事规则》《董事会议事规则》《监事会议事规则》。

《股东大会议事规则》对股东大会的职权,召集、召开和表决程序,通知、提案的审议,投票、计票,会议决议的形成,会议记录及其签署,公告等作出明确规定,确保股东大会合法召开并决策。

《董事会议事规则》对董事会的召集、召开、主持、表决和提案的提交、审议等内容作出规定,确保董事会高效运作和合法决策。

《监事会议事规则》明确了监事会的职权,对会议通知、议事、决议规则等内容作出了明确规定,确保监事会有效履行监督职责。

此外,公司还依法通过并实施了《总经理工作细则》《关联交易管理办法》《董事会秘书工作细则》《对外担保管理办法》《信息披露管理制度》等重要制度。

综上,本所律师经核查后认为,上述议事规则及公司其他重要制度的内容符合《公司法》及其他相关法律、法规和规范性文件的规定,符合《公司章程》的要求,内容具体、明确,具备可操作性。

(三)公司设立至今历次股东大会、董事会、监事会的召开

经本所律师核查,在某有限整体变更为股份公司之前,其股东会等会议虽然存在届次不清,通知、记录等材料不齐备的情形,但决议内容和签署合法、有效,相关决议已通过工商行政管理部门的备案。

经本所律师核查股份公司成立后的历次股东大会、董事会、监事会会议资料,公司能够依据《公司章程》及其他治理制度规范运作,会议记录齐备,会议程序和决议内容及签署合法、有效。

综上所述,本所律师认为,公司已经建立了股东大会、董事会、监事会等法人治理结构,具有健全的组织机构;公司具有健全的股东大会、董事会、监事会议事规则,该等议事规则符合相关法律、法规和规范性文件的规定;公司设立以来的历次股东大会、董事会和监事会会议的召开、召集程序、决议内容及签署均合法、合规、真实、有效;公司设立以来,其重大决策均履行了内部批准程序,股东大会和董事会的历次授权或重大决策等行为合法有效。

十五、公司的董监高及核心技术人员

(一)董监高的基本情况

公司董监高的基本情况如下:

序号	姓名	性别	职务	产生方式
1			董事长、总经理	选举、聘任
2			董事、副总经理	选举、聘任
3			董事	选举
4			董事	选举
5			董事、财务总监、董事会秘书	选举、聘任
6			监事会主席	选举
7			职工代表监事	职工代表大会选举
8			监事	选举

1. 董事

×××,简历如下:

×××,简历如下:

×××,简历如下:

×××,简历如下:

×××,简历如下:

2. 监事

×××,简历如下:

×××,简历如下:

×××,简历如下:

3. 高级管理人员

总经理:×××(个人信息详见董事部分)。

副总经理:×××(个人信息详见董事部分)。

董事会秘书:×××(个人信息详见董事部分)。

财务总监:×××(个人信息详见董事部分)。

根据本所律师对公司的股东大会、董事会、监事会等相关会议通知、议案、决议及记录,以及董监高的声明和承诺函等文件的核查,本所律师认为,公司目前的董监高的任职资格符合《公司法》等法律法规和《公司章程》的规定,上述人员的选任、聘任履行了必要的内部审议程序,上述人员的任职合法、有效。

(二)公司董监高变化情况

根据公司提供的股东会/股东大会、董事会和监事会以及职工代表大会决议等资料,公司近两年来董监高变化情况如下:

根据某有限《公司章程》,公司不设董事会,设执行董事一名;不设监事会,设监事一名;设经理一名。

某有限于××××年××月××日设立。公司股东会选举甲为执行董事、选举乙为监事;公司执行董事决定聘任丙为经理。某有限设立之初,治理结构如下:

姓名	职务	产生方式
	执行董事兼总经理	选举、聘任
	监事	选举

××××年××月××日,某有限召开股东会,经公司全体股东研究决定免去甲执行董事的职务,任命丁为某有限执行董事、总经理。本次变更后,某有限治理结构如下:

姓名	职务	产生方式
	执行董事兼总经理	选举、聘任
	监事	选举

××××年××月××日,某有限召开股东会,经公司全体股东研究决定免去丁执行董事兼总经理的职务,任命丙为某有限执行董事、总经理。本次变更后,公司治理结构如下:

姓名	职务	产生方式
	执行董事兼总经理	选举、聘任
	监事	选举

××××年××月××日,公司召开创立大会暨第一次临时股东大会,选举董事会成员为:甲、乙、丙、丁、戊;选举己、庚担任公司股东代表监事;××××年××月××日,公司职工代表大会选举午为公司职工代表监事;××××年××月××日,公司召开股份公司第一届董事会第一次会议,选举甲为第一届董事会董事长;决定聘任未为公司总经理、聘任申为公司副总经理,聘任酉为公司财务总监兼董事会秘书。××××年××月××日,公司召开股份公司第一届监事会第一次会议,决定选举乙为第一届监事会主席。

截至本法律意见书出具之日,公司董事会成员共 5 名,监事会成员共 3 名,公司高级管理人员共 3 名,高级管理人员包括:总经理未、副总经理申、财务总监兼董事会秘书酉。

经核查,本所律师认为,上述人员变化已履行必要的决议程序,相关人员不存在《公司法》第 178 条关于不得担任公司董监高的情形。公司的董监高变化是因公司发展需要,没有对公司经营管理产生实质影响,不构成本次挂牌的实质性障碍。

(三)公司的核心技术人员

根据公司提供的材料并经本所律师核查后认为:公司的核心技术人员为戌、亥。

戌,简历如下:

亥,简历如下:

上述核心技术人员均为具有完全民事行为能力的自然人,并与公司签订了《劳动合同》,专职在公司工作并领取薪酬,上述核心技术人员的任职合法有效。

(四)公司董监高诚信情况

根据公司董监高出具的《董事、监事、高级管理人员关于诚信状况的书面声明》,公司的上述人员不存在下列违反诚信的情形:

1.最近二年内因违反国家法律、行政法规、部门规章、自律规则等受到刑事、民事、行政处罚或纪律处分的情况;

2.因涉嫌违法违规行为处于调查之中尚无定论的情形；

3.最近二年内对所任职(包括现任职和曾任职)的公司因重大违法违规行为而被处罚负有责任的情形；

4.个人负有数额较大债务到期未清偿的情形；

5.有欺诈或其他不诚实行为等情况。

经核查，公司董监高最近两年未受到中国证监会行政处罚、未被采取证券市场禁入措施、未受到全国中小企业股份转让系统公开谴责。

十六、公司的税务和财政补贴

(一)公司适用的税种、税率

公司及其子公司已依法办理税务登记手续，现分别持有××工商行政管理局和××工商行政管理局核发的《营业执照》。公司目前所适用的税种税率情况如下：

税种	计税依据	税率(%)
增值税	当期销项税额减当期进项税额	17
城市维护建设税	以实缴流转税	7 或 5
教育费附加	以实缴流转税	3
地方教育附加	以实缴流转税	2
地方水利建设基金	以实缴流转税	1
企业所得税	当期应纳税所得额	25

(二)税收优惠

根据《审计报告》、公司说明，并经本所律师核查，报告期内公司及其子公司未享有税收优惠。

(三)政府补助

根据《审计报告》，公司及其子公司在报告期内获得政府补贴项目××项，具体情况如下：××××。

(四)公司及其子公司近两年的纳税情况

根据×××税务局出具的证明，公司严格遵守国家及地方有关税收方面的法律、法规、规章及规范性文件的规定，依法按时申报纳税及履行税款缴纳义务。自××××年××月××日起至本证明出具日止，公司不存在任何偷、漏、逃、欠税等行为，亦不存在因违反国家或地方税收方面法律、法规、规章和其他规范性文件而受到行政处罚或因此涉及法律程序之情形。

十七、公司的环境保护和产品质量、技术等标准

(一) 环境保护

1. A 项目

××××年××月,某市环境科学工程设计院接受公司委托,编制了《建设项目环境影响报告表》(项目名称:A 项目),某市环境保护局经济开发区分局于××××年××月××日对《××××有限公司 A 项目环境影响报告表》作出了批复(××××报告表[××××]×××号),同意公司按照环评报告表开展工程的环保设计和技术标准建设。

××××年××月,某检测股份有限公司出具《建设项目竣工环境保护验收检测表》(项目名称:A 项目),对公司 A 项目进行了环境保护现场监测。根据《建设项目竣工环境保护验收检测表》,公司污染物排放均符合标准。

××××年××月××日,某市环境保护局高新技术产业开发区分局出具了××号验收意见,公司 A 项目审批手续健全,治污设施落实到位,各类污染物的排放,均符合环评批复的要求,同意该项目通过验收。

根据某市环境保护局高新技术产业开发区分局于××××年××月××日出具的证明,公司已办理相关的环评并通过验收,自××××年××月××日至本证明出具之日,公司不存在因严重违反环境保护方面的法律、法规、规章和其他规范性文件而受到行政处罚。

综上,报告期内,公司不存在因违反国家环保法律、法规而受到行政处罚的情形。

2. B 项目

××××年××月,某市环境科学工程设计院接受公司委托,编制了《建设项目环境影响报告表》(项目名称:B 项目)。

某市环境保护局于××××年××月××日对《××××有限公司 B 项目环境影响报告表》作出了批复(××号),同意该项目建设。

××××年××月,某市环境监测站出具××号《建设项目竣工环境保护验收检测报告表》(项目名称:B 项目),对公司 B 项目进行了环境保护现场监测。根据××号《建设项目竣工环境保护验收检测报告表》,公司污染物排放符合标准。

××××年××月××日,某市环境保护局出具《关于××××项目的验收意见》(××号),同意通过竣工环境保护验收,准予工程正式投入生产。

根据某市环境保护局于××××年××月××日出具的《××××有限公司的环保证明》,公司环保手续齐全,自××××年以来在生产过程中严格遵守环保法律法规的有关规定,没有受到过环境行政处罚。

(二) 产品质量及技术标准

根据公司的确认及本所律师核查,公司及其子公司生产经营活动符合产品质量及技术监管法律法规,近两年不存在因违反产品质量及技术监管法律法规而受到行政处罚的

情形。

根据某市质量技术监督局于××××年××月××日开具的证明,公司的产品符合有关产品质量和技术监督标准,自××××年××月××日至证明出具之日,未发生产品质量和技术监督方面的重大违法违规行为,不存在因违反产品质量和技术监督方面的法律、法规及规章被处罚的情形。

根据某市质量技术监督局于××××年××月××日出具的《关于××××有限公司的情况说明》,公司自××××年××月××日至证明出具之日在省、市、县各级检查中,未发现产品质量存在违法情况。

(三)安全生产

××××年××月××日,公司取得某市安全生产监督管理局核发的安全生产标准化证书(编号:××××),公司为安全生产标准化××级企业。

根据某市某区安全生产监督管理局于××××年××月××日出具的证明,公司严格落实安全生产主体责任,其经营活动符合有关安全生产监督管理方面的法律、法规的要求,自×××年××月××日至证明出具之日,未发生因违反安全生产监督管理方面的法律、法规及规章而被处罚的情形。

根据某市安全生产监督管理局于××××年××月××日出具的证明,公司严格落实安全生产法律法规要求和安全生产主体责任,自××××年××月××日至证明出具之日,未发生安全生产伤亡事故。

十八、公司的劳动用工、劳动保护和社会保险

(一)公司及其子公司的劳动用工

经公司书面确认,并经本所律师核查公司提供的员工花名册,截至本法律意见书出具之日,公司的用工人数为××人,公司与××名员工签订了《劳动合同》,与××名员工签订了《聘用合同》,依法与员工建立了劳动关系或劳务关系;子公司用工人数为××人,与××名员工签订了《劳动合同》。

经核查,本所律师认为,公司及其子公司与员工签订的劳动合同和劳务合同的形式和内容符合我国劳动及合同法律法规的相关规定。

(二)社会保险的缴纳情况

根据公司提供的员工花名册,公司的用工人数为××人。根据公司确认及本所律师核查,公司与××名员工签订了《劳动合同》,与××名员工签订了《聘用合同》。根据公司确认,报告期内,截至××××年××月,公司为××名员工缴纳了社会保险,为××名员工缴纳了住房公积金。

经核查,截至本法律意见书出具之日公司未为××名员工缴纳社会保险的主要原因如下:

1.公司有××名员工为退休返聘人员,公司无须为其缴纳社保;

2. ××名员工不愿在公司缴纳社会保险,并向公司出具了申请书,申请在原籍缴纳新型农村合作医疗保险和新型农村养老保险,公司已经出具承诺将为这些员工报销缴纳费用。

根据《中华人民共和国劳动法》的规定,用人单位和劳动者必须依法参加社会保险,缴纳社会保险费。根据《中华人民共和国社会保险法》的规定,"用人单位未按时足额缴纳社会保险费的,由社会保险费征收机构责令限期缴纳或者补足,并自欠缴之日起,按日加收万分之五的滞纳金;逾期仍不缴纳的,由有关行政部门处欠缴数额一倍以上三倍以下的罚款"。综上,公司未为全员缴纳社会保险,违反了《中华人民共和国劳动法》《中华人民共和国社会保险法》的规定,公司存在被行政机关要求补缴和受到行政处罚的风险。

但是,对于已参加"新农保"和"新农合"的农村户籍员工,因其养老和医疗已有所保障,因此该部分员工自愿选择不参加城镇职工基本养老保险和医疗。另外,根据《中华人民共和国社会保险法》的相关规定,"新农保""新农合"亦分别属于基本养老保险、基本医疗保险的范畴,虽然政府鼓励农村户籍员工参加职工基本养老保险和基本医疗保险,但目前职工基本养老保险和基本医疗保险对农村户籍员工群体尚不能全面覆盖,城乡社会保险之间的衔接在政策和操作层面亦未得到全面落实,因此,公司对于已参加"新农保"和"新农合"的农村户籍员工,根据其本人意愿未为其缴纳基本养老、基本医疗和失业保险,此种情况与目前农村户籍员工参加社会保险的现实状况相符。

目前,对于已参加"新农保"和"新农合"的农村户籍员工,公司鼓励其提供参保缴费凭证,公司凭票为其报销费用。

公司实际控制人甲已出具承诺:若公司被任何有权机构要求补缴全部或部分社会保险费用及住房公积金和/或因此受到任何处罚或损失,其将代公司承担全部费用,或在公司必须先行支付该等费用的情况下,及时向公司给予全额补偿,以确保不会给公司造成额外支出及遭受任何损失,不会对公司的生产经营、财务状况和盈利能力产生重大不利影响。

根据原建设部、财政部、中国人民银行《关于住房公积金管理若干具体问题的指导意见》中"国家机关、国有企业、城镇集体企业、外商投资企业、城镇私营企业及其他城镇企业、事业单位、民办非企业单位、社会团体(以下统称单位)及其在职职工,应当按《住房公积金管理条例》(国务院令第350号,以下简称《条例》)的规定缴存住房公积金。有条件的地方,城镇单位聘用进城务工人员,单位和职工可缴存住房公积金……"的相关规定,考虑公司客观实际情况,公司员工构成中非城镇户籍员工较多、流动性较高,非城镇户籍员工占大多数,因此截至本尽职调查报告作出之日,公司未为员工缴纳住房公积金。

公司及子公司未为部分员工缴纳社会保险,根据《中华人民共和国社会保险法》的规定,存在补缴或受到行政处罚的风险。但是,实际控制人甲承诺采取有效措施逐步规范员工社会保险的缴纳,积极宣传,尽力劝导不愿缴纳社会保险的员工同意缴纳,同时公司承诺为员工报销缴纳新型农村合作医疗保险和新型农村养老保险的费用,公司实际控制人甲已经出具承诺承担补缴及行政处罚的相关费用,该等承诺具有法律效力,公司不会因此遭受损失。综上,本所律师认为,公司报告期内社会保险和住房公积金的缴纳存在瑕疵,但不构成重大违法违规行为,亦不构成公司本次申请股份到全国中小企业股份转让系统挂牌并公开转让的实质性障碍,公司符合合法合规经营的挂牌标准。

十九、公司的诉讼、仲裁或行政处罚

(一)涉诉情况

根据公司说明,并经本所律师核查,截至本法律意见书出具之日,公司及其子公司不存在尚未了结的重大诉讼、仲裁。

(二)受到行政处罚的情况

根据公司说明,并经本所律师核查,报告期内,公司及其子公司受到行政处罚的情况如下:

根据《××省规范行政处罚裁量权办法》的相关规定,结合公司违法情节,显然未达到从重处罚的标准。因此,公司违法行为为一般违法行为。

××××年××月××日,国家税务总局某区税务局出具证明,证明本次行政处罚系某区税务局按照一般性税收违法违规行为作出,公司未发现重大违法违规行为。

公司及其实际控制人甲已经出具《承诺函》,承诺公司将严格按照《中华人民共和国税收征收管理法》等税收相关法律法规和会计政策规定的规定进行纳税申报,保证纳税申报及时、准确,不再发生漏交税款的情况。

综上所述,××号《税务行政处罚决定书》所涉违法行为,因公司没有违法的故意,情节较轻,没有涉及从重处罚的情节,公司受到处罚后,及时缴纳了罚款和滞纳金;且公司违法行为均发生在××××年至××××年,距今时间较长,此后,不存在其他违反税收征管规定而受到行政处罚的情况;某区税务局已出具该处罚系一般性税收违法违规行为作出。综上,本所律师认为,上述行政处罚为一般违法行为,不构成重大违法违规行为,不会对公司本次挂牌构成实质性障碍,公司符合合法合规经营的挂牌条件。

根据公司说明,并经本所律师核查,截至本法律意见书出具之日,除上述行政处罚外,公司及其子公司不存在其他尚未了结的重大诉讼、仲裁或行政处罚。

(三)持有公司5%以上股份的股东的涉诉情况

根据公司相关股东的声明与承诺,并经本所律师核查,截至本法律意见书出具之日,持有公司5%以上的股东不存在尚未了结的或可预见的重大诉讼、仲裁案件或被行政处罚的情形。

(四)公司董监高的涉诉情况

根据公司董监高的声明与承诺,并经本所律师核查,截至本法律意见书出具之日,公司董监高不存在尚未了结的或可预见的重大诉讼、仲裁案件或被行政处罚的情形。

（五）说明

本所律师对已经存在的诉讼、仲裁的调查和了解受到下列因素的限制：

1. 本所律师的结论是基于确信上述各方所作出的陈述和说明是按照诚实信用原则作出的；

2. 截至本法律意见书出具之日，本所律师通过全国法院被执行人信息查询系统未查询到公司、持有公司5%以上股份的股东以及公司董监高作为被执行人的相关信息；同时，根据《中华人民共和国民事诉讼法》有关诉讼管辖的规定，并基于我国目前法院、仲裁机构的案件受理程序和公告体制，在我国目前对诉讼和仲裁案件受理缺乏统一的并可公开查阅的信息公告系统的情况下，本所对于公司、持有公司5%以上股份的股东以及公司董监高已经存在的重大法律诉讼、仲裁案件情况的核实尚无法穷尽。

二十、主办券商

公司已聘请证券公司为本次挂牌的主办券商。经本所律师核查，证券公司已取得中国证券监督管理委员会核发的《中华人民共和国经营证券业务许可证》，具备证券承销与保荐业务资格，且全国中小企业股份转让系统已同意证券公司作为主办券商在全国中小企业股份转让系统从事推荐业务和经纪业务。

二十一、结论意见

综上，本所律师认为，公司本次申请挂牌转让符合《公司法》《证券法》《业务规则》《监管办法》等法律、国务院规范性文件、部门规章规定的有关条件，本次申请挂牌转让不存在实质性法律障碍。

公司尚需获得全国中小企业股份转让系统出具的同意挂牌的审查意见。

本法律意见书仅供股份公司本次股票公开转让使用，任何人不得用作其他任何目的。

本法律意见书正本一式六份，经本所盖章并经承办律师签字后生效。

五、新三板挂牌项目相关规制法律文件

律师开展法律尽职调查需要回归法律本源，不得脱离相关规定而开展尽职调查。律师事务所出具的法律意见书亦是依据相关规定而发表。下面将列示新三板挂牌项目开展法律尽职调查和发表法律意见的核心规制法律文件，供读者阅览。

全国中小企业股份转让系统股票挂牌规则

第一章 总 则

第一条 为规范公司股票公开转让并在全国中小企业股份转让系统(以下简称全国股转系统)挂牌相关事项,维护证券市场秩序,保护投资者合法权益,根据《证券法》《公司法》《非上市公众公司监督管理办法》等法律法规、部门规章和规范性文件,制定本规则。

第二条 公司股票公开转让并在全国股转系统挂牌涉及的申请、审核、信息披露等事项,适用本规则。

第三条 全国股转系统深入贯彻创新驱动发展战略,聚焦服务实体经济,主要服务创新型、创业型、成长型中小企业,支持中小企业高质量发展。

第四条 申请股票公开转让并在全国股转系统挂牌的公司(以下简称申请挂牌公司)按照中国证券监督管理委员会(以下简称中国证监会)、全国股转系统相关规定,可以在股票挂牌的同时发行股票、可转换公司债券等证券品种。

申请挂牌公司可以按照全国股转系统各市场层级进入条件、自身实际情况与需求,选择挂牌时进入的市场层级,并同时符合本规则规定的挂牌条件和全国中小企业股份转让系统有限责任公司(以下简称全国股转公司)规定的进层条件。

第五条 申请挂牌公司应当向全国股转公司提交股票公开转让并挂牌申请文件。

全国股转公司对申请文件进行审核,认为申请挂牌公司符合公开转让条件、挂牌条件以及信息披露要求的,出具同意公开转让并挂牌的审核意见,并将审核意见、注册申请文件及相关审核资料报中国证监会注册;认为申请挂牌公司不符合公开转让条件、挂牌条件或信息披露要求的,作出终止审核决定。

股东人数未超过200人的公司申请股票公开转让并挂牌,中国证监会豁免注册,由全国股转公司作出同意公开转让并挂牌的审核决定或终止审核决定。

第六条 申请挂牌公司应当诚实守信,依法依规充分披露投资者作出价值判断和投资决策所必需的信息,充分揭示对其发展构成重大不利影响的风险,所披露信息应当真实、准确、完整,不得有虚假记载、误导性陈述或重大遗漏。

第七条 为申请挂牌公司提供推荐服务的主办券商及其相关人员应当诚实守信、勤勉尽责,按照法律法规、业务规则和行业规范履行职责,并对公开转让说明书及其所出具相关文件的真实性、准确性、完整性负责。

为申请挂牌公司制作、出具专业意见的会计师事务所、律师事务所等证券服务机构及其相关人员应当审慎履行职责,并对所出具文件的真实性、准确性、完整性负责。

第八条 全国股转公司根据相关法律法规、部门规章、本规则及其他相关规定对申请挂牌公司及其股东、实际控制人、董事、监事和高级管理人员,主办券商、证券服务机构及其相关人员等实施自律管理。

第九条 全国股转公司出具同意公开转让并挂牌的审核意见或审核决定,不表明全国股转公司对申请挂牌公司证券投资价值或投资者收益作出实质性判断或保证,也不表明全国股转公司对申请挂牌公司申请文件及所披露信息的真实性、准确性、完整性作出保证。

第二章 挂牌条件

第一节 主体资格

第十条 申请挂牌公司应当是依法设立且合法存续的股份有限公司,股本总额不低于500万元(人民币,下同),并同时符合下列条件:
(一)股权明晰,股票发行和转让行为合法合规;
(二)公司治理健全,合法规范经营;
(三)业务明确,具有持续经营能力;
(四)主办券商推荐并持续督导;
(五)全国股转公司要求的其他条件。

第十一条 申请挂牌公司应当持续经营不少于两个完整的会计年度,本规则另有规定的除外。

有限责任公司按原账面净资产值折股整体变更为股份有限公司的,持续经营时间可以从有限责任公司成立之日起计算。

第十二条 申请挂牌公司注册资本已足额缴纳,股东的出资资产、出资方式、出资程序等符合相关法律法规的规定,股东不存在依法不得投资公司的情形。

申请挂牌公司股权权属明晰,控股股东、实际控制人持有或控制的股份不存在可能导致控制权变更的重大权属纠纷。

第十三条 申请挂牌公司及其重要控股子公司的股票发行和转让行为应当合法合规,履行了必要的内部决议、外部审批程序,不存在擅自公开或变相公开发行证券且仍未依法规范或还原的情形。

第十四条 申请挂牌公司应当依据法律法规、中国证监会及全国股转系统相关规定制定完善公司章程和股东大会、董事会、监事会议事规则,建立健全公司治理组织机构,并有效运作。

申请挂牌公司应当明确公司与股东等主体之间的纠纷解决机制，建立投资者关系管理、关联交易管理等制度，切实保障投资者和公司的合法权益。

申请挂牌公司董事、监事、高级管理人员应当具备法律法规、部门规章或规范性文件、全国股转系统业务规则和公司章程等规定的任职资格。

第十五条 设有表决权差异安排的公司申请股票公开转让并挂牌的，应当符合全国股转系统关于表决权差异安排设置条件、设置程序、投资者保护、规范运行等方面规定，并已履行完设置程序。

第十六条 申请挂牌公司应当依法依规开展生产经营活动，具备开展业务所必需的资质、许可或特许经营权等。申请挂牌公司及相关主体不存在以下情形：

（一）最近 24 个月以内，申请挂牌公司或其控股股东、实际控制人、重要控股子公司因贪污、贿赂、侵占财产、挪用财产或者破坏社会主义市场经济秩序行为被司法机关作出有罪判决，或刑事处罚未执行完毕；

（二）最近 24 个月以内，申请挂牌公司或其控股股东、实际控制人、重要控股子公司存在欺诈发行、重大信息披露违法或者其他涉及国家安全、公共安全、生态安全、生产安全、公众健康安全等领域的重大违法行为；

（三）最近 12 个月以内，申请挂牌公司或其控股股东、实际控制人、重要控股子公司、董事、监事、高级管理人员被中国证监会及其派出机构采取行政处罚；

（四）申请挂牌公司或其控股股东、实际控制人、重要控股子公司、董事、监事、高级管理人员因涉嫌犯罪正被司法机关立案侦查或涉嫌违法违规正被中国证监会及其派出机构立案调查，尚未有明确结论意见；

（五）申请挂牌公司或其控股股东、实际控制人、重要控股子公司、董事、监事、高级管理人员被列为失信联合惩戒对象且尚未消除；

（六）申请挂牌公司董事、监事、高级管理人员被中国证监会及其派出机构采取证券市场禁入措施，或被全国股转公司认定其不适合担任公司董事、监事、高级管理人员，且市场禁入措施或不适格情形尚未消除；

（七）中国证监会和全国股转公司规定的其他情形。

第十七条 申请挂牌公司应当设立独立的财务机构，能够独立开展会计核算、作出财务决策。申请挂牌公司会计基础工作规范，财务报表的编制和披露应当符合企业会计准则及相关信息披露规则的规定，在所有重大方面公允地反映公司财务状况、经营成果和现金流量，并由符合《证券法》规定的会计师事务所出具无保留意见的审计报告。申请挂牌公司提交的财务报表截止日不得早于股份有限公司成立日。

申请挂牌公司内部控制制度健全且得到有效执行，能够合理保证公司运行效率、合法合规和财务报表的可靠性。

第二节 业务与经营

第十八条 申请挂牌公司应当业务明确，可以经营一种或多种业务，拥有与各业务相匹配的关键资源要素，具有直接面向市场独立持续经营的能力。

第十九条 申请挂牌公司业务、资产、人员、财务、机构应当完整、独立，与其控股股东、实际控制人及其控制的其他企业分开。

申请挂牌公司进行的关联交易应当依据法律法规、公司章程、关联交易管理制度等规定履行审议程序，确保相关交易公平、公允。

申请挂牌公司不得存在资金、资产或其他资源被其控股股东、实际控制人及其控制的企业占用的情形，并应当采取有效措施防范占用情形的发生。

第二十条 申请挂牌公司主要业务属于人工智能、数字经济、互联网应用、医疗健康、新材料、高端装备制造、节能环保、现代服务业等新经济领域以及基础零部件、基础元器件、基础软件、基础工艺等产业基础领域，且符合国家战略，拥有关键核心技术，主要依靠核心技术开展生产经营，具有明确可行的经营规划的，持续经营时间可以少于两个完整会计年度但不少于一个完整会计年度，并符合下列条件之一：

（一）最近一年研发投入不低于 1000 万元，且最近 12 个月或挂牌同时定向发行获得专业机构投资者股权投资金额不低于 2000 万元；

（二）挂牌时即采取做市交易方式，挂牌同时向不少于 4 家做市商在内的对象定向发行股票，按挂牌同时定向发行价格计算的市值不低于 1 亿元。

第二十一条 除本规则第二十条规定的公司外，其他申请挂牌公司最近一期末每股净资产应当不低于 1 元/股，并满足下列条件之一：

（一）最近两年净利润均为正且累计不低于 800 万元，或者最近一年净利润不低于 600 万元；

（二）最近两年营业收入平均不低于 3000 万元且最近一年营业收入增长率不低于 20%，或者最近两年营业收入平均不低于 5000 万元且经营活动现金流量净额均为正；

（三）最近一年营业收入不低于 3000 万元，且最近两年累计研发投入占最近两年累计营业收入比例不低于 5%；

（四）最近两年研发投入累计不低于 1000 万元，且最近 24 个月或挂牌同时定向发行获得专业机构投资者股权投资金额不低于 2000 万元；

（五）挂牌时即采取做市交易方式，挂牌同时向不少于 4 家做市商在内的对象定向发行股票，按挂牌同时定向发行价格计算的市值不低于 1 亿元。

第二十二条 公司所属行业或所从事业务存在以下情形之一的，不得申请其股票公开转让并挂牌：

（一）主要业务或产能被国家或地方发布的产业政策明确禁止或淘汰的；

(二)属于法规政策明确禁止进入资本市场融资的行业、业务的；

(三)不符合全国股转系统市场定位及中国证监会、全国股转公司规定的其他情形。

第三章 申请、受理与审核

第一节 申请与受理

第二十三条 申请挂牌公司董事会应当依法就股票公开转让并挂牌的具体方案作出决议，并提交股东大会批准。

申请挂牌公司监事会应当对董事会编制的公开转让说明书等申请文件进行审核并提出书面审核意见，监事应当签署书面确认意见。

申请挂牌公司股东大会应当就股票公开转让并挂牌作出决议，并至少包括下列事项，且须经出席会议的股东所持表决权的2/3以上通过：

(一)申请股票公开转让并挂牌及有关安排；

(二)股票挂牌后的交易方式；

(三)股票挂牌的市场层级；

(四)授权董事会办理股票公开转让并挂牌具体事宜；

(五)决议的有效期；

(六)挂牌前滚存利润的分配方案；

(七)其他必须明确的事项。

第二十四条 申请挂牌公司、主办券商、证券服务机构应当按照中国证监会及全国股转系统相关规定制作、提交股票公开转让并挂牌申请文件。

自申请文件提交之日起，申请挂牌公司及其控股股东、实际控制人、董事、监事、高级管理人员，以及主办券商、证券服务机构及相关人员即承担相应法律责任。未经全国股转公司同意，申请文件受理后不得更改。

第二十五条 全国股转公司收到申请文件后，对申请文件的齐备性进行核对，并在5个交易日以内作出受理或不予受理的决定。

申请文件齐备的，全国股转公司作出受理决定。申请文件存在与中国证监会及全国股转公司规定的文件目录不相符、文档名称与文档内容不相符、签章不完整等形式不齐备情形的，全国股转公司一次性告知需要补正的事项。补正时限最长不得超过30个交易日；多次补正的，补正时间累计计算。

第二十六条 存在下列情形之一的，全国股转公司不予受理：

(一)申请文件不齐备且未在规定期限内按要求补正的；

(二)主办券商、证券服务机构或其相关人员不具备相关资质的;

(三)申请挂牌公司及其控股股东、实际控制人、董事、监事、高级管理人员,主办券商、证券服务机构或其相关人员被中国证监会采取认定为不适当人选、限制从事相关业务、证券市场禁入,被证券交易所、全国股转公司采取一定期限内不受理其出具的文件、公开认定不适合担任公司董事、监事、高级管理人员,或者被证券业协会采取认定不适合从事相关业务等相关措施,尚未解除的;

(四)中国证监会、全国股转公司规定的其他情形。

第二节 审核内容、方式、程序

第二十七条 全国股转公司设立专门的审核机构,对申请挂牌公司的股票公开转让并挂牌申请文件进行审核。

全国股转公司设立挂牌委员会,挂牌委员会的职责、人员组成、工作程序等事项,由全国股转公司另行规定。

第二十八条 全国股转公司对公开转让条件、挂牌条件的审核,重点关注下列事项:

(一)申请挂牌公司是否符合中国证监会规定的公开转让条件及全国股转公司规定的挂牌条件;

(二)主办券商、证券服务机构是否就申请挂牌公司符合公开转让条件、挂牌条件逐项发表明确意见,且具备充分的理由和依据。

第二十九条 全国股转公司通过对申请文件的审核,督促申请挂牌公司真实、准确、完整地披露信息,主办券商、证券服务机构切实履行信息披露把关责任;督促申请挂牌公司及其主办券商、证券服务机构提高信息披露质量,便于投资者在信息充分的情况下作出投资决策。

全国股转公司在信息披露审核中重点关注以下事项:

(一)申请文件及信息披露内容是否达到真实、准确、完整的要求,是否符合中国证监会、全国股转系统有关要求;

(二)申请文件及信息披露内容是否包含对投资者作出投资决策有重大影响的信息,披露程度是否达到投资者作出投资决策所必需的水平,包括但不限于是否充分、全面披露相关规则要求的内容,是否充分揭示可能对申请挂牌公司经营状况、财务状况产生重大不利影响的所有因素;

(三)申请文件及信息披露内容是否一致、合理和具有内在逻辑性,包括但不限于财务数据是否钩稽合理,是否符合申请挂牌公司实际情况,财务信息与非财务信息是否相互印证,主办券商、证券服务机构核查依据是否充分,能否对财务数据的变动或者与同行业公司存在的差异作出合理解释;

(四)信息披露内容是否简明易懂,是否便于投资者阅读和理解,包括但不限于是否使用事实描述性语言,是否言简意赅、通俗易懂、逻辑清晰,是否结合申请挂牌公司自身特点进行有针对性的信息披露。

第三十条 全国股转公司主要通过查阅申请文件、提出问题等方式进行审核。全国股转公司经审核认为申请文件存在以下情形之一的,可以向申请挂牌公司、主办券商及证券服务机构提出审核问询:

(一)需解释和说明相关问题及原因;

(二)需补充核查相关事项;

(三)需补充提供新的证据或材料;

(四)需更新或更正信息披露内容。

全国股转公司提出审核问询的,申请挂牌公司及其主办券商、证券服务机构应当按照全国股转公司的审核问询进行必要的补充披露、补充说明或补充调查、核查,及时、逐项回复审核问询事项,并更新相应申请文件。

申请挂牌公司及其主办券商、证券服务机构对全国股转公司审核问询的回复是股票公开转让并挂牌申请文件的组成部分,应当保证回复的真实、准确、完整。

第三十一条 在首轮审核问询发出前,申请挂牌公司、主办券商、证券服务机构及其相关人员不得与全国股转公司审核人员接触,不得以任何形式干扰审核工作。

在首轮审核问询发出后,申请挂牌公司、主办券商、证券服务机构对审核问询存在疑问的,可与全国股转公司进行沟通;确需当面沟通的,应当预约。

第三十二条 全国股转公司收到申请挂牌公司及其主办券商、证券服务机构问询回复后,经审核存在以下情形之一的,可以继续提出审核问询:

(一)发现新的需要问询事项;

(二)回复内容未能有针对性地回答全国股转公司提出的审核问询,或者全国股转公司就回复内容需要继续审核问询;

(三)信息披露仍未满足中国证监会或全国股转公司规定的要求;

(四)全国股转公司认为需要继续审核问询的其他情形。

第三十三条 全国股转公司经审核认为申请挂牌公司符合公开转让条件、挂牌条件、信息披露要求,不需要进一步提出审核问询的,出具同意公开转让并挂牌的审核意见或审核决定。全国股转公司经审核认为申请挂牌公司不符合公开转让条件、挂牌条件或信息披露要求的,作出终止审核决定。

依据全国股转系统规定,需要提交挂牌委员会审议的,挂牌委员会召开会议进行审议。全国股转公司结合挂牌委员会审议意见,作出审核意见或审核决定。

第三十四条 全国股转公司在审核过程中,可以根据需要,约见问询申请挂牌公司及其控股股东、实际控制人、董事、监事、高级管理人员,以及主办券商、证券服务机构及其相关人员,调阅申请挂牌公司、主办券商、证券服务机构与本次股票公开转让并挂牌申请相关的资料。

全国股转公司在审核过程中，发现申请文件存在重大疑问且主办券商无法在回复中作出合理解释的，可以对主办券商实施现场检查。

第三十五条 全国股转公司在审核过程中，发现申请挂牌公司涉嫌违反国家产业政策或不符合全国股转系统定位，或涉及重大敏感事项、重大无先例情况、重大舆情、重大违法线索的，应当及时请示报告中国证监会，并按中国证监会意见处理。

第三十六条 全国股转公司自受理申请文件之日起 2 个月以内出具审核意见或作出审核决定。

申请挂牌公司及其主办券商、证券服务机构回复问询或更新申请文件的时间，以及本规则规定的中止审核、请示有关机关、实施检查、专项核查的时间不计算在前款规定的时限内。

第三十七条 股票公开转让并挂牌依法应报经中国证监会注册的，全国股转公司出具同意公开转让并挂牌审核意见后，将审核意见、注册申请文件及相关审核资料报送中国证监会。

中国证监会要求全国股转公司进一步问询的，全国股转公司向申请挂牌公司及其主办券商、证券服务机构提出反馈问题。

中国证监会在注册程序中，决定退回全国股转公司补充审核的，全国股转公司依据本规则规定的程序对要求补充审核的事项重新审核。全国股转公司审核通过的，重新向中国证监会报送审核意见及相关资料；审核不通过的，作出终止审核决定。

第三十八条 全国股转公司作出同意公开转让并挂牌的审核决定或中国证监会作出同意注册决定后，申请挂牌公司应当与全国股转公司签订挂牌协议，并按规定办理股票登记及挂牌手续。

第三节 特殊情形处理

第三十九条 申请文件受理后至股票挂牌前，申请挂牌公司出现可能对其是否符合公开转让条件、挂牌条件、信息披露要求产生重大影响的事项的，申请挂牌公司、主办券商、证券服务机构应当及时向全国股转公司报告，并按要求更新申请文件或披露文件、发布临时公告。申请挂牌公司的主办券商、证券服务机构应当持续履行尽职调查职责，全国股转公司可以要求主办券商、证券服务机构出具专项核查意见。

全国股转公司作出同意公开转让并挂牌审核决定或中国证监会作出同意注册决定后至股票挂牌前，申请挂牌公司发生重大事项，可能导致其不符合公开转让并挂牌相关要求的，应当暂停股票挂牌手续。全国股转公司经审核认为相关重大事项导致申请挂牌公司不符合公开转让条件、挂牌条件或信息披露要求的，将出具明确意见并终止其挂牌手续。

第四十条 出现下列情形之一的，申请挂牌公司、主办券商和证券服务机构应当及时报告全国股转公司，全国股转公司中止公开转让并挂牌审核：

（一）申请挂牌公司及其控股股东、实际控制人涉嫌贪污、贿赂、侵占财产、挪用财产或者破坏社会主义市场经济秩序的犯罪，或者涉嫌欺诈发行、重大信息披露违法或其他涉及国家安全、公共安全、生态安全、生产安全、公众健康安全等领域的重大违法行为，被立案调查或者被司法机关立案侦查；

（二）主办券商、证券服务机构被中国证监会依法采取限制业务活动、责令停业整顿、指定其他机构托管、接管等措施，或者被证券交易所、全国股转公司采取暂不受理其出具的相关业务文件的纪律处分，尚未解除；

（三）主办券商、证券服务机构相关签字人员被中国证监会依法采取认定为不适当人选等监管措施或者证券市场禁入的措施，或者被证券交易所、全国股转公司采取暂不受理其出具的相关业务文件的纪律处分，被证券业协会采取认定不适合从事相关业务的纪律处分，尚未解除；

（四）申请文件中记载的财务资料已过有效期，需要补充提交；

（五）申请挂牌公司、主办券商主动要求中止审核，理由正当并经全国股转公司同意；

（六）全国股转公司规定的其他情形。

出现前款第一项至第四项所列情形，申请挂牌公司、主办券商和证券服务机构未及时告知全国股转公司，全国股转公司经核实符合中止审核情形的，将直接中止审核。

第四十一条 因本规则第四十条第一款第二项、第三项中止审核后，申请挂牌公司需要更换主办券商或者证券服务机构的，更换后的主办券商或者证券服务机构应当自中止审核之日起 6 个月以内完成尽职调查，重新出具相关文件，并对原主办券商或者证券服务机构出具的文件进行复核，出具复核意见，对差异情况作出说明。申请挂牌公司根据规定无须更换主办券商或者证券服务机构的，主办券商或者证券服务机构应当及时出具复核报告。

因本规则第四十条第一款第二项、第三项中止审核后，申请挂牌公司更换主办券商、证券服务机构相关签字人员的，更换后的签字人员应当自中止审核之日起 1 个月以内，对原签字人员签署的文件进行复核，出具复核意见，对差异情况作出说明。

因本规则第四十条第一款第四项、第五项中止审核的，申请挂牌公司应当在中止审核后 6 个月以内补充提交有效文件或者消除主动要求中止审核的相关情形。

第四十二条 本规则第四十条第一款所列中止审核的情形消除后或者在第四十一条规定的时限内完成相关事项后，申请挂牌公司、主办券商应当及时告知全国股转公司。全国股转公司经审核确认后，恢复审核，并通知申请挂牌公司及其主办券商。

依照前款规定恢复审核的，审核时限自恢复审核之日起继续计算。但申请挂牌公司对其财务报表进行调整达到一个以上会计年度的，审核时限自恢复审核之日起重新起算。

第四十三条 出现下列情形之一的，全国股转公司将终止审核，并通知申请挂牌公司及其主办券商：

（一）申请挂牌公司撤回申请或者主办券商撤销推荐；

（二）申请挂牌公司的法人资格终止；

（三）申请文件被认定存在虚假记载、误导性陈述或重大遗漏；

（四）申请文件内容存在重大缺陷，严重影响投资者理解和全国股转公司审核；

（五）申请挂牌公司未在规定时限内回复全国股转公司审核问询，或者未在规定时限内对申请文件作出解释说明、更新，且未提交延期申请；

（六）本规则规定的中止审核情形未能在 6 个月以内消除，或者未能在本规则第四十一条规定的时限内完成相关事项；

（七）申请挂牌公司拒绝、阻碍或逃避全国股转公司依法实施的核查、检查；

（八）申请挂牌公司及其关联方以不正当手段严重干扰全国股转公司审核工作；

（九）全国股转公司经审核认为申请挂牌公司不符合公开转让条件、挂牌条件或信息披露要求。

申请挂牌公司因不符合公开转让条件或挂牌条件，被全国股转公司作出终止审核决定或者被中国证监会作出不予注册决定的，自决定作出之日起 6 个月以内，全国股转公司不受理其提交的股票公开转让并挂牌申请文件。

第四十四条 申请挂牌公司对全国股转公司作出的不予受理决定或终止审核决定有异议的，自收到相关决定之日起 5 个交易日以内，可以按照相关规定向全国股转公司申请复核。

第四十五条 申请文件受理后至股票挂牌前，发生以下事项的，全国股转公司可以就相关事项提出审核问询，要求申请挂牌公司及其主办券商、证券服务机构解释说明、补充核查：

（一）公共媒体关于申请挂牌公司的新闻报道与公司信息披露存在差异，所涉事项可能对公司股票公开转让并挂牌产生重大影响；

（二）全国股转公司收到与申请挂牌公司股票公开转让并挂牌事项相关的投诉举报。

第四章 信息披露

第四十六条 申请挂牌公司应当以投资者需求为导向，结合自身情况及所属行业特点、发展趋势，按照中国证监会、全国股转公司要求编制公开转让说明书等文件，充分披露以下信息：

（一）挂牌后拟进入的市场层级、挂牌同时发行证券情况（如有）、拟采用的交易方式、选用的挂牌条件指标等；

（二）基本情况、股权结构、公司治理、主要产品或服务、业务模式、经营情况、市场竞争、所属细分行业发展情况、重要会计政策、财务状况等；

（三）能够对公司业绩、创新能力、核心竞争力、业务稳定性、经营持续性等产生重大影响的资源要素和各种风险因素。

中国证监会、全国股转公司制定的信息披露规则是信息披露的最低要求。不论前述规则是否有明确规定，凡是对投资者作出价值判断和投资决策有重大影响的信息，申请挂牌公司均应当予以披露。

申请挂牌公司公开转让说明书所引用的财务报表在其最近一期截止日后6个月以内有效,特殊情况下申请挂牌公司可以申请适当延长,但最多不超过3个月。

第四十七条 申请挂牌公司控股股东、实际控制人、董事、监事、高级管理人员等应当诚实守信,及时向申请挂牌公司提供相关信息,保证申请挂牌公司申请文件和信息披露的真实、准确、完整,并对公开转让说明书签署书面确认意见。

第四十八条 申请文件受理后,申请挂牌公司公开转让说明书、推荐报告、审计报告、法律意见书等文件应当在符合《证券法》规定的信息披露平台预先披露。

第四十九条 全国股转公司审核、中国证监会注册期间,申请挂牌公司应当根据全国股转系统或中国证监会的要求对信息披露文件予以更新。

第五十条 全国股转公司作出同意公开转让并挂牌的审核决定或中国证监会作出同意注册决定后,申请挂牌公司应当在符合《证券法》规定的信息披露平台披露经审核的公开转让说明书、推荐报告、审计报告、法律意见书、公司章程等文件。

第五十一条 申请挂牌公司披露经审核的公开转让说明书等文件后,应当按照拟进入的市场层级及全国股转系统关于挂牌公司的信息披露要求,及时披露临时报告。

申请挂牌公司披露经审核的公开转让说明书等文件后,发现信息披露内容存在遗漏、错误等情形的,应当及时向全国股转公司报告,并对披露文件进行更正。全国股转公司根据更正事项对申请挂牌公司公开转让并挂牌事项产生的影响,依据本规则规定作出处理。

第五十二条 申请挂牌公司及其控股股东、实际控制人、董事、监事、高级管理人员等主体,在申请挂牌过程中就特定事项作出的公开承诺应当具体、明确、无歧义、具有可操作性及明确的履行时限,符合相关法律法规、部门规章、规范性文件和业务规则等要求,并在符合《证券法》规定的信息披露平台予以披露。

第五十三条 由于涉及国家秘密、商业秘密等,导致申请文件、问询回复文件中披露相关信息可能违反国家有关保密的法律法规或者严重损害公司利益的,申请挂牌公司可以豁免披露,但应当说明豁免披露的依据和理由。全国股转公司认为豁免披露理由不成立的,申请挂牌公司应当按规定披露相关信息。

第五章　推荐挂牌

第五十四条 申请挂牌公司应当与符合全国股转系统规定的主办券商签订推荐挂牌并持续督导协议,明确约定双方在推荐挂牌和持续督导期间的权利和义务、相关费用的支付以及协议的变更或解除等事项。

申请挂牌公司提交申请文件前,主办券商应当通过辅导、培训等方式,协助申请挂牌公司完善公司治理机制和内部控制制度,并有充分依据认定申请挂牌公司具备规范运作的基础和能力,申请挂牌公司控股股东、实际控制人、董事、监事、高级管理人员等掌握证券监管有关法律法规和规则、知悉信息披露和履行承诺方面责任和义务、具备依法履职能力。

第五十五条 主办券商、证券服务机构应当按照中国证监会和全国股转系统的规定制作、报送、披露推荐文件、专业文件、回复意见及其他相关文件。

第五十六条 主办券商应当遵守法律法规、中国证监会及全国股转系统相关规定、行业自律规范等要求，严格执行内部控制制度，充分了解申请挂牌公司的经营情况和风险，对申请挂牌公司申请文件和信息披露资料进行审慎核查，对申请挂牌公司是否符合公开转让条件、挂牌条件和信息披露要求作出专业判断，审慎作出推荐决定。

主办券商决定推荐申请挂牌公司股票公开转让并挂牌的，可以根据申请挂牌公司委托，组织编制股票公开转让并挂牌申请文件并出具推荐意见，组织协调证券服务机构及其相关人员开展相关工作。证券服务机构及其相关人员应当依法依规配合主办券商履行推荐职责，并承担相应的责任。

第五十七条 证券服务机构应当遵守法律法规、中国证监会及全国股转系统相关规定以及本行业公认的业务标准和道德规范等，建立并保持有效的质量控制体系，开展调查活动，作出专业判断与认定。证券服务机构及其相关人员应当对与本专业相关的业务事项履行特别注意义务，对其他业务事项履行普通注意义务，并承担相应法律责任。

申请挂牌公司的公开转让说明书等信息披露文件和申请文件引用证券服务机构专业意见的，出具意见的证券服务机构应当承担法律责任。

第五十八条 申请挂牌公司信息披露文件和申请文件中由证券服务机构出具专业意见的内容，主办券商在保持职业怀疑、履行审慎核查、进行必要调查和复核基础上，可以合理信赖相关意见。申请挂牌公司信息披露文件和申请文件中无证券服务机构专业意见支持的内容，主办券商应当充分进行尽职调查、独立作出职业判断，并对相关内容承担责任。

证券服务机构对于主办券商或者其他证券服务机构的基础工作或者专业意见，在保持职业怀疑、履行审慎核查、进行必要调查和复核基础上，可以合理信赖相关工作或意见。

证券服务机构出具专业意见所依据的调查措施、事实依据不够充分，或相关意见存在重大异常、前后重大矛盾，或与主办券商获得的信息存在重大差异的，主办券商应当对相关内容进行调查、复核；无法排除合理怀疑的，应当拒绝信赖相关意见。主办券商应当复核但未复核，或复核工作未全面到位的，应当承担责任。

第五十九条 主办券商应当根据股票公开转让并挂牌推荐业务特点依法依规建立内部管理制度和业务操作流程，建立健全风险管理制度和合规管理制度，保障推荐业务依法合规进行，防范和控制业务风险，保证执业质量。

主办券商应当在其出具的推荐文件中，说明内部管理制度的执行情况。

第六十条 主办券商应当针对每家申请挂牌公司设立项目组，履行尽职调查、制作推荐文件、建立工作底稿等职责。项目组成员的组成和资格应当符合全国股转系统的规定。

第六十一条 申请挂牌公司应当按照主办券商、证券服务机构的要求，依法依规向其提供真实、准确、完整的财务会计资料和其他资料,配合相关机构开展尽职调查和其他相关工作,不得要求主办券商、证券服务机构出具与客观事实不符的文件或妨碍其工作。

申请挂牌公司控股股东、实际控制人、董事、监事、高级管理人员、有关股东应当配合主办券商、证券服务机构开展尽职调查和其他相关工作,确保提供的资料或者信息真实、准确、完整,不得要求或协助申请挂牌公司提供虚假信息、隐瞒应当提供的资料或应当披露的信息。

第六章 自律管理

第六十二条 违反本规则的,全国股转公司可以视情节轻重采取以下自律监管措施:

(一)口头警示;

(二)监管关注;

(三)约见谈话;

(四)要求提交书面承诺;

(五)出具警示函;

(六)限期改正;

(七)要求公开更正、澄清或说明;

(八)要求公开致歉;

(九)要求限期参加培训或考试;

(十)要求限期召开投资者说明会;

(十一)暂停解除挂牌公司控股股东、实际控制人的股票限售;

(十二)建议挂牌公司更换相关任职人员;

(十三)向有关主管部门出具监管建议函;

(十四)全国股转公司规定的其他自律监管措施。

违规行为情节轻微、未造成不良影响的,全国股转公司可以通过监管工作提示、记录执业质量负面行为等方式对相关主体进行提醒教育。

第六十三条 违反本规则的,全国股转公司可以视情节轻重采取以下纪律处分:

(一)通报批评;

(二)公开谴责;

(三)认定其不适合担任公司董事、监事、高级管理人员;

(四)暂不受理申请挂牌公司提交的申请文件;

(五)暂不受理机构或者其从业人员出具的相关业务文件;

(六)全国股转公司规定的其他纪律处分。

第六十四条 存在下列情形之一的,全国股转公司可以视情节轻重对相关主体采取自律监管措施:

（一）申请挂牌公司及相关主体未按中国证监会及全国股转公司要求编制或披露相关文件，或擅自更改申请文件；

（二）申请挂牌公司及相关主体编制的申请文件、信息披露文件未做到真实、准确、完整，但尚未达到虚假记载、误导性陈述或重大遗漏的程度；

（三）主办券商未能勤勉尽责，致使申请文件、信息披露文件及其出具的相关文件未做到真实、准确、完整，但尚未达到虚假记载、误导性陈述或重大遗漏的程度；

（四）证券服务机构未能勤勉尽责，致使出具的专业文件未做到真实、准确、完整，但尚未达到虚假记载、误导性陈述或重大遗漏的程度；

（五）未及时向全国股转公司报告重大事项或者未及时披露；

（六）以不正当手段干扰全国股转公司审核工作；

（七）申请挂牌公司等相关主体无合理理由不提供相关信息，或不配合主办券商、证券服务机构开展尽职调查等相关工作；

（八）全国股转公司认定的其他情形。

第六十五条 存在下列情形之一的，全国股转公司可以视情节轻重对相关主体采取纪律处分：

（一）申请挂牌公司申请文件、信息披露文件被认定存在虚假记载、误导性陈述或重大遗漏；

（二）主办券商未能勤勉尽责，致使申请文件、信息披露文件及其出具的相关文件被认定存在虚假记载、误导性陈述或重大遗漏；

（三）证券服务机构未能勤勉尽责，致使出具的专业文件被认定存在虚假记载、误导性陈述或重大遗漏；

（四）相关主体存在本规则第六十四条规定的违规情形，且违规情节严重；

（五）主办券商等中介机构在履行职责过程中与申请挂牌公司及相关主体串通舞弊；

（六）伪造、变造申请文件中的签字、盖章；

（七）全国股转公司认定的其他情形。

第六十六条 申请挂牌公司及其控股股东、实际控制人、董事、监事、高级管理人员，主办券商、证券服务机构及其相关人员等被证券交易所、全国股转公司采取暂不接受文件、认定为不适当人选等自律监管措施和纪律处分的，全国股转公司按照业务规则，在相应期限内不接受其提交或签字的相关文件，或者认为其不适合担任公司董事、监事、高级管理人员，并对该监管对象提交或者签字且已受理的其他文件中止审核，或者要求相关申请挂牌公司解聘相关人员等。

第六十七条 全国股转公司发现相关主体涉嫌违反法律法规或中国证监会相关规定，情节严重的，向中国证监会报告。

第七章 附 则

第六十八条 申请挂牌公司及其控股股东、实际控制人等应当按照下列安排向全国股转公司申请限售,并在公开转让说明书中披露:申请挂牌公司控股股东及实际控制人在挂牌前直接或间接持有的股票分三批解除限售,每批解除限售的数量均为其挂牌前所持股票的三分之一,解除限售的时间分别为挂牌之日、挂牌期满一年和两年。

挂牌前12个月以内申请挂牌公司控股股东及实际控制人直接或间接持有的股票进行过转让的,该股票的限售安排按照前款规定执行,主办券商为开展做市业务取得的做市初始库存股票除外。因司法裁决、继承等原因导致有限售期的股票持有人发生变更的,后续持有人应继续执行股票限售安排。

第六十九条 相关公司股票终止在全国股转系统挂牌后,符合相关要求的,可以依照本规则重新申请股票公开转让并挂牌。

第七十条 本规则下列用语具有如下含义:

(一)本规则所称"以内"、"以上"、"不低于"、"不少于"、"不超过"均含本数;

(二)本规则所称"净利润"是指归属于申请挂牌公司股东的净利润,不包括少数股东损益,并以扣除非经常性损益前后孰低者为计算依据;

(三)本规则所称"净资产"是指归属于申请挂牌公司股东的净资产,不包括少数股东权益;

(四)本规则所称"重要控股子公司"是指纳入申请挂牌公司合并报表范围内,且最近一个会计年度营业收入或净利润占合并财务报表10%以上的各级子公司;

(五)本规则所称"专业机构投资者"包括符合《证券期货投资者适当性管理办法》第八条第一款第一项、第二项规定的可以从事股权投资的专业投资者,以及政府出资设立的投资基金及其运营管理机构;

(六)申请股票公开转让并挂牌同时定向发行股票、可转换公司债券等证券品种的公司"股东人数",是指定向发行后的证券持有人数。

第七十一条 本规则由全国股转公司负责解释。

第七十二条 本规则自发布之日起施行。

第三节 首次公开发行并上市(IPO)项目

一、IPO项目尽职调查内容和要点

IPO即首次公开发行股票并上市项目,IPO项目的尽职调查亦称IPO项目

的查验,有专门的法律、法规、规范性文件予以规制。具体而言,IPO 项目的法律尽职调查受到《律师事务所从事证券法律业务管理办法》、《律师事务所证券法律业务执业规则(试行)》以及《公开发行证券公司信息披露的编报规则第12号——公开发行证券的法律意见书和律师工作报告》的规制。

《律师事务所证券法律业务执业规则(试行)》第二章对查验规则进行了规定,该规定其实质是对 IPO 项目法律尽职调查的总体要求。

律师事务所及其指派律师从事 IPO 项目的法律尽职调查时,应当独立、客观、公正,遵循审慎性及重要性原则;相较于其他项目的法律尽职调查,《律师事务所证券法律业务执业规则(试行)》对 IPO 项目法律尽职调查在查验计划编制方面进行了明确规定,规定律师事务所及其指派的律师应当编制查验计划,查验计划应当列明需要查验的具体事项、查验工作程序、查验方法等。且查验工作结束后,律师事务所及其指派的律师应当对查验计划的落实情况进行评估和总结;查验计划未完全落实的,应当说明原因或者采取的其他查验措施。

律师应当合理、充分地运用查验方法,具体而言:(1)待查验事项只需书面凭证便可证明的,在无法获得凭证原件加以对照查验的情况下,律师应当采用查询、复核等方式予以确认;待查验事项没有书面凭证或者仅有书面凭证不足以证明的,律师应当采用实地调查、面谈等方式进行查验。(2)律师进行查验,向有关国家机关、具有管理公共事务职能的组织、会计师事务所、资信评级机构、公证机构等查证、确认有关事实的,应当将查证、确认工作情况做成书面记录,并由经办律师签名。(3)律师采用面谈方式进行查验的,应当制作面谈笔录。谈话对象和律师应当在笔录上签名。谈话对象拒绝签名的,应当在笔录中注明。(4)律师采用书面审查方式进行查验的,应当分析相关书面信息的可靠性,对文件记载的事实内容进行审查,并对其法律性质、后果进行分析判断。(5)律师采用实地调查方式进行查验的,应当将实地调查情况作成笔录,由调查律师、被调查事项相关的自然人或者单位负责人签名。(6)律师采用查询方式进行查验的,应当核查公告、网页或者其他载体相关信息,并就查询的信息内容、时间、地点、载体等有关事项制作查询笔录。(7)律师采用函证方式进行查验的,应当以挂号信函或者特快专递的形式寄出,邮件回执、查询信函底稿和对方回函应当由经办律师签名。当然除《律师事务所证券法律业务执业规则(试行)》规定的查验方法之外,律师可以根据需要采用其他合理手段,以获取适当的证据材料,对被查验事项作出认定和判断。

《律师事务所证券法律业务执业规则(试行)》对律师在不同内容的查验方面作出了不同的规定:(1)律师查验法人或者其分支机构有关主体资格以及业务经营资格的,应当就相关主管机关颁发的批准文件、营业执照、业务经营许可证及其他证照的原件进行查验。对上述原件的真实性、合法性存在疑问的,应当依法向该法人的设立登记机关、其他有关许可证颁发机关及相关登记机关进行查证、确认。(2)对自然人有关资格或者一定期限内职业经历的查验,律师应当向其在相关期间工作过的单位人事等部门进行查询、函证。(3)对不动产、知识产权等依法需要登记的财产的查验,律师应当取得登记机关制作的财产权利证书原件,必要时应当采取适当方式,就该财产权利证书的真实性以及是否存在权利纠纷等,向该财产的登记机关进行查证、确认。(4)对生产经营设备、大宗产品或者重要原材料的查验,律师应当查验其购买合同和发票原件。购买合同和发票原件已经遗失的,应当由财产权利人或者其代表签字确认,并在工作底稿中注明;相关供应商尚存的,应当向供应商进行查询和函证。必要时,应当进行现场查验,制作现场查验笔录,并由财产权利人或者其代表签字;财产权利人或者其代表拒绝签字的,应当在查验笔录中注明。(5)对依法需要评估才能确定财产价值的财产的查验,律师应当取得有证券、期货相关业务评估资格的资产评估机构(以下简称有资格的评估机构)出具的有效评估文书;未进行有效评估的,应当要求委托人委托有资格的评估机构出具有效评估文书予以确认。(6)对银行存款的查验,律师应当查验银行出具的存款证明原件;不能提供委托查验期银行存款证明的,应当会同委托人(存款人)向委托人的开户银行进行书面查询、函证。(7)对财产的查验,难以确定其是否存在被设定担保等权利负担的,律师应当以适当方式向有关财产抵押、质押登记部门进行查证、确认。(8)对委托人是否存在对外重大担保事项的查验,律师应当与委托人的财务负责人等相关人员及委托人聘请的会计师事务所的会计师面谈,并根据需要向该委托人的开户银行、公司登记机关、证券登记机构和委托人不动产、知识产权的登记部门等进行查证、确认。向银行进行查证、确认,采取查询、函证等方式;向财产登记部门进行查证、确认,采取查询、函证或者查阅登记机关公告、网站等方式。(9)对有关自然人或者法人是否存在重大违法行为、是否受到有关部门调查、是否受到行政处罚或者刑事处罚、是否存在重大诉讼或者仲裁等事实的查验,律师应当与有关自然人、法人的主要负责人及有关法人的合规管理等部门负责人进行面谈,并根据情况选取可能涉及的有关行政机关、司法机关、仲裁机构等公共机构进行查证、确认。向有关公共机构查证、确认，可以采取查询、函证或者查阅其公告、网站等方式。

法律意见书和律师工作报告是律所律师开展 IPO 项目法律尽职调查的成果，亦是《公开发行证券公司信息披露的编报规则第 12 号——公开发行证券的法律意见书和律师工作报告》中所规定的向相关监管机构申请公开发行证券的必备文件。

《律师事务所证券法律业务执业规则（试行）》亦规定律师应当依据法律、行政法规和证监会的规定，在查验相关材料和事实的基础上，以书面形式对受托事项的合法性发表明确、审慎的结论性意见，即形成法律意见书的工作成果。

同时，律师事务所应当完整保存在制作法律意见书和律师工作报告过程中即律师在开展 IPO 项目法律尽职调查过程中形成的工作记录，以及在工作中获取的所有文件、资料，及时制作工作底稿。工作底稿是判断律师是否勤勉尽责的重要证据。证监会及其派出机构可根据监管工作需要调阅、检查工作底稿。

法律意见书是对律师工作报告的概要性提炼，律师工作报告是对法律意见书的详细阐述。《公开发行证券公司信息披露的编报规则第 12 号——公开发行证券的法律意见书和律师工作报告》规定 IPO 项目法律意见书需要对本次发行上市的批准和授权、发行人本次发行上市的主体资格、本次发行上市的实质条件、发行人的设立、发行人的独立性、发起人或股东（实际控制人）、发行人的股本及其演变、发行人的业务、关联交易及同业竞争、发行人的主要财产、发行人的重大债权债务、发行人的重大资产变化及收购兼并、发行人公司章程的制定与修改、发行人股东大会、董事会、监事会议事规则及规范运作、发行人董监高及其变化、发行人的税务、发行人的环境保护和产品质量、技术等标准、发行人募集资金的运用、发行人业务发展目标、诉讼、仲裁或行政处罚、原定向募集公司增资发行的有关问题（如有）、发行人招股说明书法律风险的评价，律师认为需要说明的其他问题等发表法律意见，并在每个内容项下列示了具体的核查要点，具体规定如下。

《公开发行证券公司信息披露的编报规则第 12 号——公开发行证券的法律意见书和律师工作报告》

第 30 条　本次发行上市的批准和授权

(一)股东大会是否已依法定程序作出批准发行上市的决议。

(二)根据有关法律、法规、规范性文件以及公司章程等规定，上述决议的内容是否合法有效。

(三)如股东大会授权董事会办理有关发行上市事宜，上述授权范围、程序是否合法有效。

第 31 条　发行人发行股票的主体资格

(一)发行人是否具有发行上市的主体资格。

(二)发行人是否依法有效存续，即根据法律、法规、规范性文件及公司章程，发行人是否有终止的情形出现。

第 32 条　本次发行上市的实质条件

分别就不同类别或特征的发行人，对照《证券法》、《公司法》等法律、法规和规范性文件的规定，逐条核查发行人是否符合发行上市条件。

第 33 条　发行人的设立

(一)发行人设立的程序、资格、条件、方式等是否符合当时法律、法规和规范性文件的规定，并得到有权部门的批准。

(二)发行人设立过程中所签订的改制重组合同是否符合有关法律、法规和规范性文件的规定，是否因此引致发行人设立行为存在潜在纠纷。

(三)发行人设立过程中有关资产评估、验资等是否履行了必要程序，是否符合当时法律、法规和规范性文件的规定。

(四)发行人创立大会的程序及所议事项是否符合法律、法规和规范性文件的规定。

第 34 条　发行人的独立性

(一)发行人业务是否独立于股东单位及其他关联方。

(二)发行人的资产是否独立完整。

(三)如发行人属于生产经营企业，是否具有独立完整的供应、生产、销售系统。

(四)发行人的人员是否独立。

(五)发行人的机构是否独立。

(六)发行人的财务是否独立。

(七)概括说明发行人是否具有面向市场自主经营的能力。

第 35 条　发起人和股东（追溯至发行人的实际控制人）

（一）发起人或股东是否依法存续，是否具有法律、法规和规范性文件规定担任发起人或进行出资的资格。

（二）发行人的发起人或股东人数、住所、出资比例是否符合有关法律、法规和规范性文件的规定。

（三）发起人已投入发行人的资产的产权关系是否清晰，将上述资产投入发行人是否存在法律障碍。

（四）若发起人将其全资附属企业或其他企业先注销再以其资产折价入股，应说明发起人是否已通过履行必要的法律程序取得了上述资产的所有权，是否已征得相关债权人同意，对其原有债务的处置是否合法、合规、真实、有效。

（五）若发起人以在其他企业中的权益折价入股，是否已征得该企业其他出资人的同意，并已履行了相应的法律程序。

（六）发起人投入发行人的资产或权利的权属证书是否已由发起人转移给发行人，是否存在法律障碍或风险。

第 36 条　发行人的股本及演变

（一）发行人设立时的股权设置、股本结构是否合法有效，产权界定和确认是否存在纠纷及风险。

（二）发行人历次股权变动是否合法、合规、真实、有效。

（三）发起人所持股份是否存在质押，如存在，说明质押的合法性及可能引致的风险。

第 37 条　发行人的业务

（一）发行人的经营范围和经营方式是否符合有关法律、法规和规范性文件的规定。

（二）发行人是否在中国大陆以外经营，如存在，应说明其经营的合法、合规、真实、有效。

（三）发行人的业务是否变更过，如变更过，应说明具体情况及其可能存在的法律问题。

（四）发行人主营业务是否突出。

（五）发行人是否存在持续经营的法律障碍。

第 38 条　关联交易及同业竞争

（一）发行人是否存在持有发行人股份 5% 以上的关联方，如存在，说明发行人与关联方之间存在何种关联关系。

（二）发行人与关联方之间是否存在重大关联交易，如存在，应说明关联交易的内容、数量、金额，以及关联交易的相对比重。

（三）上述关联交易是否公允，是否存在损害发行人及其他股东利益的情况。

（四）若上述关联交易的一方是发行人股东，还需说明是否已采取必要措施对其他股东的利益进行保护。

（五）发行人是否在章程及其他内部规定中明确了关联交易公允决策的程序。

（六）发行人与关联方之间是否存在同业竞争。如存在，说明同业竞争的性质。

（七）有关方面是否已采取有效措施或承诺采取有效措施避免同业竞争。

（八）发行人是否对有关关联交易和解决同业竞争的承诺或措施进行了充分披露，以及有无重大遗漏或重大隐瞒，如存在，说明对本次发行上市的影响。

第 39 条　发行人的主要财产

（一）发行人拥有房产的情况。

（二）发行人拥有土地使用权、商标、专利、特许经营权等无形资产的情况。

（三）发行人拥有主要生产经营设备的情况。

（四）上述财产是否存在产权纠纷或潜在纠纷，如有，应说明对本次发行上市的影响。

（五）发行人以何种方式取得上述财产的所有权或使用权，是否已取得完备的权属证书，若未取得，还需说明取得这些权属证书是否存在法律障碍。

（六）发行人对其主要财产的所有权或使用权的行使有无限制，是否存在担保或其他权利受到限制的情况。

（七）发行人有无租赁房屋、土地使用权等情况，如有，应说明租赁是否合法有效。

第 40 条　发行人的重大债权债务

（一）发行人将要履行、正在履行以及虽已履行完毕但可能存在潜在纠纷的重大合同的合法性、有效性，是否存在潜在风险，如有风险和纠纷，应说明对本次发行上市的影响。

（二）上述合同的主体是否变更为发行人，合同履行是否存在法律障碍。

（三）发行人是否有因环境保护、知识产权、产品质量、劳动安全、人身权等原因产生的侵权之债，如有，应说明对本次发行上市的影响。

（四）发行人与关联方之间是否存在重大债权债务关系及相互提供担保的情况。

（五）发行人金额较大的其他应收、应付款是否因正常的生产经营活动发生，是否合法有效。

第 41 条　发行人重大资产变化及收购兼并

（一）发行人设立至今有无合并、分立、增资扩股、减少注册资本、收购或出售资产等行为，如有，应说明是否符合当时法律、法规和规范性文件的规定，是否已履行必要的法律手续。

（二）发行人是否拟进行资产置换、资产剥离、资产出售或收购等行为，如拟进行，应说明其方式和法律依据，以及是否履行了必要的法律手续，是否对发行人发行上市的实质条件及本规定的有关内容产生实质性影响。

第 42 条　发行人章程的制定与修改

（一）发行人章程或章程草案的制定及近三年的修改是否已履行法定程序。

（二）发行人的章程或章程草案的内容是否符合现行法律、法规和规范性文件的规定。

（三）发行人的章程或章程草案是否按有关制定上市公司章程的规定起草或修订。如无法执行有关规定的，应说明理由。发行人已在香港或境外上市的，应说明是否符合到境外上市公司章程的有关规定。

第 43 条　发行人股东大会、董事会、监事会议事规则及规范运作

(一)发行人是否具有健全的组织机构。

(二)发行人是否具有健全的股东大会、董事会、监事会议事规则,该议事规则是否符合相关法律、法规和规范性文件的规定。

(三)发行人历次股东大会、董事会、监事会的召开、决议内容及签署是否合法、合规、真实、有效。

(四)股东大会或董事会历次授权或重大决策等行为是否合法、合规、真实、有效。

第 44 条　发行人董事、监事和高级管理人员及其变化

(一)发行人的董事、监事和高级管理人员的任职是否符合法律、法规和规范性文件以及公司章程的规定。

(二)上述人员在近三年尤其是企业发行上市前一年是否发生过变化,若存在,应说明这种变化是否符合有关规定,履行了必要的法律程序。

(三)发行人是否设立独立董事,其任职资格是否符合有关规定,其职权范围是否违反有关法律、法规和规范性文件的规定。

第 45 条　发行人的税务

(一)发行人及其控股子公司执行的税种、税率是否符合现行法律、法规和规范性文件的要求。若发行人享受优惠政策、财政补贴等政策,该政策是否合法、合规、真实、有效。

(二)发行人近三年是否依法纳税,是否存在被税务部门处罚的情形。

第 46 条　发行人的环境保护和产品质量、技术等标准

(一)发行人的生产经营活动和拟投资项目是否符合有关环境保护的要求,有权部门是否出具意见。

(二)近三年是否因违反环境保护方面的法律、法规和规范性文件而被处罚。

(三)发行人的产品是否符合有关产品质量和技术监督标准。近三年是否因违反有关产品质量和技术监督方面的法律法规而受到处罚。

第 47 条　发行人募股资金的运用

(一)发行人募股资金用于哪些项目,是否需要得到有权部门的批准或授权。如需要,应说明是否已经得到批准或授权。

(二)若上述项目涉及与他人进行合作的,应说明是否已依法订立相关的合同,这些项目是否会导致同业竞争。

(三)如发行人是增资发行的,应说明前次募集资金的使用是否与原募集计划一致。如发行人改变前次募集资金的用途,应说明该改变是否依法定程序获得批准。

第 48 条　发行人业务发展目标

(一)发行人业务发展目标与主营业务是否一致。

(二)发行人业务发展目标是否符合国家法律、法规和规范性文件的规定,是否存在潜在的法律风险。

第 49 条　诉讼、仲裁或行政处罚

（一）发行人、持有发行人 5% 以上（含 5%）的主要股东（追溯至实际控制人）、发行人的控股公司是否存在尚未了结的或可预见的重大诉讼、仲裁及行政处罚案件。如存在，应说明对本次发行、上市的影响。

（二）发行人董事长、总经理是否存在尚未了结的或可预见的重大诉讼、仲裁及行政处罚案件。如存在，应说明对发行人生产经营的影响。

（三）如上述案件存在，还应对案件的简要情况作出说明（包括但不限于受理该案件的法院名称、提起诉讼的日期、诉讼的当事人和代理人、案由、诉讼请求、可能出现的处理结果或已生效法律文书的主要内容等）。

第 50 条　原定向募集公司增资发行的有关问题

（一）公司设立及内部职工股的设置是否得到合法批准。

（二）内部职工股是否按批准的比例、范围及方式发行。

（三）内部职工股首次及历次托管是否合法、合规、真实、有效。

（四）内部职工股的演变是否合法、合规、真实、有效。

（五）如内部职工股涉及违法违规行为，是否该行为已得到清理，批准内部职工股的部门是否出具对有关情况及对有关责任和潜在风险承担责任进行确认的文件。

第 51 条　发行人招股说明书法律风险的评价

是否参与招股说明书的编制及讨论，是否已审阅招股说明书，特别对发行人引用法律意见书和律师工作报告相关内容是否已审阅，对发行人招股说明书及其摘要是否存在虚假记载、误导性陈述或重大遗漏引致的法律风险进行评价。

第 52 条　律师认为需要说明的其他问题

本规则未明确要求，但对发行上市有重大影响的法律问题，律师应当发表法律意见。

二、IPO 查验计划

IPO 项目律师需要编制查验计划，下面列示 IPO 项目法律尽职调查中关于发行人主要财产内容模块的查验计划，供读者参考。

查验事项一：发行人现拥有或使用的房产和土地使用权情况。

查验情况如下（见表 4）：

表 4 发行人现拥有或使用的房产和土地使用权情况

编号	事实材料	查验内容	查验方式要求（含替代方式，如有）	落实情况说明（如查验有特殊事项或其他替代方式，务必说明）	查验结论		底稿情况
					基本结论	复核确认意见	
1	发行人及其控股子公司现拥有房产的房产证；购房合同、购房款支付凭证、相关税款缴纳凭证、出让方合法拥有该出让房产的产权证明、房屋占用范围内的土地使用权证，如房产证与土地证二合一，提供不动产权证	发行人及其控股子公司拥有房产的合法性	原件查验	经查验，无特殊事项	发行人合法取得并拥有对公司生产、经营具有重大影响的房产的所有权或使用权，该等财产权属清晰，不存在产权纠纷或潜在纠纷	经复核，发行人合法取得并拥有对公司生产、经营具有重大影响的房产的所有权或使用权，该等财产权属清晰、不存在产权纠纷或潜在纠纷	复印件
2	发行人及其控股子公司现拥有国有土地使用权的土地证、国有土地使用权出让合同、土地使用权转让价款或出让金支付凭证及相关税款缴纳凭证	发行人及其控股子公司拥有国有土地使用权的合法性	原件查验	经查验，无特殊事项	发行人合法取得并拥有对公司生产、经营具有重大影响的土地使用权，该等财产权属清晰，不存在产权纠纷或潜在纠纷	经复核，发行人合法取得并拥有对公司生产、经营具有重大影响的土地使用权，该等财产权属清晰、不存在产权纠纷或潜在纠纷	复印件

续表

编号	事实材料	查验内容	查验方式要求（含替代方式，如有）	落实情况说明（如查验有特殊事项或其他替代方式，务必说明）	查验结论		底稿情况
					基本结论	复核确认意见	
3	发行人及其控股子公司土地、房产所在地的不动产登记中心的查询记录	发行人及其控股子公司拥有土地使用权及房产所有权的合法性	查询并原件查验或函证	经查验，无特殊事项	发行人合法取得并拥有对公司生产、经营具有重大影响的土地、房产的所有权或使用权，该等财产权属清晰，不存在产权纠纷或潜在纠纷	发行人合法取得并拥有对公司生产、经营具有重大影响的土地、房产的所有权或使用权，该等财产权属清晰，不存在产权纠纷或潜在纠纷	原件
4	就发行人及其控股子公司现拥有房产和国有土地使用权情况与相关人员面谈笔录	发行人及其控股子公司现拥有房产及国有土地使用权范围、取得方式、用途及实际使用情况、使用期限、是否存在抵押等他项权利等情况	两个以上律师与相关人员面谈并记录	经查验，无特殊事项	发行人合法取得并拥有对公司生产、经营具有重大影响的土地、房产的所有权或使用权，该等财产权属清晰，不存在产权纠纷或潜在纠纷	发行人合法取得并拥有对公司生产、经营具有重大影响的土地、房产的所有权或使用权，该等财产权属清晰，不存在产权纠纷或潜在纠纷	原件

续表

编号	事实材料	查验内容	查验方式要求（含替代方式，如有）	落实情况说明（如查验有特殊事项或其他替代方式，务必说明）	查验结论		底稿情况
					基本结论	复核确认意见	
5	发行人及其控股子公司现有房产、国有土地使用权的实地调查笔录	发行人及其控股子公司现拥有房产、国有土地使用权情况	律师实地调查并记录	经查验，无特殊事项	发行人合法取得并拥有对公司生产、经营具有重大影响的土地、房产的所有权或使用权，该等财产权属清晰，不存在产权纠纷或潜在纠纷	发行人合法取得并拥有对公司生产、经营具有重大影响的土地、房产的所有权或使用权，该等财产权属清晰，不存在产权纠纷或潜在纠纷	原件
6	至不动产登记中心查询发行人及其控股子公司土地使用权及房屋所有权之权属、抵押等权利限制情况的记录	发行人及其控股子公司土地使用权及房屋所有权的权属情况	查询并原件查验	经查验，无特殊事项	发行人合法取得并拥有对公司生产、经营具有重大影响的土地、房产的所有权或使用权，该等财产权属清晰，不存在产权纠纷或潜在纠纷	发行人合法取得并拥有对公司生产、经营具有重大影响的土地、房产的所有权或使用权，该等财产权属清晰，不存在产权纠纷或潜在纠纷	原件

查验事项二：发行人现拥有的知识产权情况。

查验情况如下（见表5）：

表5　发行人现拥有的知识产权情况

编号	事实材料	查验内容	查验方式要求（含替代方式，如有）	落实情况说明（如查验有特殊事项或其他替代方式，务必说明）	查验结论 基本结论	查验结论 复核确认意见	底稿情况
1	发行人及其控股子公司现拥有的专利证书、专利申请受理通知书及已授权专利之当期专利年费缴付凭证	发行人及其控股子公司拥有专利权的合法性	原件查验	经查验，无特殊事项	发行人合法取得并拥有对公司生产、经营具有重大影响的专利权，该等财产权属清晰，不存在产权纠纷或潜在纠纷	经复核，发行人合法取得并拥有对公司生产、经营具有重大影响的专利权，该等财产权属清晰，不存在产权纠纷或潜在纠纷	复印件
2	发行人及其控股子公司现拥有商标注册证、商标申请受理通知书	对发行人及其控股子公司拥有商标权的合法性	原件查验	经查验，无特殊事项	发行人合法取得并拥有对公司生产、经营具有重大影响的商标的使用权，该等财产权属清晰，不存在产权纠纷或潜在纠纷	经复核，发行人合法取得并拥有对公司生产、经营具有重大影响的商标的使用权，该等财产权属清晰，不存在产权纠纷或潜在纠纷	复印件

续表

编号	事实材料	查验内容	查验方式要求(含替代方式,如有)	落实情况说明(如查验有特殊事项或其他替代方式,务必说明)	查验结论		底稿情况
					基本结论	复核确认意见	
3	发行人及其控股子公司现拥有的著作权证、软件著作权证	发行人及其控股子公司拥有的其他知识产权的合法性	原件查验	经查验,无特殊事项	发行人合法取得并拥有对公司生产、经营具有重大影响的其他知识产权的使用权,该等财产权属清晰、不存在产权纠纷或潜在纠纷	经复核,发行人合法取得并拥有对公司生产、经营具有重大影响的其他知识产权的使用权,该等财产权属清晰、不存在产权纠纷或潜在纠纷	复印件
4	发行人及其控股子公司现拥有的网络域名证书	核查网络域名注册情况	原件查验	不适用	不适用	不适用	不适用
5	发行人及其控股子公司授权他人使用其知识产权的协议(如专利许可协议、商标许可使用协议等)	发行人及其控股子公司授权他人使用其知识产权的情况	原件查验	不适用	不适用	不适用	不适用

续表

编号	事实材料	查验内容	查验方式要求（含替代方式，如有）	落实情况说明（如查验有特殊事项或其他替代方式，务必说明）	查验结论		底稿情况
					基本结论	复核确认意见	
6	查询知识产权主管部门官方网站取得的发行人及其控股子公司知识产权情况的文件	发行人及其控股子公司现有知识产权情况	官网查询并打印查询结果	经查验，无特殊事项	发行人合法取得并拥有对公司生产、经营具有重大影响的其他知识产权的使用权，该等财产权属清晰、不存在产权纠纷或潜在纠纷	经复核，发行人合法取得并拥有对公司生产、经营具有重大影响的其他知识产权的使用权，该等财产权属清晰、不存在产权纠纷或潜在纠纷	原件
7	发行人及其控股子公司对知识产权情况的确认或说明文件	发行人及其控股子公司对现有知识产权拥有完整权利	原件查验	经查验，无特殊事项	发行人合法取得并拥有对公司生产、经营具有重大影响的其他知识产权的使用权，该等财产权属清晰、不存在产权纠纷或潜在纠纷	经复核，发行人合法取得并拥有对公司生产、经营具有重大影响的其他知识产权的使用权，该等财产权属清晰、不存在产权纠纷或潜在纠纷	原件

查验事项三:发行人的长期股权投资情况。

查验情况如下(见表6):

表6 发行人的长期股权投资情况

编号	事实材料	查验内容	查验方式要求(含替代方式,如有)	落实情况说明(如查验有特殊事项或其他替代方式,务必说明)	查验结论		底稿情况
					基本结论	复核确认意见	
1	就发行人现持有的实体权益与相关负责人的面谈笔录	发行人持有权益的实体范围即控股子公司、合营企业、参股公司等	两个以上律师与相关人员面谈并记录	经查验,无特殊事项	发行人目前拥有3家控股子公司,分别为×××、××××和××××	经复核,发行人目前拥有3家控股子公司,分别为××××、×××和×××	原件
2	发行人控股子公司全套工商登记资料,包括发行人控股子公司批准历次股权、注册资本及出资方式变动的董事会决议或股东会决议,批准证书、营业执照等	发行人控股子公司历次股权、注册资本及出资方式变动	原件查验	经查验,无特殊事项	均依法有效存续,不存在根据法律、法规、规范性文件及《公司章程》的规定需要终止的情形	经复核,均依法有效存续,不存在根据法律、法规、规范性文件及《公司章程》的规定需要终止的情形	复印件
3	发行人控股子公司历次股权转让的相关协议、股权转让款支付凭证及相关税款缴纳凭证(如需)	发行人控股子公司历次股权转让相关协议的履行情况、存在纠纷的可能性及完税情况(如需)	工商登记资料查验及原件查验	经查验,无特殊事项	历次股权转让均已实际履行并完成税收缴纳,不存在潜在纠纷	经复核,历次股权转让均已实际履行并完成税收缴纳,不存在潜在纠纷	复印件

续表

编号	事实材料	查验内容	查验方式要求（含替代方式，如有）	落实情况说明（如查验有特殊事项或其他替代方式，务必说明）	查验结论		底稿情况
					基本结论	复核确认意见	
4	发行人控股子公司历次注册资本变动的相关协议、公告、资产负债表、财产清单、通知所有债权人的相关文件及相关税款缴纳凭证（如需）	发行人控股子公司历次注册资本变动相关协议的履行情况、程序的合法性、存在纠纷的可能性及完税情况（如需）	工商登记资料查验及原件查验	经查验，无特殊事项	发行人控股子公司历次注册资本变动均已履行公司法及公司章程所规定的相关程序	经复核，发行人控股子公司历次注册资本变动均已履行公司法及公司章程所规定的相关程序	复印件
5	具有资格的会计师事务所出具的关于发行人控股子公司之历次缴付注册资本的《验资报告》	发行人控股子公司注册资本出资到位与否及股东缴付注册资本出资额的合法性	工商登记资料查验及原件查验	经查验，无特殊事项	根据会计师事务所历次出具的《验资报告》，发行人控股子公司历次的注册资本变动均已实际缴付	经复核，根据会计师事务所历次出具的《验资报告》，发行人控股子公司历次的注册资本变动均已实际缴付	复印件
6	发行人控股子公司自设立以来所有股东的《法人营业执照》或身份证明文件	发行人控股子公司的股东是否依法存续并具有出资的资格	工商登记资料查验及原件查验	经查验，无特殊事项	发行人100%持股下属控股子公司，发行人依法存续并具有出资资格	经复核，发行人100%持股下属控股子公司，发行人依法存续并具有出资资格	复印件

续表

编号	事实材料	查验内容	查验方式要求（含替代方式，如有）	落实情况说明（如查验有特殊事项或其他替代方式，务必说明）	查验结论		底稿情况
					基本结论	复核确认意见	
7	就发行人控股子公司股东持有其股权是否存在股权纠纷、股权代持、权利限制情况与各控股子公司负责人的面谈笔录	发行人控股子公司股东持有其股权是否存在股权纠纷、股权代持、权利限制情况	两个以上律师与相关人员面谈并记录	不适用	不适用	不适用	不适用
8	就发行人控股子公司股东持有其股权是否存在股权纠纷、股权代持、权利限制情况与各控股子公司股东的面谈笔录	发行人控股子公司股东持有其股权是否存在股权纠纷、股权代持、权利限制情况	两个以上律师与相关人员面谈并记录或函证查验	不适用	不适用	不适用	不适用
9	发行人控股子公司及其股东就控股子公司股东持有其股权是否存在股权纠纷、股权代持、权利限制情况出具的确认或说明文件	发行人控股子公司股东持有其股权是否存在股权纠纷、股权代持、权利限制情况	原件查验	不适用	不适用	不适用	不适用

续表

编号	事实材料	查验内容	查验方式要求（含替代方式，如有）	落实情况说明（如查验有特殊事项或其他替代方式，务必说明）	查验结论		底稿情况
					基本结论	复核确认意见	
10	就发行人控股子公司及其股东就控股子公司股东持有其股权是否存在股权纠纷、股权代持、权利限制情况在国家企业信用信息公示系统等网站进行网络核查	发行人控股子公司股东持有其股权是否存在股权纠纷、股权代持、权利限制情况	官网查询并打印查询结果	不适用	不适用	不适用	不适用
11	关于发行人控股子公司股东持有其股权存在股权纠纷或股权代持或权利限制情况的协议	发行人控股子公司股东持有其股权存在股权纠纷或股权代持或权利限制的具体情况	原件查验	不适用	不适用	不适用	不适用

查验事项四：发行人现拥有的主要生产经营设备（包括专用设备、运输设备及通用设备）情况。

查验情况如下（见表7）：

表7 发行人现拥有的主要生产经营设备情况

编号	事实材料	查验内容	查验方式要求（含替代方式，如有）	落实情况说明（如查验有特殊事项或其他替代方式，务必说明）	查验结论		底稿情况
					基本结论	复核确认意见	
1	发行人及其控股子公司主要生产经营设备的购买合同、相关付款凭证	发行人及其控股子公司拥有生产经营设备的合法性及其价值	原件查验	经查验，无特殊事项	发行人合法取得并拥有对公司生产、经营具有重大影响的设备的所有权或使用权，该等财产权属清晰，不存在产权纠纷或潜在纠纷	经复核，发行人合法取得并拥有对公司生产、经营具有重大影响的设备的所有权或使用权，该等财产权属清晰，不存在产权纠纷或潜在纠纷	复印件
2	就发行人及其控股子公司拥有的生产经营设备情况与相关负责人的面谈笔录及确认文件	发行人及其控股子公司拥有的生产经营设备情况	1. 两个以上律师与相关人员面谈并记录 2. 原件查验	经查验，无特殊事项	发行人合法取得并拥有对公司生产、经营具有重大影响的设备的所有权或使用权，该等财产权属清晰，不存在产权纠纷或潜在纠纷	经复核，发行人合法取得并拥有对公司生产、经营具有重大影响的设备的所有权或使用权，该等财产权属清晰，不存在产权纠纷或潜在纠纷	原件

续表

编号	事实材料	查验内容	查验方式要求（含替代方式，如有）	落实情况说明（如查验有特殊事项或其他替代方式，务必说明）	查验结论		底稿情况
					基本结论	复核确认意见	
3	发行人及其控股子公司拥有的生产经营设备的实地调查笔录	发行人及其控股子公司拥有的生产经营设备情况	律师实地调查并记录	经查验，无特殊事项	发行人合法取得并拥有对公司生产、经营具有重大影响的设备的所有权或使用权，该等财产权属清晰、不存在产权纠纷或潜在纠纷	经复核，发行人合法取得并拥有对公司生产、经营具有重大影响的设备的所有权或使用权，该等财产权属清晰、不存在产权纠纷或潜在纠纷	原件
4	至中国人民银行征信中心动产融资统一登记公示系统进行网络查询	发行人及其控股子公司的动产抵质押情况	官网查询并打印查询结果	经查验，无特殊事项	发行人存在将部分动产予以抵押的情况，该等财产权属清晰、不存在产权纠纷或潜在纠纷	经复核，发行人存在将部分动产予以抵押的情况，该等财产权属清晰、不存在产权纠纷或潜在纠纷	原件

查验事项五：发行人及其附属公司财产是否存在产权纠纷或潜在纠纷情况。
查验情况如下（见表8）：

第二章 不同项目法律尽职调查要点

表8 发行人及其附属公司财产是否存在产权纠纷或潜在纠纷情况

编号	事实材料	查验内容	查验方式要求（含替代方式，如有）	落实情况说明（如查验有特殊事项或其他替代方式，务必说明）	查验结论 基本结论	查验结论 复核确认意见	底稿情况
1	就发行人及其控股子公司拥有财产是否存在产权纠纷或潜在纠纷情况与相关负责人的面谈笔录	发行人及其控股子公司拥有财产是否存在产权纠纷或潜在纠纷情况	两个以上律师与相关人员面谈并记录	经查验，无特殊事项	公司合法取得并拥有土地使用权、房屋、机器设备、商标、专利、对外投资等主要财产的所有权或者使用权，该等财产权属清晰，不存在产权纠纷或潜在纠纷	经复核，公司合法取得并拥有土地使用权、房屋、机器设备、商标、专利、对外投资等主要财产的所有权或者使用权，该等财产权属清晰，不存在产权纠纷或潜在纠纷	原件
2	关于发行人及其控股子公司拥有财产之产权纠纷或潜在纠纷的协议及其相关法律文件，包括但不限于起诉状、应诉通知、证据材料、判决书等（如需）	发行人及其控股子公司拥有财产存在产权纠纷或潜在纠纷的具体情况	原件查验	经查验，无特殊事项	公司合法取得并拥有土地使用权、房屋、机器设备、商标、专利、对外投资等主要财产的所有权或者使用权，该等财产权属清晰，不存在产权纠纷或潜在纠纷	经复核，公司合法取得并拥有土地使用权、房屋、机器设备、商标、专利、对外投资等主要财产的所有权或者使用权，该等财产权属清晰，不存在产权纠纷或潜在纠纷	复印件

续表

编号	事实材料	查验内容	查验方式要求（含替代方式，如有）	落实情况说明（如查验有特殊事项或其他替代方式，务必说明）	查验结论		底稿情况
					基本结论	复核确认意见	
3	就发行人及其控股子公司就其财产是否存在产权纠纷或潜在纠纷情形在裁判文书网、执行信息公开网等网站核查	发行人及其控股子公司拥有财产是否存在产权纠纷或潜在纠纷情况	官网查询并打印查询结果	经查验，无特殊事项	公司合法取得并拥有土地使用权、房屋、机器设备、商标、专利、对外投资等主要财产的所有权或者使用权，该等财产权属清晰，不存在产权纠纷或潜在纠纷	经复核，公司合法取得并拥有土地使用权、房屋、机器设备、商标、专利、对外投资等主要财产的所有权或者使用权，该等财产权属清晰，不存在产权纠纷或潜在纠纷	原件
4	发行人及其控股子公司就其财产是否存在产权纠纷或潜在纠纷情形出具的确认文件	发行人及其控股子公司拥有财产是否存在产权纠纷或潜在纠纷情况	原件查验	经查验，无特殊事项	公司合法取得并拥有土地使用权、房屋、机器设备、商标、专利、对外投资等主要财产的所有权或者使用权，该等财产权属清晰，不存在产权纠纷或潜在纠纷	经复核，公司合法取得并拥有土地使用权、房屋、机器设备、商标、专利、对外投资等主要财产的所有权或者使用权，该等财产权属清晰，不存在产权纠纷或潜在纠纷。	原件

查验事项六：发行人主要财产存在担保物权情况。

查验情况如下（见表9）：

表9 发行人主要财产存在担保物权情况

编号	事实材料	查验内容	查验方式要求（含替代方式，如有）	落实情况说明（如查验有特殊事项或其他替代方式，务必说明）	查验结论		底稿情况
					基本结论	复核确认意见	
1	发行人及其控股子公司在其所拥有财产上设立担保物权的相关协议、相关主债权的协议及相关主管部门出具的设立担保物权之登记文件	发行人及其控股子公司所拥有主要财产存在担保物权的情况	原件查验	经查验,无特殊事项	公司拥有的主要财产存在为发行人抵押担保的情况,但不存在为他人设置租赁、抵押、质押或其他形式的第三方权益限制的情形,公司对主要财产行使所有权或使用权不存在法律障碍	经复核,公司拥有的主要财产存在为发行人抵押担保的情况,但不存在为他人设置租赁、抵押、质押或其他形式的第三方权益限制的情形,公司对主要财产行使所有权或使用权不存在法律障碍	复印件
2	发行人及其控股子公司财产担保登记文件,如他项权利证、房屋所有权证上的抵押备注或不动产登记簿相关记载信息	抵押登记情况	原件查验	经查验,无特殊事项	公司拥有的主要财产存在为发行人抵押担保的情况,但不存在为他人设置租赁、抵押、质押或其他形式的第三方权益限制的情形,公司对主要财产行使所有权或使用权不存在法律障碍	经复核,公司拥有的主要财产存在为发行人抵押担保的情况,但不存在为他人设置租赁、抵押、质押或其他形式的第三方权益限制的情形,公司对主要财产行使所有权或使用权不存在法律障碍	复印件

续表

编号	事实材料	查验内容	查验方式要求（含替代方式，如有）	落实情况说明（如查验有特殊事项或其他替代方式，务必说明）	查验结论		底稿情况
					基本结论	复核确认意见	
3	至不动产登记中心查询发行人及其控股子公司所有财产担保物权情况的记录	发行人及其控股子公司所拥有主要财产存在担保物权的情况	查询并原件查验	经查验，无特殊事项	公司拥有的主要财产存在为发行人抵押担保的情况，但不存在为他人设置租赁、抵押、质押或其他形式的第三方权益限制的情形，公司对主要财产行使所有权或使用权不存在法律障碍	经复核，公司拥有的主要财产存在为发行人抵押担保的情况，但不存在为他人设置租赁、抵押、质押或其他形式的第三方权益限制的情形，公司对主要财产行使所有权或使用权不存在法律障碍	原件
4	就发行人及其控股子公司所拥有财产是否存在担保物权与相关负责人的面谈笔录	发行人及其控股子公司所拥有主要财产存在担保物权的情况	两个以上律师与相关人员面谈并记录	经查验，无特殊事项	公司拥有的主要财产存在为发行人抵押担保的情况，但不存在为他人设置租赁、抵押、质押或其他形式的第三方权益限制的情形，公司对主要财产行使所有权或使用权不存在法律障碍	经复核，公司拥有的主要财产存在为发行人抵押担保的情况，但不存在为他人设置租赁、抵押、质押或其他形式的第三方权益限制的情形，公司对主要财产行使所有权或使用权不存在法律障碍	原件

第二章 不同项目法律尽职调查要点

续表

编号	事实材料	查验内容	查验方式要求（含替代方式，如有）	落实情况说明（如查验有特殊事项或其他替代方式，务必说明）	查验结论		底稿情况
					基本结论	复核确认意见	
5	发行人及其控股子公司就其主要财产存在担保物权的情况出具的确认或说明文件	发行人及其控股子公司所拥有主要财产存在担保物权的情况	原件查验	经查验，无特殊事项	公司拥有的主要财产存在为发行人抵押担保的情况，但不存在为他人设置租赁、抵押、质押或其他形式的第三方权益限制的情形，公司对主要财产行使所有权或使用权不存在法律障碍	经复核，公司拥有的主要财产存在为发行人抵押担保的情况，但不存在为他人设置租赁、抵押、质押或其他形式的第三方权益限制的情形，公司对主要财产行使所有权或使用权不存在法律障碍	原件

查验事项七：发行人存在的财产使用情况。

查验情况如下（见表10）：

表10　发行人存在的财产使用情况

编号	事实材料	查验内容	查验方式要求（含替代方式，如有）	落实情况说明（如查验有特殊事项或其他替代方式，务必说明）	查验结论		底稿情况
					基本结论	复核确认意见	
1	发行人及其控股子公司承租他人房产的租赁协议、出租人营业执照或身份证明文件、承租房产之不动产证、主管房产部门出具的房屋租赁登记文件	发行人及其控股子公司承租房产使用权的合法性	原件查验	经查验，无特殊事项	公司通过租赁取得的房屋使用权，该等财产权属清晰、不存在产权纠纷或潜在纠纷	经复核，公司通过租赁取得的房屋使用权，该等财产权属清晰、不存在产权纠纷或潜在纠纷	复印件

续表

编号	事实材料	查验内容	查验方式要求（含替代方式，如有）	落实情况说明（如查验有特殊事项或其他替代方式，务必说明）	查验结论		底稿情况
					基本结论	复核确认意见	
2	发行人及其控股子公司取得他人知识产权的使用权授权协议（如专利许可协议、商标许可使用协议等）、相关协议在知识产权部门办理了登记手续的文件及知识产权使用费支付凭证	发行人及其控股子公司取得之知识产权使用权的合法性	原件查验	不适用	不适用	不适用	不适用
3	就发行人及其控股子公司存在的财产使用关系与相关负责人的面谈笔录	发行人及其控股子公司存在财产使用关系的情况	两个以上律师与相关人员面谈并记录	经查验，无特殊事项	公司通过租赁取得的房屋使用权，该等财产权属清晰，不存在产权纠纷或潜在纠纷	经复核，公司通过租赁取得的房屋使用权，该等财产权属清晰，不存在产权纠纷或潜在纠纷	原件
4	与合同对方的面谈笔录	财产使用相关合同履行情况及是否存在争议及纠纷	两名以上律师面谈并记录	经查验，无特殊事项	公司通过租赁取得的房屋使用权，该等财产权属清晰，不存在产权纠纷或潜在纠纷	经复核，公司通过租赁取得的房屋使用权，该等财产权属清晰，不存在产权纠纷或潜在纠纷	原件

续表

编号	事实材料	查验内容	查验方式要求（含替代方式，如有）	落实情况说明（如查验有特殊事项或其他替代方式，务必说明）	查验结论		底稿情况
					基本结论	复核确认意见	
5	对发行人及其控股子公司拥有的财产及其使用情况进行实地调查的记录	财产使用权是否存在及财产使用情况	实地调查并记录	经查验，无特殊事项	公司通过租赁取得的房屋使用权，该等财产权属清晰、不存在产权纠纷或潜在纠纷	经复核，公司通过租赁取得的房屋使用权，该等财产权属清晰、不存在产权纠纷或潜在纠纷	原件

第四节　债券发行项目

一、债券发行项目尽职调查内容和要点

债券发行项目法律意见书是提交给监管机构用于债券发行的必备申请材料之一，法律意见书在出具的过程中需要律师尽职尽责开展法律尽职调查。故法律尽职调查对债券发行项目而言是一个必需的也是极为重要的环节。

目前，以证监会体系下的公司债为例，监管审核机构并未专门对发债项目法律意见书的格式和内容出台相关法律意见书指引，但对法律意见书至少应当包含的核心内容进行了规定，见于上海证券交易所出台的《上海证券交易所公司债券发行上市审核规则适用指引第1号——申请文件及编制》以及深圳证券交易所出台的《深圳证券交易所公司债券发行上市审核业务指引第1号——申请文件及编制要求》《债券业务办理指南第1号——公开发行公司债券上市预审核业务办理》《债券业务办理指南第2号——非公开发行公司债券挂牌条件确认业务办理》中。这也致使因没有统一制式，不同律师事务所出具的公司债法律意见书在格式和内容上有所差异，但总体而言大同小异。

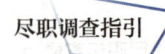

下面将以北京市京师律师事务所出具的证监会体系下拟在深圳证券交易所挂牌转让的城投公司非公开发行公司债（普通私募债，非特殊品种）法律意见书为例对发债项目尽职调查进行阐述。北京市京师律师事务所出具的法律意见书对发行人的主体资格，本次发行的批准和授权，本次发行的主要发行条款，募集资金用途，本次发行的条件，发行人的公司治理和组织架构，关联交易，发行人的主要资产、重大债权债务，发行人的诉讼、仲裁及行政处罚，债券持有人会议及会议规则，债券受托管理人及债券受托管理协议，本次发行的《募集说明书》，本次发行的中介机构及律师认为应当核查的其他事项逐项发表了法律意见。事实上，前述发表法律意见的事项即是发债项目法律尽职调查的内容和领域。这里还有一个值得注意的细节问题，上海证券交易所和深圳证券交易所对于律师在所需发表法律意见的内容方面略有不同，但这些内容都可以纳入前述各个标题对应的模块项下，不影响前述法律意见书的结构和体例。故下文将围绕发表法律意见的各个模块阐释如何开展尽职调查，尽职调查过程中应关注哪些重点问题和应重点搜集哪些资料作为底稿，同时结合尽职调查过程中遇到的常见问题提出整改规范建议。

（一）发行人的主体资格

这一模块主要需要发行人提供工商档案、营业执照和公司章程等资料，并通过譬如国家企业信用信息公示系统及企查查等网站进行网络核查。对于这一模块，主要是梳理发行人的设立及历史沿革有无法律瑕疵，发行人设立的程序、条件、方式等是否符合当时有效的法律、法规和规范性文件的规定。发行人历史沿革是否符合《公司法》等法律、法规和规范性文件的规定。此外，该模块还应对发行人是否有效存续问题进行尽职核查和发表法律意见，是否存在股东会决议解散、因公司合并或者分立需要解散、被行政机关吊销营业执照、责令关闭或者被撤销以及章程规定的营业期限届满或者公司章程规定的其他解散事由出现等使公司无法继续有效存续的事由。

这一模块一般发行人出现的问题较少。在对这一模块进行尽职调查时，重点关注历史沿革中的增减资和股权转让程序的合法合规性。一般而言，《募集说明书》和律师出具的法律意见书在历史沿革部分只列示重大变更事项如增减资和股权转让，经营范围变更及注册地址变更等其他变更事项一般不予列示。

（二）本次发行的批准和授权

这一模块的核查资料主要是发行人提供的公司内部决定发债的董事会决议

(执行董事决定)及股东会决议(股东决定)。律师通过核查发行人提供的董事会决议和股东会决议,来了解本次发债是否已由发行人按照公司章程经内部有权机构决策批准,且董事会已得到股东会或股东有关全权办理本次公司债券发行相关事宜的授权。

同样,这一模块一般发行人出现的问题较少。在对这一模块进行尽职调查时,重点关注董事会决议及股东会决议内容的完备性以及与《募集说明书》发行条款的一致性。

(三) 本次发行的主要发行条款

这一模块主要是援引《募集说明书》的相应内容在法律意见书中行文和发表法律意见,注意法律意见书中的内容和《募集说明书》中的主要发行条款保持一致即可。核查的方式也比较简单,依据发行人、券商提供的《募集说明书》进行核查。

(四) 募集资金用途

以募集资金用途为偿还存量公司债务为例,该模块的核查资料主要是《募集说明书》、审计报告、发行人出具的关于主营业务的说明、发行人出具的关于募集资金用途的说明与承诺以及律师的相关网络核查。

在对这一模块进行法律尽职调查时,重点关注《募集说明书》是否已列明拟偿还存量公司债务的明细,是否已承诺本次所偿还有息债务不涉及地方隐性债务,是否已承诺地方政府对本次债券不承担任何偿债责任,以及是否已承诺本次发行公司债券的募集资金扣除承销费用后,将严格按照约定使用,不涉及新增地方政府债务,不用于转借他人;本次公司债券募集资金用途不用于偿还地方政府债务或者用于公益性项目;本次公司债券募集资金不用于地方政府融资平台;本次公司债券募集资金不直接或间接用于房地产业务等。而这些承诺在列入《募集说明书》的同时,律师也需要让发行人出具这些承诺和相关说明作为此模块的核心底稿。

之所以重点关注上述承诺是否列入《募集说明书》,是因为监管层审核过程中会重点关注发行人与地方政府在债务方面的界限清晰性问题,特别是对于地方城投公司而言更为重要。以《深圳证券交易所公司债券发行上市审核业务指引第 2 号——审核重点关注事项》(2023 年修订)为例,该文件第 36 条规定:由地方政府及其部门、机构直接或者间接控股,且主营业务主要为市政基础设施项目建设与运营、土地一级开发等业务的企业(以下简称市政建设企业)申报发行公司债券,应当符合地方政府性债务管理的相关规定,不得新增政府债务。募集资金用于偿还公司债券以外存量债务的，发行人应当披露拟偿还的存量债务明细，并承诺所偿还的存量债务不涉及地方政府隐性债务。

（五）本次发行的条件

这一模块是法律意见书中的重点模块，需要核查的事项也较多。以向深圳证券交易所申请非公开发行公司债券为例，核查的方式主要是根据《证券法》、《公司债券发行与交易管理办法》（以下简称《管理办法》）、《非公开发行公司债券项目承接负面清单指引》（以下简称《负面清单》）、《债券业务办理指南第2号——非公开发行公司债券挂牌条件确认业务办理》等法律、法规、规范性文件，对发行人发行本次债券的申请条件逐项进行对照和审查，在逐项对照和审查每一项条件时，发行人需要提供原始论证资料。

在论证发行人是否符合《证券法》第15条第1款第1项及《管理办法》第14条第1款第1项的要求即发行人是否具备健全且运行良好的组织机构时，需要发行人提供的尽职调查资料主要是《募集说明书》、《公司章程》、组织架构图、各部门职能介绍及各项内部控制制度、政府主管部门出具的证明等资料。尽职调查关注的重点是发行人三会一层的设置、内部机构的设置、内部控制制度以及公司整体是否运行良好，有无出现重大违法违规情形。当然，在"本次发行的条件"模块论证时，无须详细表述，具体核查情况可详见后面的模块之"公司治理与组织架构"。即在论述体系上可以开辟专章来着重论述公司治理与组织架构部分，并与发行的条件模块形成钩稽关系。

在论证发行人及重要子公司是否存在《证券法》第17条第1项、《管理办法》第15条第1项和《负面清单》第1条第2项规定之情形，即发行人及重要子公司是否存在对已公开发行的公司债券或者其他债务有违约或迟延支付本息的事实，且仍处于继续状态的情形时，需要发行人提供的尽职调查资料主要是《募集说明书》、《审计报告》、《借款合同》、《企业信用报告》、发行人的说明等资料。尽职调查关注的重点是发行人有息负债的履行状态，是否有违约或迟延支付本息且仍处于继续状态的情形，发行人有息负债在《募集说明书》和审计报告中会有列示和说明，律师可在《募集说明书》及审计报告列示的基础上，结合企业信用报告核查发行人企业信用报告是否存在关注类及不良类的信息提示，以及借款合同等融资类合同是否已经到期及若到期后续是否展期等情形。同样，在"本次发行的条件"模块无须详细论述核查情况，可以放在后面的模块"发行人重大债权债务"部分予以详细论述。

在论证发行人及重要子公司是否存在《负面清单》第 1 条第 1 项规定之情形，即发行人及重要子公司最近 24 个月内公司财务会计文件存在虚假记载的情形时，发行人需要提供的尽职调查资料主要是《审计报告》和发行人的说明，在论证是否存在《负面清单》第 1 条第 1 项和《负面清单》第 2 条第 13 项规定之情形，即发行人及重要子公司最近 24 个月内是否存在其他重大违法违规行为时及是否为主管部门认定的存在"闲置土地""炒地""捂盘惜售""哄抬房价"等违法违规行为的房地产公司时，主要是根据发行人提供的政府主管部门的合法合规性证明以及律师的网络核查。开展尽职调查的重点是关注发行人是否存在安全生产、闲置土地和炒地、捂盘惜售、哄抬房价以及重大税收违法行为等安全生产、房地产以及税收监管等领域的重大违法违规行为。

在论证发行人及重要子公司是否存在《负面清单》第 1 条第 3 项规定之情形即发行人及重要子公司存在违规对外担保资金或者被关联方或第三方以借款、代偿债务、代垫款项等方式违规占用，仍处于继续状态的情形时，需要发行人提供的尽职调查资料主要是《募集说明书》，《审计报告》，相应的资金拆借、资金代偿等合同，发行人内部决策程序方面的相关制度文件和会议、审批文件等及发行人的相关说明。尽职调查关注的重点主要是对外担保以及资金拆借的内容及程序是否合法合规。同样，在"本次发行的条件"模块无须详细论述核查情况，可以放在后面的模块"发行人关联交易及重大债权债务"部分予以详细论述。

在论证发行人及重要子公司是否存在《负面清单》第 1 条第 4 项规定之情形，即发行人及重要子公司最近 12 个月内存在因违反公司债券相关规定被证监会采取监管措施，最近 6 个月内因违反公司债券相关规定被证券交易所等自律组织采取纪律处分尚未完成整改的情形时，需要发行人提供的尽职调查资料主要是发行人出具的说明并辅之以律所律师的网络核查。

在论证发行人及重要子公司是否存在《负面清单》第 1 条第 5 项规定之情形，即发行人及重要子公司最近两年内财务报表曾被注册会计师出具保留意见且保留意见所涉及事项的重大影响尚未消除或被注册会计师出具否定意见或无法表示意见审计报告的情形时，需要发行人提供的尽职调查资料主要是《审计报告》和发行人的说明。

在论证发行人及重要子公司是否存在《负面清单》第 1 条第 6 项规定之情形，即发行人及重要子公司存在因严重违法失信行为，被有权部门认定为失信被执行人、失信生产经营单位或者其他失信单位，并被暂停或限制发行公司债券的情形时,需要发行人提供的尽职调查资料主要是发行人出具的说明并辅之以律师在中国执行信息公开网、国家企业信用信息公示系统、信用中国等网站的网络核查。

在论证发行人及重要子公司是否存在《负面清单》第1条第7项规定之情形,即发行人及重要子公司存在擅自改变前次发行公司债券募集资金用途或违反前次公司债券申请文件中所作出的承诺,尚未完成整改的情形时,需要发行人提供的尽职调查资料主要是《募集说明书》和发行人出具的说明。

在论证发行人是否存在《负面清单》第1条第8项及第9项规定之情形,即发行人存在本次发行募集资金用途违反相关法律法规或募集资金投向不符合国家产业政策;除金融类企业外,本次发行债券募集资金用途为持有以交易为目的的金融资产、委托理财等财务性投资,或本次发行债券募集资金用途为直接或间接投资于以买卖有价证券为主要业务的公司的情形时,需要发行人提供的尽职调查资料主要是《募集说明书》和发行人的说明,以发行人募资用途为偿还存量公司债务为例,发行人募资用途为偿还存量公司债务,募集资金用途符合有关法律法规的规定。

在论证发行人是否存在《负面清单》第1条第10项之情形,即本次发行不符合地方政府债务管理规定或者本次发行新增地方政府债务的,发行人需要提供的尽职调查资料主要是发行人出具的说明。

在论证发行人是否存在《负面清单》第1条第11项规定之情形,即本次发行文件存在虚假记载、误导性陈述或重大遗漏时,发行人需要提供的尽职调查资料主要是发行人董监高出具书面确认意见及出具的承诺本次非公开发行公司债券的发行文件不存在虚假记载、误导性陈述或重大遗漏的书面声明。

在论证发行人及重要子公司是否存在《负面清单》第1条第12项规定之情形,即发行人及重要子公司存在严重损害投资者合法权益和社会公共利益的情形时,需要发行人提供的尽职调查资料主要是发行人出具的说明并加之以律师的网络核查,网络核查的方向主要是发行人报告期内的网络舆情以及是否存在涉及严重损害投资者合法权益和社会公共利益的重大违法违规情形。

在论证发行人是否存在《负面清单》第2条第14项、第15项、第16项规定之情形,即发行人属于典当行公司、担保公司、小贷公司时,尽职调查核查的主要资料是发行人出具的说明,律师网络核查的方向主要是发行人的经营范围。

在论证发行人是否符合交易所挂牌转让条件时,尽职调查核查的主要资料是《募集说明书》和发行人出具的说明,以拟在深圳证券交易所挂牌转让为例,核查的方向主要是债券产品结构是否符合深圳证券交易所有关规则的规定,持有人是否符合深圳证券交易所投资者适当性管理规定,是否依法发行且发行完成后将在深圳证券交易所挂牌转让。而《募集说明书》中的本次发行基本条款通常会载明前述核查要点。

(六)发行人的公司治理和组织架构

关于该模块的内容,其实已经在发行的条件部分予以简要论述。该模块的核查资料主要是《募集说明书》、《公司章程》、董监高情况简介、组织架构图、各部门职能介绍及各项内部控制制度、政府主管部门出具的证明等资料并辅之以律师的网络核查。尽职调查关注的重点是发行人三会一层的设置、董监高合法合规性情况、内部机构的设置、内部控制制度以及公司整体运行情形,未出现重大违法违规情形。

特别是关于公司董监高合法合规性情况方面,尽职调查重点在于公司现任董监高任职是否符合《公司法》等相关规定。公司董监高是否存在未了结的重大强制执行案件,是否被列入失信被执行人,是否在最近36个月内受到过中国证监会的行政处罚,是否在最近12个月内受到过证券交易所的公开谴责,是否存在因涉嫌犯罪正被司法机关立案侦查或涉嫌违法违规正被中国证监会立案调查的情形。

(七)关联交易

该模块的核查资料主要是《募集说明书》、工商档案、审计报告、发行人出具的说明。尽职调查的关注重点在于发行人的股权结构是否真实、准确、完整;作为关联方的控股股东是否将持有的发行人股权进行质押,持有发行人的股权是否存在重大权属纠纷;作为关联方的纳入合并报表范围的子公司是否依法设立并有效存续,发行人是否将持有的子公司股权设置质押及持有的子公司的股权是否存在重大权属纠纷;发行人是否存在违规关联担保或资金被控股股东、实际控制人及其他关联方违规占用的情形。

(八)发行人的主要资产

该模块的核查资料主要是《募集说明书》、审计报告、财务报表。尽职调查的关注重点在于发行人的主要资产是否已取得权属证书,发行人是否存在资产受限情形,发行人的主要资产是否存在重大权属纠纷。

(九)发行人的重大债权债务

该模块的核查资料主要是《募集说明书》、审计报告、对外担保合同、债权债务所涉及的重大合同、相关内部决策的会议文件或审批文件等，尽职调查的重点是对外担保的合法合规性，即发行人是否存在违规提供对外担保且仍处于继续状态的情形，其他应收款是否合法合规以及发行人有息负债是否履行正常，是否有违约或到期未偿还本息且仍处于继续状态的情形。

（十）发行人的诉讼、仲裁情况

该模块的核查主要是核查发行人出具的说明、政府主管部门出具的证明并加之以律师的网络核查。其中，诉讼方面，核查的网站主要是中国执行信息公开网、中国裁判文书网；行政处罚方面，核查的网站主要是各政府部门的官方网站，尤其是应急管理、税务、住建、证监会的网络核查。尽职调查的重点是发行人是否存在影响本次债券发行的尚未了结的重大诉讼、仲裁，是否存在可能引发的潜在重大法律风险；发行人是否存在重大违法违规及受处罚的情形；发行人是否存在被监管部门作出限制发行债券的监管决定的情形。

（十一）债券持有人会议及会议规则

该模块的核查资料主要是《募集说明书》和债券持有人会议规则，尽职调查的重点在于债券持有人会议规则主要内容是否已在《募集说明书》进行披露以及是否说明投资者认购本次公司债券视作同意债券持有人会议规则。

（十二）债券受托管理人及债券受托管理协议

该模块的核查资料主要是《募集说明书》和《债券受托管理协议》，尽职调查的重点在于《债券受托管理协议》的主要内容是否符合相关法律、法规、规范性文件规定，是否载有中国证券业协会公布的发行公司债券受托管理协议必备条款；《债券受托管理协议》的主要内容是否已在《募集说明书》进行披露以及是否说明投资者认购本次公司债券视作同意《债券受托管理协议》。

（十三）本次发行的《募集说明书》

该模块主要是对《募集说明书》进行法律方面的评价，核查的方向是《募集说明书》的内容和格式是否符合《证券法》《公司法》《公司债券发行与交易管理办法》以及交易所的相关规定。另外，律师还需对《募集说明书》中直接引用的法律意见发表核查意见，确认《募集说明书》是否存在因引用内容存在虚假记载、误导性陈述或重大遗漏引致的法律风险。

（十四）本次发行的中介机构

该模块的核查资料主要是各中介机构提供的营业执照、业务许可和相关资质以及各中介机构出具的报告期内未被监管部门限制参与债券发行业务活动资格的情形并辅之以律师的网络核查。尽职调查的重点在于各中介机构是否存在被监管部门限制债券承销或参与债券发行业务活动的情形。

(十五) 律师认为应当核查的其他事项

该模块主要是律师的网络核查,通过各网站核查发行人是否存在被列为失信被执行人、重大税收违法案件当事人、安全生产领域失信生产经营单位、环境保护领域失信生产经营单位、电子认证服务行业失信机构、涉金融严重失信人、食品药品生产经营严重失信者、盐业行业生产经营严重失信者、保险领域违法失信当事人、统计领域严重失信企业、电力行业严重违法失信市场主体、国内贸易流通领域严重违法失信主体、石油天然气行业严重违法失信主体、严重质量违法失信行为当事人、财政性资金管理使用领域相关失信责任主体、农资领域严重失信生产经营单位、海关失信企业、失信房地产企业及出入境检验检疫严重失信企业的情形以及是否存在媒体质疑的重大事项。

二、债券发行项目尽职调查清单

尽职调查清单是律师提供给公司的重要资料之一,有了尽职调查清单后,公司才能比较清楚地了解律师需要提供哪些资料。而对于律师而言,尽职调查清单是其为实现法律尽职调查各个内容模块项下要点的核查与查验目的需收集的底稿资料的一个详细呈现,也是开展法律尽职调查的初始环节。下面将列示证监会体系下非公开发行公司债券(私募债)项目的尽职调查清单(见表11),该清单为开展私募债项目的初步尽职调查清单,仅作为读者参考之用。

表11 某城投公司私募债初步尽职调查资料清单

序号	需提供的核心资料	是否已提供	备注
第一章	发行人的主体资格		
1-1	发行人最新的营业执照		
1-2	发行人最新的公司章程		
1-3	发行人自成立以来设立和历次变更的工商档案		
第二章	本次发行的批准和授权		
2-1	本次发行的董事会决议		

续表

序号	需提供的核心资料	是否已提供	备注
2-2	本次发行的股东会决议		
第三章	本次发行的主要条款		
3-1	《募集说明书》		
第四章	本次发债的募资用途		
4-1	发行人关于公司主营业务的说明		
4-2	发行人报告期内土地一级开发合同及委托代建合同		
4-3	发行人关于募资用途的相关承诺		
第五章	本次发行的条件		
5-1	公司最新的组织架构图及各部门职能介绍		
5-2	自然资源局、税务局、发改委等政府主管部门出具的合规说明		
5-3	报告期内最近两年的审计报告及最近一期财务报表		
5-4	发行人最新的企业征信报告		
5-5	发行人历史已发行的债券和债务融资工具情况及履约情况说明		
5-6	发行人截至报告期期末的授信明细表及履约情况		
5-7	发行人借款合同、融资租赁合同等融资负债合同和对外担保合同		
5-8	发行人及重要子公司有关不属于负面清单的说明文件		
第六章	发行人的公司治理和组织架构		
6-1	发行人财务管理制度、对外担保管理制度、重大投融资决策制度、关联交易决策制度、人力资源管理制度、信息披露制度、内部控制规则等制度文件		

续表

序号	需提供的核心资料	是否已提供	备注
6-2	发行人董监高基本情况		
6-3	发行人董监高身份证复印件（网络核查需要用到）		
6-4	发行人董监高任职的股东会决议及董事会决议		
6-5	董事会成员、监事会成员、高级管理人员是否兼职公务员情况的说明		
6-6	董监高关于发行申请文件不存在虚假记载、误导性陈述、重大遗漏等情况的书面声明及关于发行申请文件签署的书面确认意见		
第七章	发行人的关联交易		
7-1	截至报告期期末的纳入合并报表范围全部子公司的基本情况、营业执照、公司章程		
7-2	截至报告期期末发行人的参股公司的基本情况（注册资本、成立日期、经营范围等以列表形式）、营业执照、公司章程		
7-3	关联应收应付款对应合同、记账凭证及内部审批决策程序及所依据的内部管理制度等资料		
第八章	发行人的主要资产		
8-1	房产权属证明、房产清单		
8-2	土地权属证明、土地清单		
8-3	发行人关于资产及资产受限等情况的说明		
第九章	发行人的重大债权债务		
9-1	发行人对外担保的决策文件		
9-2	发行人非经营性往来占款和资金拆借对应的合同等凭证资料		
9-3	发行人非经营往来占款和资金拆借的决策权限（所依据的制度文件）和相关内部决策文件		

续表

序号	需提供的核心资料	是否已提供	备注
9-4	发行人与前五名债务方形成非经营性往来占款和资金拆借的原因、回款相关安排、报告期内回款情况的说明		
9-5	发行人资金拆借合法合规的说明		
9-6	发行人有息负债及债券产品未发生违约或到期未偿付情况的说明		
第十章	发行人的诉讼、仲裁及行政处罚		
10-1	发行人存在尚未了结的或可预见的重大诉讼、仲裁情况说明(若有)		
10-2	发行人报告期因违反工商、税务、审计、环保、海关、劳动用工等部门的相关规定而受到的行政处罚的情况说明(若有)及相关行政处罚决定书		
10-3	发行人最近两年一期的营业外支出明细表		
第十一章	债券持有人会议及会议规则		
11-1	《债券持有人会议规则》		
第十二章	债券受托管理人及受托管理协议		
12-1	《债券受托管理协议》《账户监管协议》《承销协议》		
第十三章	本次发行的《募集说明书》		
13-1	《募集说明书》		
第十四章	本次发行的中介机构		
14-1	本次债券发行承销商的营业执照、经营证券期货业务许可证、报告期内受到监管措施的情况说明		券商提供评级报告公司提供
14-2	信用评级报告、评级营业执照、相关资质及被采取监管措施的情况说明(如有)		其余资料评级公司提供
14-3	会所受到监管措施的情况说明		会所提供

三、债券发行项目尽职调查核查要点清单

债券发行项目尽职调查核查要点清单可用于律师开展法律尽职调查时对尽职调查要点进行梳理,下面以深圳证券交易所私募债为例列示尽职调查核查要点清单(见表12),作为读者参考之用。

表 12　某城投公司 2021 年非公开发行公司债券尽职调查核查要点清单

序号	法律意见书	是否已核查	备注
1	对公司依法存续,不存在法律、法规和公司章程规定需要终止情形的核查意见		
2	对发行人是否履行了法定的内部决策程序发表核查意见		
3	对债券是否符合法定的发行及转让条件逐条发表核查意见		
4	对募集文件披露的发行人股权结构是否真实、准确、完整并履行股权登记手续等程序,所投资公司是否均依法设立并有效存续,发行人是否取得了必要权属证明或其他控制权文件,股权是否存在重大权属纠纷或存在质押等受限情形逐条发表核查意见		
5	对发行人及其子公司的主要资产是否已取得完备权属证书或证明,是否存在重大权属纠纷,是否存在租赁、抵押、质押等权利受限情形逐条发表核查意见		
6	对募集文件所引用法律意见书中的相关内容发表核查意见		
7	对相关中介机构是否符合《公司债券发行与交易管理办法》要求发表核查意见		
8	对增信措施(如有)是否合法有效发表核查意见		

续表

序号	法律意见书	是否已核查	备注
9	对债券持有人会议规则及受托管理协议是否符合《公司债券发行与交易管理办法》《非公开发行公司债券业务管理暂行办法》《公司债券受托管理人执业行为准则》等相关规定发表核查意见		
10	结合证券业协会负面清单指引，对发行人是否属于负面情况范畴逐条发表核查意见		
11	对发行人是否存在未决或者可预见的对其本次发行公司债券具有重大不利影响的法律事项，对本次发行是否构成实质性障碍的潜在法律风险发表意见		
12	发行人是否存在媒体质疑的重大事项		
13	发行人董监高是否涉嫌重大违纪违法		
14	非经营性往来占款或资金拆借行为是否合规发表核查意见		
15	发行人是否存在因严重违法、失信行为被列为失信被执行人、失信生产经营单位或其他失信单位，并被暂停或限制发行公司债券的情形		
16	其他专项核查事项		

四、债券发行项目法律意见书模板

法律意见书是律师开展尽职调查的项目结果，也是尽职调查的终端环节。下面将以深圳证券交易所私募债为例列示债券发行项目法律意见书，仅作为读者参考之用。

北京市京师律师事务所
关于某有限公司
2021年面向专业投资者非公开发行公司债券
之
法律意见书

目　录

第一章　释义

第二章　正文

　一、发行人的主体资格

　二、本次发行的批准和授权

　三、本次债券的主要发行条款

　四、募集资金用途

　五、本次发行的条件

　六、发行人的公司治理和组织架构

　七、关联交易

　八、发行人的主要资产

　九、重大债权债务

　十、发行人的诉讼、仲裁及行政处罚

　十一、债券持有人会议及会议规则

　十二、债券受托管理人及债券受托管理协议

　十三、本次发行的《募集说明书》

　十四、本次发行的中介机构

　十五、律师认为应当核查的其他事项

第三章　结论性意见

致：某有限公司

　　北京市京师律师事务所(以下简称本所)接受某有限公司(以下简称发行人)的委托,担任发行人非公开发行公司债券（以下简称本次债券）的专项法律顾问，就本次债券发行所涉及的有关法律事宜出具本《法律意见书》。为出具本《法律意见书》，本所律师特做如下声明：

1. 本所律师根据《中华人民共和国证券法》《中华人民共和国公司法》《公司债券发行与交易管理办法》《非公开发行公司债券项目承接负面清单指引》（2022年修订）、《深圳证券交易所公司债券发行上市审核业务指引第2号——公司债券审核重点关注事项》（2023年修订）、《深圳证券交易所非公开发行公司债券挂牌规则》（2023年修订）、《债券业务办理指南第2号——非公开发行公司债券挂牌条件确认业务办理》（2019年修订）等有关法律、法规及规范性文件出具本法律意见书。

2. 作为发行人本次发行的专项法律顾问，本所参与了发行人本次发行工作。在工作过程中，本所向发行人提交了发行人应向本所提供的资料清单，并得到了发行人依据该等清单提供的资料、文件和对有关问题的说明，该等资料、文件和说明构成本所出具本法律意见书的基础。

3. 发行人所作出的任何承诺、说明或确认之事项及提供的信息将被本所所信赖，发行人须对其承诺、说明或确认之事项及提供的信息的真实性、准确性及完整性承担责任。发行人所出具的任何承诺、说明或者确认亦构成出具本法律意见书的支持性材料。对于出具本法律意见书至关重要而又无法得到独立的证据支持的事实，本所依赖有关政府部门、发行人、发行人的股东或者其他有关机构出具文件、承诺、说明。本所依据本法律意见书出具日以前已经发生或存在的事实及国家正式公布、实施的法律、法规和规范性法律文件，并基于对有关事实的了解和对法律的理解发表法律意见。

4. 作为本次发行的专项法律顾问，本所及本所律师依据《证券法》、《律师事务所从事证券法律业务管理办法》和《律师事务所证券法律业务执业规则（试行）》等规定及本法律意见书出具日以前已经发生或者存在的事实，严格履行了法定职责，遵循了勤勉尽责和诚实信用原则，进行了充分的核查验证，保证本法律意见书所认定的事实真实、准确、完整，所发表的结论性意见合法、准确，不存在虚假记载、误导性陈述或者重大遗漏，并承担相应法律责任。

5. 本所仅就与本次发行有关的法律问题发表意见，不对会计、审计、信用评级、资产评估、财务分析等法律之外的专业事项，报告发表意见。本法律意见书中对有关财务报表、审计报告、信用评级报告等报告中某些数据和结论的引述，均严格按照有关中介机构出具的专业文件和发行人的说明予以引述，并不表明本所对这些数据、结论的真实性和准确性作出任何明示或默示的保证。对于该等数据、报告，本所以及本所律师并不具备核查和做出评价的适当资格。

6. 本所同意将本法律意见书作为发行人申请本次发行所必备的法律文件，随同其他材料一并上报，并愿意依法对发表的法律意见承担相应的法律责任。

第一章 释　义

除非上下文中另有所指,以下简称在本法律意见书中的含义如下:

1	发行人、公司	指	某有限公司
2	本次发行	指	发行总额不超过××亿元的某有限公司2024年面向专业投资者非公开发行公司债券
3	《募集说明书》	指	《某有限公司2024年面向专业投资者非公开发行公司债券募集说明书》
4	深交所	指	深圳证券交易所
5	《公司法》	指	《中华人民共和国公司法》
6	《证券法》	指	《中华人民共和国证券法》
7	《管理办法》	指	《公司债券发行与交易管理办法》
8	《负面清单》	指	《非公开发行公司债券项目承接负面清单指引》(2022年修订)
9	《审核指引第2号》	指	《深圳证券交易所公司债券发行上市审核业务指引第2号——公司债券审核重点关注事项》(2023年修订)
10	《挂牌转让规则》	指	《深圳证券交易所非公开发行公司债券挂牌规则》(2023年修订)
11	《债券业务办理指南第2号》	指	《债券业务办理指南第2号——非公开发行公司债券挂牌条件确认业务办理》(2019年修订)
12	主承销商、债券受托管理人	指	某证券股份有限公司
13	本所	指	北京市京师律师事务所
14	审计机构	指	某会计师事务所(特殊普通合伙)
15	《公司章程》	指	《某有限公司章程》
16	《审计报告》	指	《某有限公司二〇二二年度审计报告》《某有限公司二〇二三年度审计报告》
17	报告期	指	2022年、2023年及2024年1~3月

第二章 正　　文

一、发行人的主体资格
(一)发行人的基本情况

经核查发行人提供的《营业执照》，并经本所律师查询国家企业信用信息公示系统，发行人持有××市场监督管理局核发的统一社会信用代码为××××的《营业执照》，发行人基本情况如下：

名称	某有限公司
法定代表人	甲
公司类型	有限责任公司(国有独资)
注册资本	××万元人民币
成立日期	××××-××-××
营业期限	××××-××-××至长期
统一社会信用代码	××××
注册地址	××××
经营范围	××××

(二)发行人是依法设立的有限公司

经核查发行人提供的工商档案，发行人成立的情况如下：

1. 名称核准

××××年××月××日，公司取得由某工商行政管理局核发的《企业名称预先核准登记通知书》，同意预先核准企业名称为某有限公司。

2. 批复

××××年××月××日，××××人民政府下发《××××人民政府关于成立某有限公司的批复》(编号：××××)，同意成立某有限公司。

3. 章程

某国有资产管理局和某管理中心于××××年××月××日签署《公司章程》。

4. 验资

某会计师事务所于××××年××月××日出具××验字[××]第××号《验资报告》，载明：经审验，截至××××年××月××日，公司(筹)已收到全体股东缴纳的注册资本合计××万元人民币整。

5. 登记

××××年××月××日,发行人取得某工商行政管理局核发的《企业法人营业执照》。

发行人设立时的股权结构如下表所示:

序号	股东名称	认缴出资额(万元)	出资方式	持股比例(%)
1	某国有资产管理局	××	货币	××
2	某管理中心	××	货币	××
	合计	××××	—	100

经本所律师核查,发行人设立的程序、条件、方式等符合当时有效的法律、法规和规范性文件的规定。

(三)发行人股东和股本沿革情况

根据发行人自某市场监督管理局取得的《企业变更情况表》和工商档案,并经本所律师自国家企业信用信息公示系统平台核查,发行人历次股东和股本变更情况如下:

1. ××××年××月,发行人增加注册资本

××××年××月××日,发行人召开股东会,全体股东一致通过如下决议:

(1)变更公司注册资本,由××万元变更为××万元,增加的××万元注册资本由原股东某国有资产管理局出资500万元。注册资本变更后某国有资产管理局货币出资××万元,某管理中心出资××万元。

(2)通过修改后的公司章程。

××××年××月××日,某会计师事务所出具《验资报告》(编号:××),该报告显示:经审验,发行人于××××年××月××日收到某国有资产管理局缴纳的注册资本××万元,合计增加注册资本××万元人民币(大写:××万元整)。

××××年××月××日,发行人取得某工商行政管理局核发的《企业法人营业执照》。

本次增资后,发行人股权结构如下表所示:

序号	股东名称	认缴出资额(万元)	出资方式	持股比例(%)
1	某国有资产管理局	××	货币	××
2	某管理中心	××	货币	××
	合计	××××	—	100

2. ××××年××月,发行人变更股东

××××年××月××日,发行人召开股东会,全体股东一致通过如下决议:

同意股东某管理中心将其持有的本公司××万元股权,以××万元的价格依法转让给某国有资产管理局,转让后某管理中心退出公司。

××××年××月,发行人股东某国有资产管理局签署变更后的《某有限公司章程》。

××××年××月,发行人取得某工商行政管理局核发的《营业执照》。

本次股权转让后,发行人股权结构如下表所示:

序号	股东名称	认缴出资额(万元)	出资方式	持股比例(%)
1	某国有资产管理局	××××	货币	100
	合计	××××	—	100

3. ××××年××月××日,发行人股东名称由某国有资产管理局变更为某国有资产监督管理局,并取得市场监督管理局的核准

本所律师认为,发行人历次变更符合法律、法规和规范性文件的规定。

（四）发行人依法有效存续

根据发行人提供的工商档案并经本所律师查询国家企业信用信息公示系统,截至本法律意见书出具之日,发行人依法有效存续,不存在因决议解散、因合并或分立而解散、不能清偿到期债务依法被宣告破产及因违反法律、法规被依法吊销营业执照、责令关闭或被撤销等根据法律、法规及公司章程需要终止、解散的情形。

综上,本所律师认为,发行人为在中国境内依法设立并合法存续的有限责任公司,具备申请发行本次债券的主体资格。

二、本次发行的批准和授权

经核查发行人提供的董事会决议、股东会决议等资料,本次发行的批准和授权情况如下:

（一）××××年××月××日,发行人召开董事会会议并作出决议:1.同意某有限公司非公开发行不超过××亿元公司债券。本次公司债券期限不超过××年(含××年)。本次债券所募集的资金将用于偿还公司债务。2.提请公司股东批准本次债券发行,并授权公司董事会全权办理本次债券相关事宜。3.提请公司股东授权董事会在公司出现预计不能按期偿付债券本息或者到期未能按期偿付债券本息时,作出如下决定并采取相应措施:(1)不向股东分配利润;(2)暂缓重大对外投资、收购兼并等资本性支出项目的实施。4.关于发行本次公司债券相关事宜的决议有效期为自董事会决议作出之日起24个月。

（二）××××年××月××日,发行人股东某国有资产监督管理局作出《关于同意×××××有限公司非公开发行公司债券的批复》:1.同意公司非公开发行总规模不超过××亿元、期限不超过××年期的公司债券,募集资金用于偿还公司债务。2.授权公司董事会全权办理本次公司债券相关事宜。3.授权公司董事会在公司出现预计不能按期偿付债券本息或者到期未能按期偿付债券本息时,作出如下决定并采取相应措施:(1)不向股东分配利润;(2)暂缓重大对外投资、收购兼并等资本性支出项目的实施。4.关于本次公司债券相关事宜的批复有效期为出具之日起24个月。

综上,本所律师认为:发行人本次董事会决议、股东决定的表决及决定程序符合法律及公司章程的规定,内容合法、有效。本次债券发行除尚需取得深圳证券交易所的挂牌转让无异议函外,已取得目前所需的合法内部批准和授权。

三、本次债券的主要发行条款

根据《募集说明书》的记载,本次债券的主要发行条款如下:

1. 发行主体:某有限公司。

2. 债券名称:某有限公司 2021 年面向专业投资者非公开发行公司债券。

3. 发行总额:本次债券发行总额不超过(含)××亿元。

4. 债券期限:本次债券期限不超过(含)××年期。

5. 票面金额及发行价格:本次债券面值 100 元,按面值平价发行。

6. 增信措施:本次债券无担保。

7. 债券形式:实名制记账式公司债券。专业投资者认购的本次债券在债券登记机构开立的托管账户托管记载。本次债券发行结束后,债券持有人可按照有关主管机构的规定进行债券转让等操作。

8. 债券利率及其确定方式:本次债券为固定利率债券,票面利率及其确定方式将由发行人和主承销商根据市场询价情况和簿记建档结果确定。债券票面利率采取单利按年计息,不计复利。

9. 发行对象:本次债券发行对象为在中国证券登记结算有限责任公司深圳分公司开立 A 股证券账户的专业投资者。

10. 承销方式:本次债券由主承销商以余额包销的方式承销。

11. 起息日期:本次债券的起息日期为【】年【】月【】日。

12. 兑付及付息的债权登记日:将按照深交所和证券登记机构的相关规定执行。

13. 付息、兑付方式:本次债券按年付息,到期一次还本。本息支付将按照债券登记机构的有关规定统计债券持有人名单,本息支付方式及其他具体安排按照债券登记机构的相关规定办理。

14. 付息日:本次债券存续期内每年的【】月【】日为上一个计息年度的付息日,如遇法定节假日或休息日,则顺延至其后的第 1 个交易日,顺延期间不另计息。

15. 兑付日:本次债券的兑付日为【】年【】月【】日(如遇非交易日,则顺延至其后的第 1 个交易日;顺延期间付息款项不另计利息)。

16. 支付金额:本次债券于每年的付息日向投资者支付的利息为投资者截至利息登记日收市时所持有的本次债券票面总额与票面利率的乘积,于兑付日向投资者支付的本息金额为投资者截至兑付登记日收市时投资者持有的本次债券最后一期利息及所持有的本次债券票面总额的本金。

17. 拟挂牌交易场所:深交所。

18. 募集资金用途：本次债券募集资金扣除发行费用后拟用于偿还公司有息债务。
19. 主承销商、簿记管理人、债券受托管理人：某证券股份有限公司。

综上，本所律师认为，《募集说明书》载明的发行条款符合《债券业务办理指南第 2 号》中有关非公开发行公司债券《募集说明书》内容与格式的要求。

四、募集资金用途

（一）发行人的主营业务

根据《募集说明书》、《审计报告》、发行人出具的《关于公司主营业务的说明》并经本所律师查询国家企业信用信息公示系统，发行人的经营范围为××××。

发行人是某县城市基础设施建设领域的国有企业，其主要职能是承担某县城市基础设施的投资、融资、建设和运营以及国有资产的管理任务。2022 年、2023 年及 2024 年 1～3 月，发行人实现营业收入××亿元、××亿元和××亿元，公司营业收入主要来自××××。

（二）募集资金用途

根据《募集说明书》，本次公司债券募集资金扣除发行费用后，拟将不超过××亿元用于偿还有息债务，发行人承诺所偿还的存量债务不涉及地方政府隐性债务。主要用于偿还拟回售的公司债券，具体情况如下：

债券简称	存续规模（亿元）	起息日	到期日	回售日
××××	××	××××年××月××日	××××年××月××日	××××年××月××日

根据本次债券发行时间和实际发行规模、募集资金到账时间、公司债务结构调整计划及其他资金使用需求等情况，发行人未来可能调整用于偿还到期债务、补充流动资金等的具体金额。

根据《募集说明书》及发行人承诺，发行人承诺募集资金用途符合法律法规和相关规范性文件的要求，严格遵守所审批的募集资金用途。本次发行公司债券不存在新增地方政府债务或由地方政府违规提供担保的情形。

另外，根据《募集说明书》及发行人承诺，本次债券募集资金不转借他人使用，不用于地方融资平台，不用于偿还政府性债务，也不用于不产生经营性收入的公益性项目，不直接或间接用于房地产业务，不被控股股东、实际控制人及关联方违规占用，不用于新股配售、申购，不用于股票及其衍生品种、可转换公司债券等的交易及其他非生产性支出，不用于除国债、政策性银行金融债、地方政府债、交易所债券逆回购等安全性高、流动性好的产品之外的其他金融产品。

综上，本所律师认为，发行人作为城投企业此次举借债务用途符合相关法律、法规、规范性文件规定，不会新增政府债务，符合有关地方政府性债务管理的相关文件要求；发行人亦已披露拟偿还的存量债务的明细,并承诺所偿还的存量债务不涉及地方政府隐性债务,符合有关法律、法规及规范性文件的规定。

五、本次发行的条件

本所律师根据《证券法》《管理办法》《负面清单》《审核指引第 2 号》《挂牌规则》《债券业务办理指南第 2 号》等法律、法规、规范性文件,对发行人发行本次债券的申请条件逐项进行了对照和审查,具体如下:

1.根据《募集说明书》的记载并经本所律师核查发行人《公司章程》、《组织架构图》、《各部门职能介绍》及各项内部控制制度等资料,发行人不设股东会,由××××履行出资人职责。公司设董事会,董事会对出资人负责,依法行使公司的经营决策权。公司设监事会,监事会对出资人负责,监督公司董事、经理和其他高级管理人员依法履行职责。公司设经理一名,经理层对董事会负责,主持企业的生产经营管理工作。

发行人设××××、××××、××××、××××部门,各部门分工明确。发行人建立了与其业务相匹配的健全的内部机构,并制定了相应的内部控制制度。公司整体运行良好,未出现重大违法违规情形。具体核查情况详见本法律意见书第六部分之公司治理与组织架构。

综上,本所律师认为发行人具备健全且运行良好的组织机构,符合《证券法》第 15 条第 1 款第 1 项及《管理办法》第 14 条第 1 款第 1 项的要求。

2.根据《募集说明书》的记载、《审计报告》、《借款合同》、《企业信用报告》、发行人的说明并经本所律师适当核查,发行人及重要子公司不存在对已公开发行的公司债券或者其他债务有违约或迟延支付本息的事实,且仍处于继续状态的情形,不存在《证券法》第 17 条第 1 项、《管理办法》第 15 条第 1 项和《负面清单》第 1 条第 2 项规定之情形。

3.根据《审计报告》和发行人的说明,发行人及重要子公司最近 24 个月内公司财务会计文件不存在虚假记载的情形,不存在《负面清单》第 1 条第 1 项规定之情形。

4.根据发行人的说明及本所律师在应急管理部网站及某省应急管理厅网站的查询结果,截至本法律意见书出具之日,发行人及重要子公司不存在安全生产违法行为,不存在《负面清单》第 1 条第 1 项规定之情形。

5.根据发行人的说明及本所律师在自然资源部网站、住房和城乡建设部网站及某省自然资源厅、某省住房和城乡建设厅网站的查询结果,发行人及重要子公司不存在闲置土地和炒地、捂盘惜售、哄抬房价等重大违法行为,不存在《负面清单》第 1 条第 1 项、《负面清单》第 2 条第 13 项规定之情形。

6.根据发行人的说明及本所律师在国家税务总局、国家税务总局某省税务局网站的查询结果,发行人及重要子公司不存在重大税收违法案件,不存在《负面清单》第 1 条第 1 项规定之情形。

7.根据发行人的说明并经本所律师适当核查,发行人及重要子公司最近 24 个月内不存在其他重大违法违规行为,不存在《负面清单》第 1 条第 1 项规定之情形。

8. 根据《募集说明书》、《审计报告》和发行人的说明并经本所律师适当核查,发行人及重要子公司不存在违规对外担保资金或者被关联方或第三方以借款、代偿债务、代垫款项等方式违规占用,仍处于继续状态的情形,发行人及重要子公司不存在《负面清单》第 1 条第 3 项规定之情形。具体核查情况详见本法律意见书第七章之关联交易及第九章之重大债权债务。

9. 根据发行人的说明并经本所律师适当核查,发行人及重要子公司最近 12 个月内未因违反公司债券相关规定被证监会采取监管措施,最近 6 个月内未因违反公司债券相关规定被证券交易所等自律组织采取纪律处分。发行人及重要子公司不存在《负面清单》第 1 条第 4 项规定之情形。

10. 根据《审计报告》和发行人的说明,发行人及重要子公司最近两年内财务报表未曾被注册会计师出具否定意见或者无法表示意见或保留意见审计报告。发行人及重要子公司不存在《负面清单》第 1 条第 5 项规定之情形。

11. 根据发行人的说明并经本所律师在中国执行信息公开网、国家企业信用信息公示系统、信用中国等网站查询,未发现发行人及重要子公司存在因严重违法失信行为,被有权部门认定为失信被执行人、失信生产经营单位或者其他失信单位,并被暂停或限制发行公司债券的情形。发行人及重要子公司不存在《负面清单》第 1 条第 6 项规定之情形。

12. 根据《募集说明书》的记载和发行人的说明,发行人及重要子公司不存在擅自改变前次发行公司债券募集资金用途或违反前次公司债券申请文件中作出的承诺的情形,不存在《负面清单》第 1 条第 7 项规定之情形。

13. 根据《募集说明书》的记载和发行人的说明,发行人本次公司债券募集资金扣除发行费用后,拟将不超过××亿元用于偿还有息债务。本次债券募集资金用途符合有关法律法规的规定。发行人不存在《负面清单》第 1 条第 8 项、第 9 项规定之情形。

14. 根据《募集说明书》的记载和发行人的说明,发行人承诺本次债券不涉及新增地方政府债务,不用于偿还地方政府债务或违规用于公益性项目建设,地方政府对本次债券不承担任何偿债责任。发行人不存在《负面清单》第 1 条第 10 项规定之情形。

15. 根据发行人董事、监事、高级管理人员出具的书面确认意见及书面声明,承诺和确认本次非公开发行公司债券的发行文件不存在虚假记载、误导性陈述或重大遗漏。经本所律师就发行人发行文件中相关法律内容进行核查,本次发行文件不存在虚假记载、误导性陈述或重大遗漏。发行人不存在《负面清单》第 1 条第 11 项规定之情形。

16. 根据发行人的说明并经本所律师适当核查,截至本法律意见书出具之日,发行人及重要子公司不存在严重损害投资者合法权益和社会公共利益的情形,不存在《负面清单》第 1 条第 11 项规定之情形。

17. 根据发行人的说明,发行人不属于典当行公司,不属于担保公司,亦不属于小贷公司。发行人不存在《负面清单》第 2 条第 14 项、第 15 项、第 16 项规定之情形。

18.根据《募集说明书》,本次债券按年付息,到期一次还本。本次债券为固定利率债券,票面利率及其确定方式将由发行人和主承销商根据市场询价情况和簿记建档结果确定,债券票面利率采取单利按年计息,不计复利。本次债券发行对象为在中国证券登记结算有限责任公司深圳分公司开立 A 股证券账户的专业投资者,本次债券依法完成发行后将在深圳证券交易所挂牌转让。

综上,本所律师认为,发行人本次发行符合《证券法》《管理办法》《挂牌规则》等法律、法规、规范性文件关于非公开发行公司债券的发行与挂牌条件,且不存在《负面清单》规定之情形。

六、发行人的公司治理和组织架构

(一)发行人的法人治理结构

根据《募集说明书》并经本所律师核查发行人的公司章程,某国有资产监督管理局履行出资人职责,某有限公司不设股东会。某有限公司设董事会,董事会由 3 名董事组成,其中职工代表董事 1 名,董事会对出资人负责,依法行使公司的经营决策权。公司设监事会,监事会成员为 5 人,其中职工代表监事 2 名,对出资人负责,监督公司董事、经理和其他高级管理人员依法履行职责。公司设经理 1 名,由董事长兼任,经理层对董事会负责,主持企业的生产经营管理工作。

(二)发行人董监高的任职情况

根据《募集说明书》并经本所律师核查发行人提供的资料,发行人的董事、监事、高级管理人员的基本情况如下:

发行人董事会成员

姓名	性别	年龄	职务	任期
			董事长兼总经理	
			董事	
			董事(职工董事)	

发行人监事会成员

姓名	性别	年龄	职务	任期
			监事会主席	
			监事	
			监事	
			监事(职工监事)	
			监事(职工监事)	

发行人高级管理人员

姓名	性别	年龄	职务	任期

经核查，公司现任董事、监事、高级管理人员任职符合《公司法》等法律、法规、规范性文件的规定。公司董事、监事、高级管理人员不存在未了结的重大强制执行案件，亦未被列入失信被执行人，不存在最近 36 个月内受到过中国证监会的行政处罚，不存在最近 12 个月内受到过证券交易所的公开谴责，不存在因涉嫌犯罪正被司法机关立案侦查或涉嫌违法违规正被中国证监会立案调查的情形。

（三）发行人的组织架构及内部控制

根据《募集说明书》、发行人的说明、《组织架构图》、《各部门职能介绍》、各项内部控制制度并经本所律师适当核查，发行人设××××、××××、××××、××××部门，并建立了一系列内部控制制度，涵盖了××××、××××、××××、××××等公司经营管理的各个方面。公司整体运行良好，未出现重大违法违规情形。

综上，本所律师认为，发行人按照《公司法》的要求，建立了由股东、董事会、监事会、经理组成的法人治理结构体系，公司董监高任职符合《公司法》等相关法律法规的要求，董监高人员未涉及重大违法违规。发行人建立了与其业务相匹配的组织架构，内部控制制度健全，公司整体运行良好，未出现重大违法违规情形。

七、关联交易

（一）关联方及关联关系

1. 控制公司的关联方

截至 2024 年 3 月末，控制某有限公司的关联方为某国有资产监督管理局。

根据《募集说明书》、发行人的说明并经本所律师适当核查，某有限公司是某市人民政府批准成立的国有独资企业，由××××履行出资人职责，出资比例占公司实收资本的 100%，持有发行人 100%的股权，发行人控股股东及实际控制人均为××××。公司控股股东未有将公司股权进行质押的情况，截至本法律意见书出具之日，公司控股股东持有的发行人股权不存在重大权属纠纷。

2. 受公司控制的关联方

截至 2024 年 3 月末，受某有限公司控制的关联方主要是下属 7 家子公司，相关情况请参见下表。

2024 年 3 月末发行人子公司情况

序号	企业名称	注册地址	注册资本（万元）	持股比例(%)	业务性质
1					
2					
3					
4					
5					
6					
7					

根据发行人提供的说明、工商档案并经本所律师适当核查，上述 7 家子公司均依法设立并有效存续，除甲有限公司外，发行人未将其持有的其余 6 家子公司的股权设置质押。截至本法律意见书出具之日，发行人持有的上述 7 家子公司股权不存在重大权属纠纷。

3. 属于同一控制人的关联方

因某有限公司控股股东及实际控制人为×××人民政府国有资产监督管理局，根据《企业会计准则第 36 号——关联方披露》的相关规定，因发行人与其他同受某市人民政府国有资产监督管理局控制的企业因不存在其他关联方关系，故不作为关联方披露。某有限公司应被认定为没有属于同一控制人的关联方。

4. 合营公司及联营公司

截至 2024 年 3 月末，发行人联营企业为×××有限公司、×××有限责任公司。

5. 发行人持有其他公司股权的情况

截至 2024 年 3 月末，发行人持有×××合伙企业(有限合伙)××%股权(第一大股东)、×××合伙企业(有限合伙)××%股权、×××合伙企业(有限合伙)××%股权，根据上述公司设立时签署的《合伙协议》，发行人作为有限合伙人，对上述公司不参与具体经营、不能决定投资等具体业务、不能实现控制，故发行人未将上述公司纳入合并范围及作为联营合营企业。

(二) 关联交易情况

根据《募集说明书》、《审计报告》，发行人的关联交易情况如下。

1. 关联采购与销售情况

存在控制关系且已纳入发行人合并报表范围的子公司，其相互间交易及母子公司交易已作抵销，报告期未发生关联采购与销售情况。

2. 关联担保情况

截至 2024 年 3 月末，发行人本部对下属子公司关联担保金额××万元，占发行人所有者权益的比例为××%。

2024 年 3 月末发行人对子公司担保情况一览表

担保方	被担保方	担保余额（万元）	担保期限	是否履行完毕	借款类型
某有限公司		××		否	银行贷款担保
某有限公司		××		否	银行贷款担保
某有限公司		××		否	银行贷款担保
合计		××××	—	—	—

3. 关联方应收应付款项

发行人 2024 年 3 月末无应收应付关联方款项。

4. 其他关联交易

无。

综上，本所律师认为，募集文件披露的发行人股权结构真实、准确、完整，控股股东未将其持有的发行人的股权设置质押，截至本法律意见书出具之日，控股股东持有的发行人股权不存在重大权属纠纷。发行人主要子公司依法设立、有效存续，除甲有限公司外，发行人未将其持有的其余 6 家子公司的股权设置质押，截至本法律意见书出具之日，发行人持有的主要子公司股权不存在重大权属纠纷。另外，发行人不存在违规关联担保或资金被控股股东、实际控制人及其他关联方违规占用的情形。

八、发行人的主要资产

根据《募集说明书》、《审计报告》、财务报表，截至 2024 年 3 月末，发行人的主要资产如下。

（一）货币资金

发行人货币资金主要包括库存现金、银行存款和其他货币资金。截至 2022 年年末、2023 年年末和 2024 年 3 月末，发行人货币资金分别为×××万元、×××万元和×××万元，在当期流动资产中的占比分别为××%、××%和××%。截至 2024 年 3 月末，其他货币资金账面净值为×××万元，其他货币资金存在受限的情形。

（二）存货

发行人的存货主要由原材料、在产品、库存商品、低值易耗品、土地使用权、工程施工和开发成本构成。截至 2022 年年末、2023 年年末和 2024 年 3 月末，发行人存货分别为×××万元、×××万元和×××万元，在流动资产中所占比例分别为××%、××%和××%。

截至 2024 年 3 月末，存货中土地使用权账面余额占存货比重最大，为××%。存货中的土地使用权类型均为出让,发行人已缴纳足额的出让金,土地用途主要为商服用地。截至 2021 年 3 月末,纳入存货的土地使用权均未设置抵押,且均已取得不动产权证书。

(三)投资性房地产

截至 2022 年年末、2023 年年末和 2024 年 3 月末,发行人投资性房地产分别为××××万元、××××万元和××××万元,在非流动资产中所占比例分别为××%、××%和××%。纳入发行人投资性房地产中的土地使用权和房屋建筑物均已取得权属证明,部分土地使用权和房屋建筑物存在抵押,抵押情况如下表所示:

序号	产权证编号	性质	抵押物地址	面积（平方米）	账面原值（万元）	账面净值（万元）	抵押性质
1		房屋					银行贷款
2		房屋					银行贷款
小计							
3		土地					银行贷款
4		土地					银行贷款
5		土地					银行贷款
小计							
合计							

(四)固定资产

截至 2022 年年末、2023 年年末和 2024 年 3 月末,发行人固定资产分别为×××万元、××××万元和××××万元,在非流动资产中所占比例分别为××%、××%和××%。

(五)在建工程

截至 2022 年年末、2023 年年末和 2024 年 3 月末,发行人在建工程账面净值分别为××××万元、××××万元和××××万元,在非流动资产中所占比例分别为××%、××%和××%。截至 2024 年 3 月末,发行人在建工程存在受限情形,受限在建工程账面净值为×××万元。

序号	土地/房产坐落位置	抵押物名称	面积（平方米）	账面净值（万元）	抵押性质
1		房产			银行贷款
2		房产			银行贷款
3		房产			银行贷款
4		房产			银行贷款
5		房产			银行贷款
6		房产			银行贷款
7		土地			银行贷款
8		房地产			银行贷款

（六）其他非流动资产

截至2022年年末、2023年年末和2024年3月末，发行人其他非流动资产分别为×××万元、×××万元和×××万元，在非流动资产中所占比例分别为××%、××%和××%。

根据发行人的说明并经本所律师适当核查，发行人主要资产均已取得权属证书，除上述已披露的受限资产外，无其他资产受限情形。截至本法律意见书出具之日，发行人主要资产无重大权属纠纷。

综上，本所律师认为，发行人的主要资产已取得权属证书。除货币资金中其他货币资金、投资性房地产中的部分土地使用权和房屋建筑物、部分在建工程存在受限情形外，发行人无其他资产受限情形，截至本法律意见书出具之日，发行人主要资产无重大权属纠纷。

九、重大债权债务

根据《募集说明书》，截至2024年3月末，发行人及下属公司对外担保金额××××万元，占公司所有者权益的××%，具体情况详见下表：

担保方	被担保方	担保金额（万元）	担保期限	是否履行完毕	借款类型
某有限公司	××××有限公司			否	银行贷款担保
某有限公司	××××有限公司			否	银行贷款担保
某有限公司	××××有限公司			否	银行贷款担保
某有限公司	××××有限公司			否	银行贷款担保
某有限公司	××××有限公司			否	银行贷款担保

续表

担保方	被担保方	担保金额（万元）	担保期限	是否履行完毕	借款类型
某有限公司	×××有限公司			否	银行贷款担保
某有限公司	×××有限公司			否	银行贷款担保
某有限公司	×××有限公司			否	银行贷款担保
	合计				

本所律师审查后认为，发行人对外担保履行了公司必要的内部审批程序，发行人不存在违规提供对外担保且仍处于继续状态的情形。

根据《募集说明书》，截至2024年3月末，发行人前五大其他应收款客户情况如下表所示，其中其他应收款中发行人非经营性往来占款和资金拆借款占发行人最近一期期末经审计总资产的比重为2.89%。

2024年3月末发行人前五大其他应收款客户情况

序号	项目	金额(万元)	占2024年3月末账面价值的比例(%)	经营性/非经营性
1	×××有限公司			经营性
2	×××有限公司			经营性
3	乙有限公司			非经营性
4	×××有限公司			经营性
5	×××有限公司			经营性
	合计			—

2024年3月末发行人其他应收款经营性和非经营性分类

项目	金额（亿元）	占比（%）	备注	占总资产比重（%）
经营性其他应收款		××	与业务相关的往来款项	××
非经营性其他应收款		××	与业务无关的往来款项	××
合计		100.00	—	××

发行人对乙有限公司的其他应收款为资金拆借，属于非经营性往来，该笔款项的拆借已按照发行人有关拆借资金的程序经发行人内部审批程序审议通过，不存在外部单位违规占用

发行人资金的行为。另外,发行人承诺,本次债券存续期内将不会有新增非经营性往来占款或资金拆借事项。

根据《募集说明书》、发行人的说明并经本所律师适当核查,截至 2024 年 3 月末,发行人有息负债的借款合同和债券产品履行正常,未有违约或到期未偿还本息仍处于继续状态的情形。截至 2024 年 3 月末,发行人有息债务构成情况如下表所示:

2024 年 3 月末发行人有息债务构成情况

项目	金额(万元)	占比(%)
短期借款		
应付票据		
一年内到期的非流动负债		
应付短期债券	—	—
短期有息债务余额		
长期借款		
应付债券		
融资租赁	—	—
信托借款	—	—
其他非流动负债-有息部分		
长期有息债务余额		
有息债务总余额		

其中,发行人应付债券明细如下表所示:

单位:万元

项目	期限	发行日期	发行金额	2024 年 3 月末账面余额
合计	—		—	

综上,本所律师认为,发行人不存在违规提供对外担保仍处于继续状态的情形。发行人非经营性资金拆借已经内部审批程序审议,不存在资金被第三方以借款、代偿债务、代垫款项等方式违规占用的情形。另外,发行人有息负债的借款合同及债券产品履行正常,未有违约或到期未偿还本息仍处于继续状态的情形。

十、发行人的诉讼、仲裁及行政处罚

(一)发行人的诉讼、仲裁情况

根据本所律师在中国执行信息公开网、中国裁判文书网等网站的查询结果并经发行人确认,截至本法律意见书出具之日,发行人不存在影响本次债券发行的尚未了结的重大诉讼、仲裁。

(二)发行人的行政处罚情况

1. 根据发行人的说明、政府主管部门出具的证明并经本所律师核查应急管理部网站及××省应急管理厅网站,发行人最近 24 个月不存在安全生产方面的重大违法行为。

2. 根据发行人的说明并经本所律师核查自然资源部网站、住房和城乡建设部网站及××省自然资源厅、××省住房和城乡建设厅网站,发行人最近 24 个月内不存在闲置土地和炒地、捂盘惜售、哄抬房价等重大违法行为。

3. 根据发行人的说明及本所律师核查国家税务总局、国家税务总局××省税务局网站,发行人最近 24 个月内不存在重大税收违法案件。

4. 根据发行人的说明并经本所律师适当核查,发行人最近 24 个月内不存在其他重大违法违规及受处罚的情况。

5. 根据发行人的说明及本所律师核查中国证监会网站,发行人最近 24 个月内不存在被监管部门作出限制发行债券的监管决定情形。

综上,本所律师认为发行人不存在尚未了结的影响本次债券发行的重大诉讼、仲裁,亦不存在因行政处罚导致法律、法规禁止发行的情形。

十一、债券持有人会议及会议规则

为了保证债券持有人履行其合法权利,发行人已经与本次债券的受托管理人某证券股份有限公司制定了《债券持有人会议规则》。

经本所律师审阅,《债券持有人会议规则》的主要内容包括:总则,债券持有人会议的权限范围,债券持有人会议的召集,议案的提出与修改,会议的通知、变更及取消,债券持有人会议的召开,债券持有人会议的表决,决议的生效,会议记录及表决机制等内容。

《募集说明书》已披露了《债券持有人会议规则》的主要内容,并且说明投资者认购本次公司债券视作同意《债券持有人会议规则》。

综上,本所律师认为,《债券持有人会议规则》和《募集说明书》披露的《债券持有人会议规则》的主要内容符合《管理办法》等法律、法规及规范性文件的规定。

十二、债券受托管理人及债券受托管理协议

根据发行人与某证券股份有限公司签订的《债券受托管理协议》，发行人聘请某证券股份有限公司担任本次债券的债券受托管理人，并就受托管理事项，发行人的权利和义务，债券受托管理人的职责、权利和义务，报酬及费用，受托管理事务报告，债券持有人的权利与义务，利益冲突的风险防范机制，受托管理人的变更，陈述与保证，不可抗力，违约责任，法律适用和争议解决等主要内容进行了约定。

《募集说明书》已披露了《债券受托管理协议》的主要内容，并且说明投资者认购本次公司债券视作同意《债券受托管理协议》。

综上，本所律师认为，《债券受托管理协议》和《募集说明书》披露的《债券受托管理协议》的主要内容符合《管理办法》和中国证券业协会《公司债券受托管理人执业行为准则》相关规定的要求，载有中国证券业协会公布的发行公司债券受托管理协议必备条款。

十三、本次发行的《募集说明书》

本所律师审阅了《募集说明书》的相关内容，《募集说明书》中载明了本次债券的发行概况、风险因素、发行人的资信状况、增信机制、偿债计划及其他保障措施、发行人基本情况、财务会计信息、募集资金运用、债券持有人会议、债券受托管理人及其他对投资者作出投资决策有重大影响的信息。经查验，《募集说明书》的内容和格式均符合《证券法》《公司法》《管理办法》《债券业务办理指南第2号》等规定。

本所律师已查阅了《募集说明书》，确认《募集说明书》与本所出具的法律意见不存在矛盾。本所律师对《募集说明书》中直接引用的法律意见的内容无异议，确认《募集说明书》不致因所引用内容出现虚假记载、误导性陈述或重大遗漏引致的法律风险。

十四、本次发行的中介机构

（一）本次债券的承销情况

某证券股份有限公司具备担任本次债券主承销商的主体资格。

某证券股份有限公司现持有××市场监督管理局核发的《营业执照》(统一社会信用代码：××××)，类型为其他股份有限公司(上市)，住所为××××，法定代表人为×××，注册资本为××××万元，成立日期为××××年××月××日，营业期限自××××年××月××日至长期，经营范围为××××。

某证券股份有限公司同时持有中国证监会于××××年××月××日核发的《经营证券期货业务许可证》，流水号为××××。

经核查，某证券股份有限公司具备作为本次发行的主承销商的资格，报告期内不存在被监管部门限制债券承销资格的情形。

（二）债券受托管理人

根据《募集说明书》的记载，本次发行的债券受托管理人为某证券股份有限公司，根据本

所律师在中国证券业协会网站的查询结果,某证券股份有限公司为中国证券业协会会员。

(三)本次债券的审计情况

本次发行的审计机构为某会计师事务所。

某会计师事务所持有××市场监督管理局核发的《营业执照》(统一社会信用代码:××××),类型为特殊普通合伙企业,主要经营场所为××××,执行事务合伙人×××,成立日期为××××年××月××日,合伙期限为长期,经营范围为××××。

某会计师事务所现持有××市财政局于××××年××月××日核发的《会计师事务所执业证书》,首席合伙人为×××,经营场所为××××,组织形式为特殊普通合伙,执业证书编号为××××,批准执业文号为京财会许可××××号,批准执业日期为××××年××月××日。

某会计师事务所已于××××年××月××日完成从事证券服务业务会计师事务所备案。

经核查,某会计师事务所具备作为本次发行的会计师的资格,报告期内不存在被监管部门限制参与债券发行业务活动资格的情形。

(四)本次债券的专项法律服务顾问

发行人聘请本所为本次发行提供法律服务并出具法律意见书。

本所现持有北京市司法局于××××年××月××日核发的《律师事务所执业许可证》(统一社会信用代码:××××),准予本所设立并执业。

经核查,本所具备为发行人本次发行提供法律服务的资格并已于××××年××月××日完成从事证券法律业务律师事务所备案,不存在被监管部门限制参与债券发行业务活动资格的情形。

综上,本所律师认为,本次发行的承销机构、会计师事务所、律师事务所不存在被监管部门限制债券承销或参与债券发行业务活动的情形,债券受托管理人由本次发行的承销机构某证券担任,其为中国证券业协会会员,符合《管理办法》等规定。

十五、律师认为应当核查的其他事项

1. 经本所律师在"信用中国"网站(http://www.creditchina.gov.cn)检索查询,发行人未被"信用中国"网站列入异常经营名录或严重失信主体。

2. 经本所律师核查发行人提供的中国人民银行征信报告,发行人不存在信用逾期记录。

3. 经本所律师适当核查,发行人报告期内不存在重大违法违规及因此受到重大行政处罚的情形。

4. 经本所律师在中国执行信息公开网(http://zxgk.court.gov.cn)检索查询,发行人未被列入失信被执行人名单。

5. 经本所律师在国家税务总局(http://www.chinatax.gov.cn)、国家税务总局××省税务局网站、"信用中国"网站(http://www.creditchina.gov.cn)检索查询,发行人不属于重大

税收违法案件当事人。

6. 经本所律师在中国政府采购网(http://www.ccgp.gov.cn/search/cr/)、"信用中国"网站(http://www.creditchina.gov.cn)检索查询,发行人未被列入政府采购严重违法失信人。

7. 经本所律师检索应急管理部网站(https://www.mem.gov.cn/)、××省应急管理厅网站、"信用中国"网站(http://www.creditchina.gov.cn),发行人未被列入安全生产领域失信生产经营单位。

8. 经本所律师检索生态环境部网站(http://www.mee.gov.cn/)、"信用中国"网站(http://www.creditchina.gov.cn),发行人未被列入环境保护领域失信生产经营单位。

9. 经本所律师检索工业和信息化部网站(https://www.miit.gov.cn/)、"信用中国"网站(http://www.creditchina.gov.cn),发行人未被列为电子认证服务行业失信机构。

10. 经本所律师检索中国证监会证券期货市场失信记录查询平台(http://neris.csrc.gov.cn/shixinchaxun/)、"信用中国"网站(http://www.creditchina.gov.cn),发行人未被列为证券期货市场违法违规失信人及涉金融严重失信人。

11. 经本所律师检索国家市场监督管理总局网站(http://www.samr.gov.cn/)、"信用中国"网站(http://www.creditchina.gov.cn),发行人未被列为食品药品生产经营严重失信者。

12. 经本所律师检索中国盐业协会网站(http://www.cnsalt.cn/index.htm)、信用盐业——盐行业信用管理与公共服务平台网站(http://yan.bcpcn.com/website/index.jsp)、"信用中国"网站(http://www.creditchina.gov.cn),发行人未被列为盐业行业生产经营严重失信者。

13. 经本所律师检索国家金融监督管理总局网站(http://www.cbirc.gov.cn/cn/view/pages/index/index.html)、"信用中国"网站(http://www.creditchina.gov.cn),发行人未被列为保险领域违法失信当事人。

14. 经本所律师检索国家统计局网站(http://www.stats.gov.cn/)、"信用中国"网站(http://www.creditchina.gov.cn),发行人未被列为统计领域严重失信企业。

15. 经本所律师检索中国电力企业协会网站(http://www.cec.org.cn/)、"信用中国"网站(http://www.creditchina.gov.cn),发行人未被列为电力行业严重违法失信市场主体。

16. 经本所律师检索商务部网站(http://www.mofcom.gov.cn/)、"信用中国"网站(http://www.creditchina.gov.cn),发行人未被列为国内贸易流通领域严重违法失信主体。

17. 经本所律师检索国家能源局网站(http://www.nea.gov.cn)、"信用中国"网站(http://www.creditchina.gov.cn),发行人未被列为石油天然气行业严重违法失信主体。

18. 经本所律师检索国家市场监督管理总局网站(http://www.samr.gov.cn/)、"信用中国"网站(http://www.creditchina.gov.cn),发行人未被列入严重质量违法失信行为当事人。

19. 经本所律师检索国家财政部网站(http://www.mof.gov.cn/)、"信用中国"网站(http://www.creditchina.gov.cn),发行人未被列为财政性资金管理使用领域相关失信责任主体。

20. 经本所律师检索国家农业农村部网站(http://www.moa.gov.cn)、"信用中国"网站(http://www.creditchina.gov.cn),发行人未被列为农资领域严重失信生产经营单位。

21. 经本所律师检索海关总署网站(http://www.customs.gov.cn/)、"信用中国"网站(http://www.creditchina.gov.cn),发行人未被列为海关失信企业。

22. 经本所律师检索自然资源部(http://www.mnr.gov.cn)、住房和城乡建设部(http://www.mohurd.gov.cn)、××省自然资源厅网站、××省住房和城乡建设厅、"信用中国"网站(http://www.creditchina.gov.cn),发行人未被列为失信房地产企业。

23. 经本所律师检索国家市场监督管理总局网站(http://www.samr.gov.cn)、海关总署网站(http://www.customs.gov.cn/)、"信用中国"网站(http://www.creditchina.gov.cn),发行人未被列为出入境检验检疫严重失信企业。

24. 经本所律师检索交通运输部(https://www.mot.gov.cn/)、"信用中国"网站(http://www.creditchina.gov.cn),发行人不属于严重违法失信超限超载运输当事人。

25. 经本所律师检索人力资源和社会保障部(http://www.mohrss.gov.cn/)、"信用中国"网站(http://www.creditchina.gov.cn),发行人不属于拖欠农民工工资失信联合惩戒对象。

26. 根据发行人出具的说明,并经本所律师适当核查,报告期内,发行人不存在不良网络舆情,未有媒体质疑的重大事项。

综上,本所律师认为,报告期内发行人不存在失信情形,亦不存在重大负面舆情。

第三章　结论性意见

截至本法律意见书出具之日,本所律师认为:

1. 发行人为依法设立、有效存续的有限责任公司,具备本次发行公司债券的主体资格。

2. 除尚需取得深圳证券交易所的无异议挂牌函外,发行人已经取得了发行本次债券所需的批准和授权,该等已经取得的批准和授权合法有效。

3. 本次债券发行方案及条款符合《管理办法》等有关规定。

4. 本次债券发行的《债券受托管理协议》《债券持有人会议规则》符合《管理办法》的有关规定,并包含了证券业协会《公司债券受托管理人执行行为准则》规定的必备条款。

5. 发行人已聘请相关中介机构为本次债券发行提供相应的服务,本次债券发行所涉中介机构均合法成立并在报告期内有效存续,具备为本次债券发行提供相关服务的业务资质。

6.《募集说明书》的基本格式和主要内容符合《管理办法》的要求,《募集说明书》中引用的本法律意见内容适当。《募集说明书》引用的本法律意见的相关内容,与本法律意见并无矛盾之处,不会因引用本法律意见的相关内容而出现虚假记载、误导性陈述或者重大遗漏。

7. 发行人发行本次债券已经具备了《公司法》《证券法》《挂牌规则》《债券业务办理指南

第 2 号》等法律、法规及规范性文件规定的主体资格和实质条件。

本法律意见书经本所经办律师签字并加盖本所公章后生效。

本法律意见书正本五份,无副本。

(以下无正文)

五、债券发行项目相关规制法律文件

律所律师开展法律尽职调查需要回归法律本源,不得脱离相关规制文件而开展尽职调查。律所出具的法律意见书亦是依据相关规制文件而发表。下面将列示债券发行项目开展法律尽职调查和发表法律意见的核心规制法律文件,供读者阅览。

非公开发行公司债券项目承接负面清单指引(2022 年修订)

第一条 为做好非公开发行公司债券的承销业务风险控制,根据《公司债券发行与交易管理办法》等相关法律法规、部门规章、行政规范性文件和自律规则,制定本指引。

第二条 非公开发行公司债券项目承接实行负面清单管理。承销机构项目承接不得涉及负面清单限制的范围。

第三条 中国证券业协会(以下简称协会)负责组织研究确定并在协会网站发布负面清单。

第四条 协会可以邀请相关主管部门、证券交易场所、证券公司及其他行业专家成立负面清单评估专家小组,根据业务发展与监管需要定期或不定期进行评估。

第五条 协会可以组织负面清单评估专家小组对负面清单进行讨论研究,决定调整方案,报中国证券监督管理委员会备案。

第六条 对于最近一年经审计的总资产、净资产或营业收入任一项指标占合并报表相关指标比例超过 30% 的子公司存在负面清单第(一)条至第(七)条及第(十二)条规定情形的,视同发行人属于负面清单范畴。

第七条 本指引由协会负责解释和修订,自发布之日起实施。

附录：

非公开发行公司债券项目承接负面清单

一、存在以下情形的发行人

（一）最近 24 个月内公司财务会计文件存在虚假记载，或公司存在其他重大违法违规行为。

（二）对已公开发行的公司债券或者其他债务有违约或延迟支付本息的事实，仍处于继续状态。

（三）存在违规对外担保资金或者被关联方或第三方以借款、代偿债务、代垫款项等方式违规占用的情形，仍处于继续状态。

（四）最近 12 个月内因违反公司债券相关规定被中国证监会采取行政监管措施，或最近 6 个月内因违反公司债券相关规定被证券交易所等自律组织采取纪律处分，尚未完成整改的。

（五）最近两年内财务报表曾被注册会计师出具保留意见且保留意见所涉及事项的重大影响尚未消除，或被注册会计师出具否定意见或者无法表示意见的审计报告。

（六）因严重违法失信行为，被有权部门认定为失信被执行人、失信生产经营单位或者其他失信单位，并被暂停或限制发行公司债券。

（七）擅自改变前次发行公司债券募集资金的用途或违反前次公司债券申请文件中所作出的承诺，尚未完成整改的。

（八）本次发行募集资金用途违反相关法律法规或募集资金投向不符合国家产业政策。

（九）除金融类企业外，本次发行债券募集资金用途为持有以交易为目的的金融资产、委托理财等财务性投资，或本次发行债券募集资金用途为直接或间接投资于以买卖有价证券为主要业务的公司。

（十）本次发行不符合地方政府债务管理规定或者本次发行新增地方政府债务的。

（十一）本次发行文件存在虚假记载、误导性陈述或重大遗漏。

（十二）存在严重损害投资者合法权益和社会公共利益情形。

二、以下特殊行业或类型的发行人

（十三）主管部门认定的存在"闲置土地""炒地""捂盘惜售""哄抬房价"等违法违规行为的房地产公司。

（十四）典当行。

（十五）未能同时满足以下条件的担保公司：

（1）经营融资担保业务满 3 年；

(2) 注册资本不低于人民币6亿元；
(3) 近三年无重大违法违规行为；
(4) 担保责任余额符合融资担保公司相关管理规定。
(十六) 未能同时满足以下条件的小额贷款公司：
(1) 经省级主管机关批准设立或备案，且成立时间满2年；
(2) 省级监管评级或考核评级最近两年连续达到最高等级。

第五节　私募基金项目

一、私募基金管理人登记项目尽职调查内容和要点

私募基金管理人登记是私募基金管理人发行基金产品的前提条件，在中国证券投资基金业协会(以下简称中基协)登记成功后方能发行基金产品，开展私募融资与投资。

根据《中国基金业协会关于进一步规范私募基金管理人登记若干事项的公告》及其附件《私募基金管理人登记法律意见书指引》，新申请私募基金管理人登记、已登记的私募基金管理人发生部分重大事项变更，需通过私募基金登记备案系统提交中国律师事务所出具的法律意见书。法律意见书对申请机构的登记申请材料、工商登记情况、专业化经营情况、股权结构、实际控制人、关联方及分支机构情况、运营基本设施和条件、风险管理制度和内部控制制度、外包情况、合法合规情况、高级管理人员资质情况等逐项发表结论性意见。《私募基金管理人登记法律意见书指引》实质上已经对法律尽职调查内容进行了规定，下面将围绕《私募基金管理人登记法律意见书指引》的各个模块阐释如何开展尽职调查，尽职调查过程中应关注哪些重点问题和应重点搜集哪些资料作为底稿，同时结合尽职调查过程中遇到的常见问题提出整改规范建议。

(一) 申请机构是否依法在中国境内设立并有效存续

这一模块主要是调取申请机构的工商档案、营业执照和公司章程，并通过譬如国家企业信用信息公示系统及企查查等网站进行核查。对于这一模块，主要是梳理申请机构的设立及历史沿革有无法律瑕疵，是否符合《公司法》等相关规定，是否存在股东会决议解散、因公司合并或者分立需要解散、被行政机关吊销营业执照、责令关闭或者被撤销以及章程规定的营业期限届满或者公司章程规

定的其他解散事由出现等使公司无法继续有效存续的事由。

这一模块一般申请机构出现的问题较少。在对这一模块进行尽职调查时，重点关注历史沿革中的股权转让。中基协就股权转让事宜要求申请机构提交原出资证明（验资报告或银行回单）、股权转让协议、股权转让款银行转账回单或重新出具验资报告。

（二）申请机构的工商登记文件所记载的经营范围是否符合国家相关法律法规的规定

申请机构的名称和经营范围中是否含有"基金管理""投资管理""资产管理""股权投资""创业投资"等与私募基金管理人业务属性密切相关字样，以及私募基金管理人名称中是否含有"私募"相关字样。

这一模块的核查资料主要是申请机构最新的营业执照和最新的公司章程，辅之以国家企业信用信息公示系统及企查查等网站核查。关于这一模块，申请机构一般出现的问题也不多，律师根据公司的名称及经营范围发表意见即可。但要注意的是，申请机构的名称在经营范围方面，应突出私募基金管理主业，不能含有与私募基金管理业务无关的业务，若尽职调查过程中发现上述问题，则需要进行整改规范。至于如何整改规范，根据证监会《关于加强私募投资基金监管的若干规定》，私募基金管理人应当在名称中标明"私募基金""私募基金管理""创业投资"字样，并在经营范围中标明"私募投资基金管理""私募证券投资基金管理""私募股权投资基金管理""创业投资基金管理"等体现受托管理私募基金特点的字样，不得包含与私募基金管理业务相冲突或无关的业务。申请机构的名称不得包含"金融""理财""财富管理"等字样，法律行政法规和中国证监会另有规定的除外，未经批准不得在名称中使用"金融控股""金融集团""中证"等字样，不得在名称中使用与国家重大发展战略、金融机构知名私募基金管理人相同或相似等可能误导投资者的字样，不得在名称中使用违背公序良俗或者造成不良社会影响的字样，对申请机构的名称和经营范围进行了规范。

（三）申请机构是否符合《私募投资基金监督管理暂行办法》第22条专业化经营原则

说明申请机构主营业务是否为私募基金管理业务；申请机构的工商经营范围或实际经营业务中，是否兼营可能与私募投资基金业务存在冲突的业务（此处冲突类业务是指民间借贷、民间融资、融资租赁、场外配资、小额理财、小额借贷、网络借贷信息中介、众筹、保理、担保、典当、房地产开发、交易平台等业务）、是否兼营与"投资管理"的买方业务存在冲突的业务、是否兼营其他非金融业务。

这一模块的核查资料主要是申请机构的财务报告和审计报告、纳税证明、基本银行存款账户、一般银行存款账户以及网络核查，如百度搜索、360搜索、搜狗等搜索引擎，此外，还可通过对申请机构高级管理人员进行访谈的途径进行核查。该部分主要从申请机构经营范围及申请机构提供的相关财务资料进行核查，并辅之以网络核查及高管访谈。由于申请机构未经登记不能开展私募基金业务，所以财务报告等数据体现的营业收入为零，但也不排除申请机构在提交申请登记之前用自有资金进行对外投资或开展其他展业活动。故在进行尽职调查或核查时，应要求申请机构提供自成立以来至尽职调查开展时的财务资料及审计报告，以便从财务角度反映公司是否有开展除募投管退私募投资活动以外的其他业务活动，并同时进行网络核查。若有开展其他业务活动的，应当说明展业的具体情况，并对此事项可能存在影响今后展业的风险进行特别说明。若已存在使用自有资金投资的，应确保私募基金财产与私募基金管理人自有财产之间独立运作，分别核算。

如上所述，该模块尽职调查的重点在于申请机构是否专业化经营以及过往展业情况。故在尽职调查时可让申请机构出具《主营业务承诺函》作为尽职调查底稿之一，承诺公司自成立以来未开展私募基金业务，未来拟开展的业务为私募股权类或私募证券类的基金业务，且成立至尽职调查开展时及存续期内不兼营与私募基金属性相冲突的业务，不兼营与"投资管理"的买方业务存在冲突的业务，亦不兼营其他非金融业务。

（四）申请机构股东的股权结构情况

申请机构是否有直接或间接控股或参股的境外股东，若有，请说明穿透后其境外股东是否符合现行法律法规的要求和中基协的规定。

这一模块的核查资料主要是申请机构提供的工商档案、最新的公司章程、股权结构图、股东的基本工商信息（当股东是法人股东时）或背景资料（当股东是自然人时）等。关于该部分，根据《私募投资基金登记备案办法》，申请机构出资人应当以货币财产出资。出资人应当保证资金来源真实合法且不受制于任何第三方。申请机构应保证股权结构清晰，不应当存在股权代持情形。出资人应具备与其认缴资本金额相匹配的出资能力，并提供相应的证明材料。股权架构方面，申请机构应确保股权架构简明清晰，不应出现股权结构层级过多、循环出资、交叉持股等情形。中基协将加大股权穿透核查力度，并重点关注其是否合法合规。故在尽职调查过程中应重点关注股权代持、股东出资真实性和出资能力以及股权架构层级的合理性等问题。若发现申请机构存在股权代持，应要求申请机构及时进行整改如隐名股东显名化。而关于股东的出资真实性和出资能力问题，根据中基协的相关要求，一方面要上传已实缴部分的出资凭证，另一方面要上传与认缴出资相匹配的出资能力的证明材料。已实缴部分的出资凭证一般为验资报告或者银行回单（优选银行回单），实缴部分的出资来源应为合法真实的自有资金，不能是过桥资金。而出资能力证明的材料方面，根据中基协的相关要求，若是自然人股东，出资能力材料包括：固定资产（非首套房屋产权证）或者其他固定资产价值评估材料；银行账户存款或理财金额，应当提供近半年银行流水及金融资产证明等材料；非自然人出资人的出资能力证明如为经营性收入，则应结合成立时间、实际业务情况、营收情况等论述收入来源合理与合法性，并提供审计报告等证明材料。前述需上传的实缴出资凭证及出资能力证明材料也是该模块尽职调查时应重点搜集的作为底稿的资料。

（五）申请机构是否具有实际控制人

若有，请说明实际控制人的身份或工商注册信息，以及实际控制人与申请机构的控制关系，并说明实际控制人能够对申请机构起到的实际支配作用。

这一模块的核查资料主要是申请机构的工商档案、公司章程、股权结构图、实际控制人和管理人之间的控制关系图及实控人的背景信息（包括个人履历信息、学历学位证书、过往工作经历证明等）。关于该部分，中国证券投资基金业协会的要求是实际控制人应一直追溯至自然人，国有企业或上市公司，金融管理部门批准设立的金融机构、大学及研究院所等事业单位、社会团体法人，受国外金融监管部门监管的机构等。在尽职调查过程中，可能会遇到申请机构存在股权分散难以认定实际控制人的问题，对此，中基协规定在没有实际控制人的情况下，应由其第一大股东承担实际控制人的责任，或者由所有出资人共同指定一名或者多名出资人，按照规定穿透认定并承担实际控制人责任，且满足实际控制人相关要求。另外，在尽职调查过程中，还有可能会遇到申请机构存在实际控制人履历薄弱，如学历不高、工作履历不强等问题。若实际控制人为高中以下学历，则可能会对申请机构私募基金管理人登记构成一定的障碍。

此外，这个模块在核查过程中应注意私募基金管理人的实际控制人为自然人的，除另有规定外，应当担任私募基金管理人的董监高或执行事务合伙人或其委任代表。

(六)申请机构是否存在子公司(持股5%以上的金融企业、上市公司及持股30%以上或担任普通合伙人的其他企业)、分支机构和其他关联方(受同一控股股东、实际控制人、普通合伙人直接控制的金融机构,私募基金管理人,上市公司,全国中小企业股份转让系统挂牌公司,投资类企业,冲突服务机构,投资咨询企业及金融服务企业等)。若有,请说明情况及其子公司、关联方是否已登记为私募基金管理人

这一模块的核查资料主要是申请机构提供的控股股东及实际控制人对外投资情况说明,律师对申请机构进行高管访谈以及在国家企业信用信息公示系统及企查查等网站上开展网络核查。对于该模块,在开展尽职调查时应重点关注子公司、分支机构或关联方工商登记信息等基本资料,相关机构业务开展情况,相关机构是否已登记为私募基金管理人,与申请机构是否存在业务往来等。另外,同质化竞争问题也是尽职调查过程中不容忽视的一个问题,即当申请机构的实际控制人名下存在别的已登记的私募基金管理人时,应当说明设置多个私募基金管理人的目的与合理性、业务方向区别、如何避免同业化竞争等问题。

对于该模块,律师在尽职调查过程中还会遇到一个问题,即申请机构关联方的经营范围中含有与私募基金属性相冲突的业务譬如房地产开发的情形,若经营范围出现与私募基金属性相冲突的业务,并不意味着私募基金管理人登记遇到了实质障碍,或者属于中基协不予登记的情形,此时,根据中基协的相关规定,会要求提交相关主管部门批复文件。

(七)申请机构是否按规定具有开展私募基金管理业务所需的从业人员、营业场所、资本金等企业运营基本设施和条件

这一模块的核查资料主要有员工花名册、劳动合同、社保缴纳凭证、员工个人简历、基金从业资格证、员工的书面声明及承诺、房屋租赁合同及房屋产权证、办公设备清单、验资报告、银行回单等实缴出资凭证、公司账户最新的银行流水及未来6个月的预算预估。

这一模块是尽职调查的重点模块,该模块概括来说就是申请机构的人、财、物问题。人员方面,尽职调查时应重点关注人员数量、兼职、基金从业资格、胜任能力等问题。根据《中国基金业协会关于进一步规范私募基金管理人登记若干事项的公告》等的要求,从事私募证券投资基金业务的各类私募基金管理人,其高级管理人员[包括法定代表人/执行事务合伙人(委派代表)、总经理、副总经理、合规/风控负责人等]均应当取得基金从业资格。从事非私募证券投资基金业务的各类私募基金管理人,至少 2 名高级管理人员应当取得基金从业资格,其法定代表人/执行事务合伙人(委派代表)、合规/风控负责人应当取得基金从业资格。且申请机构全体员工不少于 5 人。根据《私募投资基金管理人内部控制指引》,申请机构员工总人数不应低于 5 人,申请机构的一般员工不得兼职。而高管兼职方面,一般除法定代表人外,其他人员不得对外兼职,若有高管兼职的情形,中基协明确规定了高管不得在非关联的私募机构兼职、不得在从事与私募属性相冲突业务机构中兼职或者成为其控股股东、实际控制人、普通合伙人。另外,最关键的一点,便是中基协要求申请机构全体员工须具有与其岗位相匹配的专业胜任能力,对于法定代表人、高级管理人员、执行事务合伙人或其委派代表还要求上传相关经验资料。以私募股权类为例,中基协要求申请机构提供负责投资管理的高级管理人员提供最近 10 年内至少 2 起主导投资于未上市企业股权的项目经验,投资金额合计不低于 3000 万元人民币且至少应当由 1 起项目通过首次公开发行股票并上市、股本导购或者股权转让等方式退出,或者其他符合要求的投资业绩。而这些过往经验证明也成为该模块需要搜集整理的尽职调查核心底稿。财力方面,在股权结构模块有关出资人实缴出资及出资能力证明中已有所涉及,只是该模块尽职调查的侧重点在于申请机构现有银行账户内的资金是否能够覆盖未来一段时间运营的成本支出。至于物力方面,可根据财务资料并辅之以申请机构提供的办公设备清单来核查办公设备情况。

(八)申请机构是否已制定风险管理和内部控制制度

对于该模块,律师在开展尽职调查时主要核查申请机构是否已经根据其拟申请的私募基金管理业务类型建立了与之相适应的制度,包括运营风险控制制度,信息披露制度,机构内部交易记录制度,关联交易管理制度,防范内幕交易及利益输送制度,业务隔离制度,保障资金安全制度,投资业务控制制度,适当性外包控制制度,私募基金宣传推介及募集制度以及适用于私募证券投资基金业务的从业人员买卖证券申报制度等配套管理制度。该模块的制度文件一般由申请机构自行拟定或者律所提供相关模板给申请机构后,申请机构进行相应修改与调整,而这些制度文件除了上传中基协资管平台系统外,也是该模块律所律师开展尽职调查需要留存的核心底稿。

(九)申请机构是否与其他机构签署基金外包服务协议,并说明其外包服务协议情况,是否存在潜在风险

关于该模块,申请机构根据自身实际情况向律师提供基金外包服务协议,如果有签署,则提供,如果没签署,则无须提供。实践中,大多数申请机构都没有此协议,因为其他机构一般是券商,在申请机构未成功登记前,一般不会与申请机构签署基金外包服务协议。

对于该模块,中基协一般都鼓励并建议申请机构与专业的服务机构签署基金外包服务协议,特别是申请机构自身服务实力不是足够强大的情况下。故若律师在尽职调查时遇到申请机构未签署基金外包服务协议的情况,则可要求申请机构出具《关于外包服务的承诺函》,承诺申请机构此时未与其他机构签署基金外包服务协议(包括提供销售、销售支付、份额登记、估值核算、信息技术系统等业务的服务)。此后业务开展中如有需要,申请机构将与在中国证券投资基金业协会备案的外包机构签署外包服务协议,并且制定相应的风险管理框架及制度,严格按照《私募投资基金服务业务管理办法(试行)》等规定开展业务外包服务。同时将该承诺函纳入该模块尽职调查的核心底稿资料。

(十)申请机构的高级管理人员是否具备基金从业资格,高管岗位设置是否符合中基协的要求

高级管理人员包括法定代表人执行事务合伙人委派代表、总经理、副总经理(如有)和合规风控负责人等。

本部分在开展尽职调查时主要核查高管身份证扫描件、基金从业资格证、学历学位证明文件、劳动合同及社保缴纳记录、高管诚信状况承诺函、个人征信报告、负责投资的高管投资管理经验证明等。关于投资管理经验证明,以私募股权类为例,则要求申请机构提供过往投资项目的托管行的相关项目资料、《募集说明书》、上市成功退出的资料或公告、曾经任职公司加盖公章的投资项目职位和投资项目投资及退出情况说明等,前述资料一般要求有该高管的相关签字,这样能够形成完整的证明链。

(十一)申请机构是否受到刑事处罚、金融监管部门行政处罚或者被采取行政监管措施;申请机构及其高级管理人员是否受到行业协会的纪律处分;是否在资本市场诚信数据库中存在负面信息;是否被列入失信被执行人名单;是否被列入全国企业信用信息公示系统的经营异常名录或严重违法企业名录;是否在"信用中国"网站上存在不良信用记录等

本部分主要通过网络工具进行核查。主要核查网站为裁判文书网、中国证监会官网、中国证券投资基金业协会网站、证券期货市场失信记录查询平台、中国执行信息公开网、"信用中国"、国家企业信用信息公示系统等。如果尽职调查过程中发现申请机构被列入国家企业信用信息公示系统严重违法失信企业名单或者申请机构的高级管理人员最近三年存在重大失信记录，或最近三年被中国证监会采取市场禁入措施的，中基协将不予登记。

另外，还可以借助百度、360、搜狗微信、新浪微博等搜索引擎和平台查询申请机构是否存在不良舆情，是否在进行登记前就已经发行私募基金，是否存在公开募集、向非合格投资者募集的情形等，如果存在不良舆情中基协可能会劝退，而如果存在登记之前就已经发行私募基金，并且存在公开募集、向非合格投资者募集的情形，中基协将不予登记。

(十二) 申请机构最近三年涉诉或仲裁的情况

本部分主要通过网络核查、高管访谈及申请机构提供相关诚信情况承诺函进行核查。网站主要是中国裁判文书网、中国执行信息网以及人民法院公告网。此外，在开展该部分核查时，律师会发给申请机构诚信信息承诺函，申请机构根据实际情况进行填写，其中有一项便是申请机构最近三年是否涉诉讼或仲裁。

(十三) 申请机构向中基协提交的登记申请材料是否真实、准确、完整

关于这个模块，其实质是中基协在要求申请机构进行材料无虚假承诺的同时，要求律所进行信用背书。对此，为防范风险，律师亦应核查申请机构在资管平台管理系统填报的信息是否与提供给律所的相关资料相吻合，而不是凭空臆造。

(十四) 经办执业律师及律师事务所认为需要说明的其他事项

关于该模块，在开展尽职调查时，律师通常会让申请机构提供商业计划书等可以论证其具有真实展业需求的资料作为底稿资料，并在法律意见书中列明申请机构提供的商业计划书或者拟投项目合作框架协议的内容进行阐释说明。

二、私募基金管理人重大事项变更项目尽职调查内容和要点

根据《私募投资基金登记备案办法》的相关规定，私募基金管理人的控股股东、实际控制人、普通合伙人等发生变更的，私募基金管理人应当自变更之日起30个工作日内向协会履行变更手续，提交专项法律意见书，就变更事项出具法律意见。

私募基金管理人实际控制权发生变更的，应当就变更后是否全面符合私募基金管理人登记的要求提交法律意见书，协会按照新提交私募基金管理人登记的要求对其进行全面核查。股权、财产份额按照规定进行行政划转或者变更，或

者在同一实际控制人控制的不同主体之间进行转让等情形,不视为实际控制权变更。私募基金管理人的实际控制权发生变更的,变更之日前12个月的管理规模应当持续不低于3000万元人民币。

据此可知,私募基金管理人重大事项变更譬如实际控制权发生变更的,协会将按照新提交私募基金管理人登记的要求对其进行全面核查,故对于该类项目比照前述私募基金管理人登记项目尽职调查内容和要点进行,对此不再赘述。

三、私募基金产品备案项目

私募基金产品备案无须律师出具法律意见书,律师可以为私募基金管理人提供专项法律顾问服务,服务内容主要是制作相关备案文件,包括《募集说明书》、基金合同(合伙协议)、风险揭示书、投资者风险承受能力测评问卷、合格投资者承诺函等。

四、私募基金管理人登记尽职调查清单

尽职调查清单是律师提供给公司的重要资料之一,有了尽职调查清单后,公司才比较清楚地了解律师开展尽职调查需要其提供哪些资料。对于律师而言,尽职调查清单是其为实现尽职调查各个内容模块项下要点的核查和查验目的需收集的底稿资料的一个详细呈现,也是开展法律尽职调查的初始环节。下面将列示私募基金管理人登记项目的尽职调查清单,该清单为开展私募基金管理人登记项目的尽职调查清单,仅作为读者参考之用。

关于××××有限公司
私募基金管理人登记的法律尽职调查清单

敬启者:

　　作为某有限公司(以下简称公司)本次私募基金管理人登记的特聘专项法律顾问,本所现根据《私募投资基金登记备案办法》《中国基金业协会关于进一步规范私募基金管理人登记若干事项的公告》等相关法律、法规和中国证券投资基金业协会的自律规则的规定对公司

相关事项进行法律尽职调查，敬请公司予以协助和配合。

[声明]

1. 公司向本所提供的文件、资料或材料，或者对有关问题作出的说明、确认，均将被本所依赖，并构成本所出具尽职调查报告、法律意见书等法律文件的依据。公司应当保证所提供的文件、资料或材料，或者对有关问题作出的说明、确认，均是真实的、准确的、完整的，并对此承担法律责任。

2. 公司向本所提供的贵公司所属的企业以及其他相关单位、关联单位的一切材料视为经过相应单位的同意。

3. 本所律师将恪守职业道德和保密约定，对接收的商业信息予以保密。

[说明]

1. 请公司以某有限公司作为填写主体并代表贵公司的附属公司以及其他相关单位[①]、关联单位提供相关材料和作出相关说明。

2. 为规范文件的整理，敬请公司统一使用 A4 纸复印本清单中所列明的相关材料，并在复印件上加盖公司公章，以备本所存档。

3. 清单中列示的材料请按照各部分的先后顺序分别单独整理提供，如有重复，请提供一份即可，并对其余部分作出相应的援引说明；在复印资料过程中，字迹必须清晰可辨；除非特别明示，应提供的复印资料包括该资料的全部内容，即包括自首页至末页的全部内容，不要少印、漏印。

4. 在提供材料时，敬请公司依据文件提供情况在本清单"提供情况"一栏标注：已提供：√；待后续提供：○；无法提供或不适用：×；需要特别说明的：请直接在清单上"备注"栏备注或以反馈稿附件的形式说明。

5. 公司在阶段性提供材料并完成本清单后，请在加注的清单上加盖公司公章，并将加盖公章和所附的清单发回本所。

6. 如本次调查的公司项下有多家公司，请按本清单的要求，分别提供相关文件和信息。

7. 尽职调查是一个持续的过程。随着尽职调查的不断深入，我们可能会根据需要要求公司提供进一步的文件和信息。

在准备文件资料过程中，如有任何问题，请随时联系我们，谢谢！

北京市京师律师事务所
2023 年　月　日

法律尽职调查清单

已提供:√;待后续提供:○;无法提供或不适用:×

编号	文件	提供情况	备注
一	证明公司有效设立并存续的相关材料		
注:其中第1.1~1.3项,可通过向各公司所在地的市场监督管理局复印全套工商档案文件的方式获取。			
1.1	公司基本工商信息		
1.2	公司设立的文件		
1.3	公司变更的文件		
1.4	公司成立时的出资协议、合作协议等其他资料(注:该部分资料系对第1.1~1.3项工商档案中未存档资料的补充)		
1.4.1	现行有效的公司章程;现行有效的营业执照、银行开户信息、国有资产产权登记证(如有);企业信用报告		
1.4.2	公司股权结构图(需层层穿透,且披露至实际控制人)		
1.4.3	注册资本出资方面,请提供验资报告或者股东打款的银行凭证,实收资本进入公司账户之日起公司的银行流水即往来账的清单		
1.4.4	公司自设立以来发生的历次股权转让(包括未在工商部门登记的股权转让)的转让协议及对价款支付凭证(银行流水、受让方收款单据等)及税款支付凭证(如有)		
1.4.5	是否存在股东委托持股、信托持股职工持股会或类似安排,如有,请提供相关资料、协议;若无,请提供股东股权无代持承诺函		
二	公司的业务范围、主营业务、服务外包相关材料		
2.1	公司实际所经营业务范围(包括主营业务和兼营业务)的详细说明[2]		
2.2	公司最近1年内十大合同(以合同标的大小为依据)		
2.3	公司自成立至今经审计的财务报表		

续表

编号	文件	提供情况	备注
2.4	公司与其他机构签署的基金外包服务的全套协议(含销售支付、份额登记、估值核算、信息技术系统等业务的服务)及外包服务模式的详细说明;外包服务费用支付凭证(如有)		
三	**证明公司具备开展业务条件的相关材料**		
3.1	公司所有或租赁的物业清单。如为自有物业,请一并提供最新的产权证等权属证明文件,若该等物业存在抵押等权利负担的,一并提供相应的抵押合同及不动产登记中心档案查询生成信息;如为租赁物业,请一并提供租赁合同及最近一期的租赁费用支付凭证及完税证明,物业所有人最新的房产证等权属证明文件		
3.2	公司用于开展基金管理业务的办公设备、相关分析工具、平台软件等的清单及采购合同和价款支付凭证(发票或银行流水单等)		
3.3	公司若存在资产管理业务经历的,提供相应的业绩证明材料(如管理人报告)		
四	**公司股东(包括境外股东[③])的相关材料**		
4.1	公司目前的股东名册,至少应包含股东名称、持股数额、持股比例、出资方式、认缴金额和实缴金额等情况。另外,出资能力证明材料方面,若为自然人的,出资人的出资能力证明包括固定资产(非首套房屋产权证)、非固定资产(银行账户存款或理财产品),应当提供近半年银行流水及金融资产证明。若为非自然人出资人的,则应提供审计报告等证明材料		
4.2	如为境内股东,提供以下材料		
4.2.1	如为企业,提供企业营业执照、现行有效的公司章程及章程修正案或合伙协议(适用于合伙企业)		
4.2.2	如为自然人,提供身份证复印件、股东简历(至少包括姓名、性别、国籍、出生年月日、学习经历、学历学位证书、文化程度、职称、基金从业资格情况、工作经历、参加培训情况及其对外投资情况等)		
4.3	如为境外股东,提供以下材料		

续表

编号	文件	提供情况	备注
4.3.1	如为企业,提供设立批准文件(如有)		
4.3.1.1	依法设立并合法存续的全套注册材料(经公证认证)、从事资产管理业务的牌照(如有)		
4.3.1.2	由企业股东所在地律师出具的最近三年未受到监管机构或者行政机关处罚的法律意见书或其他同等效力的证明文件		
4.3.1.3	证明实缴注册资本审计报告或其他同等效力的证明文件		
4.3.2	如为自然人,提供所在国或地区的合法身份证件,如护照或其他同等效力证件、外汇登记证及由自然人股东所在地律师出具的最近三年未受到重大刑事、行政处罚的法律意见书或其他同等效力的证明文件		
五	**公司控股股东和实际控制人④相关材料**		
5.1	控股股东和实际控制人⑤基本情况文件[自然人请提供身份证/护照及个人简历,法人或其他组织请提供最新营业执照、现行有效的公司章程及最新工商档案登记信息(企业登记基本情况表),如与第四部分重复,仅提供一份即可;以及其对外投资情况]		
5.2	若公司的实际控制人为一致行动人的,提供一致行动协议或其他证明存在一致行动行为的材料(如存在亲属关系的证明材料)		
六	**公司的分公司、子公司及关联企业材料**		
6.1	公司的分支机构、子公司⑥、关联方⑦现行有效的营业执照及其现行有效的公司章程及章程修正案(如有)		
6.2	公司的分支机构、子公司、关联方实际业务开展情况说明		
6.3	公司的分公司、子公司及关联企业是否登记为私募基金管理人的说明(可以统计表的形式说明),并提供相关登记文件		
6.4	公司的分公司、子公司及关联企业与公司的业务往来情况说明		

续表

编号	文件	提供情况	备注
七	**公司所管理基金的相关材料(如有,请提供)**		
7.1	公司所管理基金情况的总体说明,包括所管理基金的名称、类别,所管理基金的总规模,管理人员配置情况(至少包括管理资格、管理经验、分工等情况)		
7.2	如果基金形式为公司制或合伙企业制,则提供全套工商档案,具体要求同第1.1~1.4项,如为契约型基金,则提供基金合同及其他证明基金成立的文件		
7.3	各只基金实际投资范围的详细说明		
7.4	各只基金已经取得的纸质或电子版备案证明		
7.5	如无所管理的基金,请提供公司展业计划以及拟发行的产品信息		
八	**证明公司高管及从业人员资格的材料**		
8.1	公司高级管理人员[①]名单,高级管理人员本人亲自填写《高管信息调查表》		
8.2	请公司按部门提供现有员工花名册[含员工构成,说明该员工所从事工作岗位、用工关系形式(劳动合同/派遣/劳务/外包等)],并在花名册中加注一项"是否具备基金从业资格";请提供所有员工简历		
8.3	公司法定代表人/执行事务合伙人(委派代表)、合规/风控负责人及其他高级管理人员、其他基金从业人员的基金从业资格成绩合格证		
8.4	公司与全部人员首次及最近一次签订的劳动合同或聘用合同复印件(如有重合,提供一份即可)		
8.5	公司最近一年或自设立之日起至提供材料之日止的社会保险缴纳申报表及缴纳凭证		
8.6	说明高级管理人员是否受到行业协会的纪律处分;是否在资本市场诚信数据库中存在负面信息;是否被列入失信被执行人名单;是否存在尚未了结或潜在的重大诉讼、仲裁(以及在说明中一并阐述高管是否符合《公司法》等关于高管的任职要求)		

续表

编号	文件	提供情况	备注
8.7	公司高级管理人员的身份证复印件、简历、学历学位证书、基金从业资格证、职称证书(如有)、劳动合同及社保证明、无犯罪记录证明、个人信用报告(如与前部分重复,仅提供一份即可)		
8.8	高管的兼职情况;兼职高管需提供所在全职单位的同意兼职函;高管兼职所在公司的基本情况以及业务开展情况说明		
8.9	负责投资的高级管理人员投资管理经验证明,请提供最近10年内至少2起主导投资于未上市企业股权的项目经验,投资金额合计不低于3000万元人民币且至少应当由1起项目通过首次公开发行股票并上市、股本回购或者股权转让等方式退出,或者其他符合要求的投资业绩;申请机构高级管理人员、团队员工在其岗位或私募投资基金领域具备专业能力的证明材料。其他人员提供与其所任职岗位相匹配的胜任能力说明		
九	**公司风险管理及内部控制制度材料**		
9.1	公司治理结构⑨(包括人员安排)和组织架构		
9.2	公司股东会、董事会、监事会议事规则、总经理工作细则等基本治理制度文件		
9.3	1.运营风险控制制度(必备,上传) 2.信息披露制度(必备,上传) 3.机构内部交易记录制度(必备,上传) 4.防范内幕交易、利益冲突的投资交易制度(必备,上传) 5.合格投资者风险揭示制度(必备,上传) 6.合格投资者内部审核流程及相关制度(必备,上传) 7.私募基金宣传推介、募集相关规范制度(必备,上传) 8.公平交易制度(私募证券管理人时,必备,上传) 9.从业人员买卖证券申报制度(私募证券管理人时,必备,上传) 10.其他制度(可选)		
十	**公司合法规范运营的证明材料**		
10.1	公司受到的刑事处罚、金融监管部门行政处罚或者被采取行政监管措施的文件(如处罚决定、罚款缴纳凭证)(如有)		

续表

编号	文件	提供情况	备注
10.2	公司被基金业协会采取纪律处分的文件(如有);曾经、正在或将要被基金业协会调查或询问(包括正式与非正式的)的情况,如有请提供相关通知、报告、通信记录等材料		
10.3	公司是否属于失信被执行人、是否在资本市场诚信数据库中存在负面信息、是否属于经营异常企业、是否在"信用中国"网站上存在不良信用记录的说明		
10.4	公司是否存在媒体负面报道,如有请提供相关报道文件及公司声明		
10.5	公司受到工商、税务、审计、外汇、海关、环保、安全等行政部门处罚的处罚文件(如有)		
十一	**公司及相关主体涉诉及仲裁情况的材料**		
11.1	公司及其高级管理人员、控股股东和实际控制人、分公司、子公司是否存在任何将要发生、正在进行或已经发生(最近三年内)的与公司有关的诉讼、仲裁、行政复议,是否涉及其他争议纠纷,请提供相关诉讼、仲裁、行政复议等材料(如起诉状、仲裁申请书、上诉状、案件受理通知书、诉讼费缴纳凭证、判决书、调解书、裁定书及申请执行文书等),并就该程序的进展情况(针对正在发生或将要发生的案件)作出说明		
十二	**其他材料**		
12.1	申请机构从事私募投资业务的展业计划,包括但不限于商业计划书(详述公司未来发展方向、运作规划及当前业务需求等内容)、拟投资项目外包合作意向书、投资意向书、投资尽职调查报告、项目合作方联系方式、拟担任政府引导基金管理人相关政府批文等		

续表

编号	文件	提供情况	备注
12.2	本清单中未列明,但公司认为对本次基金管理人登记有实质性影响的任何其他的文件或者信息		

注:项目联系律师为×律师。
①相关单位包括但不限于与贵公司有股权、业务合作、高管兼职等关系的其他单位。
②说明应当包括公司是否兼营可能与私募投资基金业务存在冲突的业务、是否兼营与"投资管理"的买方业务存在冲突的业务、是否兼营其他非金融业务。
③境外股东包括直接或间接控股或参股的股东。
④实际控制人是指控股股东或能够实际支配企业行为的自然人、法人或其他组织;认定实际控制人应一直追溯至自然人,国有企业,上市公司,金融管理部分批准设立的金融机构、大学及研究院所等事业单位,社会团体法人,受国外金融监管部门监管的境外机构。
⑤请说明:实际控制人与贵公司的控制关系,并说明实际控制人如何对贵公司起到实际支配作用。
⑥子公司是指公司持股5%以上的金融企业、上市公司及持股30%以上的其他企业。
⑦关联方是指受同一控股股东、实际控制人、普通合伙人直接控制的金融企业、私募基金管理人、上市公司、全国中小企业股份转让系统挂牌公司、投资类企业、冲突业务企业、投资咨询及金融服务企业等。
⑧高级管理人员包括法定代表人/执行事务合伙人委派代表、总经理、副总经理(如有)和合规/风控负责人等。
⑨包括股东会、监事会(监事)、董事会(执行董事)、投资决策委员会(如有)、合规/风控负责人、风险管理委员会(如有)、总经理、副总经理(如有)、各部门。

五、私募基金管理人登记尽职调查核查要点清单

私募基金管理人登记尽职调查核查要点清单可用于律师开展法律尽职调查时对尽职调查要点进行梳理,下面列示该尽职调查核查要点清单,仅作为读者参考之用。

(一)申请机构主体自身(见表13)

表13 申请机构主体尽职调查要点

序号	尽职调查要点	主要依据
1	商业计划书应当清晰合理、具有可行性,与私募基金管理人的业务方向、发展规划、人员配备等相匹配	《登记指引第1号》第12条
2	不存在大额应收应付、大额未清偿负债或者不能清偿到期债务等可能影响正常经营的情形	《登记指引第1号》第7条第1款
3	存在大额长期股权投资的,应当建立有效隔离制度,保证私募基金财产与私募基金管理人固有财产独立运作、分别核算	《登记指引第1号》第7条第2款

续表

序号	尽职调查要点	主要依据
4	与关联方存在资金往来的,应当就是否存在不正当关联交易进行说明	《登记指引第 1 号》第 7 条第 3 款
5	未兼营可能与私募投资基金业务存在冲突的业务、未兼营与"投资管理"的买方业务存在冲突的业务、未兼营其他非金融业务	《意见书指引》第 4 条第 3 款
6	不得直接或者间接从事《登记备案办法》第 80 条规定的冲突业务,不得通过设立子公司、合伙企业或者担任投资顾问等形式,变相开展冲突业务	《登记指引第 1 号》第 13 条
7	是否受到刑事处罚、金融监管部门行政处罚或者被采取行政监管措施	《意见书指引》第 4 条第 11 款
8	是否受到行业协会的纪律处分	
9	是否在资本市场诚信数据库中存在负面信息	
10	是否被列入失信被执行人名单	
11	是否被列入全国企业信用信息公示系统的经营异常名录或严重违法企业名录	
12	是否在"信用中国"网站上存在不良信用记录	

（二）股权结构（见表 14）

表 14　申请机构股权结构

序号	尽职调查要点	主要依据
1	出资人不得有代持、循环出资、交叉出资、层级过多、结构复杂等情形,不得隐瞒关联关系或者将关联关系非关联化	《若干规定》第 5 条
2	出资架构应当简明、清晰、稳定,不存在层级过多、结构复杂等情形,无合理理由不得通过特殊目的载体设立两层以上的嵌套架构,不得通过设立特殊目的载体等方式规避对股东、合伙人、实际控制人的财务、诚信和专业能力等相关要求	《登记指引第 2 号》第 2 条

续表

序号	尽职调查要点	主要依据
3	不得通过任何方式隐瞒实际控制人身份,规避相关要求。不得滥用一致行动协议、股权架构设计等方式规避实际控制人认定,不得通过表决权委托等方式认定实际控制人	《登记指引第2号》第11条第4款
4	是否存在境外股东,境外股东是否符合现行法律法规的要求和中国基金业协会的规定	《意见书指引》第4条第4款

(三) 出资人资格(见表15)

表15 申请机构出资人资格

序号	尽职调查要点	主要依据
1	出资人应具备与其认缴资本金额相匹配的出资能力,并提供相应的证明材料	《登记申请材料清单》之出资人出资能力材料
2	私募基金管理人的实际控制人不得为资产管理产品。资产管理产品不得作为私募基金管理人主要出资人,对私募基金管理人直接或者间接出资比例合计不得高于25%。但省级以上政府及其授权机构出资设立的私募基金管理人除外	《登记指引第2号》第5条
3	控股股东、实际控制人、普通合伙人没有经营、管理或者从事资产管理、投资、相关产业等相关经验,或者相关经验不足5年的,不得担任私募基金管理人的股东、合伙人、实际控制人	《登记备案办法》第9条第3款
4	控股股东、实际控制人、普通合伙人、主要出资人在非关联私募基金管理人任职,或者最近5年从事过冲突业务的,不得担任私募基金管理人的股东、合伙人、实际控制人	《登记备案办法》第9条第4款
5	从事的业务与私募基金管理存在利益冲突或者存在被列为严重失信人或被纳入失信被执行人名单等诸多冲突或负面情形,不得成为私募基金管理人的控股股东、实际控制人、普通合伙人或者主要出资人	《登记备案办法》第15条

(四) 实际控制人 (见表 16)

表 16　申请机构实际控制人情况

序号	尽职调查要点	主要依据
1	实际控制人应当追溯至自然人、国有企业、上市公司、金融管理部门批准设立的金融机构、大学及研究院所等事业单位、社会团体法人、受境外金融监管部门监管的机构等	《登记指引第 2 号》第 11 条第 2 款
2	私募基金管理人出资分散无法按照本指引第 11 条认定实际控制人的,应当由占出资比例最大的出资人按照本指引第 11 条、第 12 条穿透认定并承担实际控制人责任,或者由所有出资人共同指定 1 名或者多名出资人,按照本指引规定穿透认定并承担实际控制人责任,且满足实际控制人相关要求	《登记指引第 2 号》第 16 条第 2 款
3	同出资人资格第 3 点	《登记备案办法》第 9 条第 3 款
4	同出资人资格第 4 点	《登记备案办法》第 9 条第 4 款
5	同出资人资格第 5 点	《登记备案办法》第 15 条

(五) 分支机构/子公司/关联方 (见表 17)

表 17　分支机构/子公司/关联方

序号	尽职调查要点	主要依据
1	私募基金管理人应当按照以下情形,如实向协会披露关联方工商登记信息、业务开展情况等基本信息:(1) 私募基金管理人的分支机构;(2) 私募基金管理人持股 5% 以上的金融机构、上市公司及持股 30% 以上或者担任普通合伙人的其他企业,已在协会备案的私募基金除外;(3) 受同一控股股东、实际控制人、普通合伙人直接控制的金融机构、私募基金管理人、上市公司、全国中小企业股份转让系统挂牌公司、投资类企业、冲突业务机构、投资咨询企业及金融服务企业等;(4) 其他与私募基金管理人有特殊关系,可能影响私募基金管理人利益的法人或者其他组织。因人员、股权、协议安排、业务合作等实际可能存在关联关系的相关方,应当按照实质重于形式原则进行披露	《登记指引第 2 号》第 18 条

续表

序号	尽职调查要点	主要依据
2	同一控股股东、实际控制人控制两家以上私募基金管理人的,应当符合中国证监会和协会的规定,具备充分的合理性与必要性,其控制的私募基金管理人应当持续、合规、有效展业。控股股东、实际控制人应当合理区分各私募基金管理人的业务范围,并就业务风险隔离、避免同业化竞争、关联交易管理和防范利益冲突等内控制度作出合理有效安排	《登记备案办法》第17条
3	同一控股股东、实际控制人控制两家以上私募基金管理人的,应当建立与所控制的私募基金管理人的管理规模、业务情况相适应的持续合规和风险管理体系,在保障私募基金管理人自主经营的前提下,加强对私募基金管理人的合规监督、检查	《登记备案办法》第18条

(六) 名称(见表 18)

表 18　名称

序号	尽职调查要点	主要依据
1	私募基金管理人应当在名称中标明"私募基金""私募基金管理""创业投资"字样	《登记指引第 1 号》第3条
2	不得包含"金融""理财""财富管理"等字样,法律、行政法规和中国证监会另有规定的除外。未经批准,不得在名称中使用"金融控股""金融集团""中证"等字样,不得在名称中使用与国家重大发展战略、金融机构、知名私募基金管理人相同或者近似等可能误导投资者的字样,不得在名称中使用违背公序良俗或者造成不良社会影响的字样	《登记指引第 1 号》第3条

(七) 经营范围(见表 19)

表 19　经营范围

序号	尽职调查要点	主要依据
1	私募基金管理人应当在经营范围中标明"私募投资基金管理""私募证券投资基金管理""私募股权投资基金管理""创业投资基金管理"等体现受托管理私募基金特点的字样	《登记指引第 1 号》第4条

续表

序号	尽职调查要点	主要依据
2	不得包含与私募基金管理业务相冲突或者无关的业务。私募基金管理人应当遵循专业化运营原则,其经营范围应当与管理业务类型一致。提请登记为私募证券基金管理人的,其经营范围不得包含"投资咨询"等咨询类字样	《登记指引第1号》第4条

(八) 办公场所申请机构主体自身(见表20)

表20　办公场所申请机构主体自身

序号	尽职调查要点	主要依据
1	私募基金管理人应当具有独立、稳定的经营场所,不得使用共享空间等稳定性不足的场地作为经营场所	《登记指引第1号》第8条
2	不得存在与其股东、合伙人、实际控制人、关联方等混同办公的情形	《登记指引第1号》第8条
3	经营场所系租赁所得的,自提请办理登记之日起,剩余租赁期应当不少于12个月,但有合理理由的除外	《登记指引第1号》第8条
4	私募基金管理人注册地与经营地分离的,应当具有合理性并说明理由	《登记指引第1号》第8条

(九) 资本金(见表21)

表21　资本金

序号	尽职调查要点	主要依据
1	实缴货币资本不低于1000万元人民币或者等值可自由兑换货币,对专门管理创业投资基金的私募基金管理人另有规定的,从其规定	《登记备案办法》第8条第1款第1项
2	私募基金管理人注册资本及实缴资本均应当符合《登记备案办法》相关规定,确保有足够的资本金保证机构有效运转。私募基金管理人的资本金应当以货币出资,不得以实物、知识产权、土地使用权等非货币财产出资。境外出资人应当以可自由兑换的货币出资	《登记指引第1号》第5条

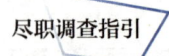

（十）高管岗位设置（见表 22）

表 22　高管岗位设置

序号	尽职调查要点	主要依据
1	高级管理人员是指公司的总经理、副总经理、合规风控负责人和公司章程规定的其他人员，以及合伙企业中履行前述经营管理和风控合规等职务的相关人员；虽不使用前述名称，但实际履行前述职务的其他人员，视为高级管理人员	《登记备案办法》第 80 条第 1 款

（十一）高管资格（见表 23）

表 23　高管资格

序号	尽职调查要点	主要依据
1	有下列情形之一的，不得担任私募基金管理人的法定代表人、高级管理人员、执行事务合伙人或其委派代表：(1) 最近 5 年从事过冲突业务；(2) 不符合中国证监会和协会规定的基金从业资格、执业条件；(3) 没有与拟任职务相适应的经营管理能力，或者没有符合要求的相关工作经验；(4) 法律、行政法规、中国证监会和协会规定的其他情形	《登记备案办法》第 10 条
2	私募证券基金管理人法定代表人、执行事务合伙人或其委派代表，经营管理主要负责人以及负责投资管理的高级管理人员应当具有 5 年以上证券、基金、期货投资管理等相关工作经验	《登记备案办法》第 10 条
3	私募股权基金管理人法定代表人、执行事务合伙人或其委派代表，经营管理主要负责人以及负责投资管理的高级管理人员应当具有 5 年以上股权投资管理或者相关产业管理等工作经验	《登记备案办法》第 10 条
4	私募基金管理人合规风控负责人应当具有 3 年以上投资相关的法律、会计、审计、监察、稽核，或者资产管理行业合规、风控、监管和自律管理等相关工作经验	《登记备案办法》第 10 条
5	私募基金管理人负责投资管理的高级管理人员还应当具有符合要求的投资管理业绩	《登记备案办法》第 10 条
6	私募基金管理人的法定代表人、高级管理人员、执行事务合伙人或其委派代表应当保证有足够的时间和精力履行职责，对外兼职的应当具有合理性	《登记备案办法》第 11 条

序号	尽职调查要点	主要依据
7	私募基金管理人的法定代表人、高级管理人员、执行事务合伙人或其委派代表不得在非关联私募基金管理人、冲突业务机构等与所在机构存在利益冲突的机构兼职，或者成为其控股股东、实际控制人、普通合伙人	《登记备案办法》第11条
8	合规风控负责人应当独立履行对私募基金管理人经营管理合规性进行审查、监督、检查等职责，不得从事投资管理业务，不得兼任与合规风控职责相冲突的职务；不得在其他营利性机构兼职，但对本办法第17条规定的私募基金管理人另有规定的，从其规定	《登记备案办法》第11条
9	是否受到行业协会的纪律处分	
10	是否在资本市场诚信数据库中存在负面信息	《意见书指引》第4条第11款
11	是否被列入失信被执行人名单	
12	是否在"信用中国"网站上存在不良信用记录	

（十二）员工（见表24）

表24　员工

序号	尽职调查要点	主要依据
1	专职员工不少于5人，对本办法第17条规定的私募基金管理人另有规定的，从其规定	《登记备案办法》第8条第1款第4项
2	《登记备案办法》第8条第1款第4项规定的"专职员工"是指与私募基金管理人签订劳动合同并缴纳社保的正式员工，签订劳动合同或者劳务合同的外籍员工、退休返聘员工，以及国家机关、事业单位、政府及其授权机构控制的企业委派的高级管理人员	《登记指引第1号》第9条
3	私募基金管理人的法定代表人、高级管理人员、执行事务合伙人或其委派代表以外的其他从业人员应当以所在机构的名义从事私募基金业务活动，不得在其他营利性机构兼职，但对本办法第17条规定的私募基金管理人另有规定的，从其规定	《登记备案办法》第12条

续表

序号	尽职调查要点	主要依据
4	私募基金从业人员应当遵守法律、行政法规和有关规定,恪守职业道德和行为规范,具备从事基金业务所需的专业能力	《登记备案办法》第3条第3款

(十三) 内控制度 (见表 25)

表 25　内控制度

序号	尽职调查要点	主要依据
1	申请机构应当按照《登记指引1号》第10条、第11条规定,根据拟申请的私募基金管理业务建立与之相适应的制度并提交相关制度文件,主要包括: 1. 内部控制制度和合规管理制度:包括运营风险控制、信息披露、机构内部交易记录、关联交易管理、防范内幕交易及利益输送、业务隔离、从业人员买卖证券申报(仅私募证券投资基金管理人提交)等制度。 2. 私募基金运作制度:包括私募基金宣传推介及募集、合格投资者适当性、保障资金安全、投资业务控制、公平交易、外包控制等制度。 3. 应急预案制度:申请机构应当建立突发事件处理预案,对严重损害投资者利益、影响正常经营或者可能引发系统性风险的突发事件的处理机制作出明确安排	《登记申请材料清单》之相关制度

注:《意见书指引》,指基金业协会发布的《私募基金管理人登记法律意见书指引》;《若干规定》,指《关于加强私募投资基金监管的若干规定》;《登记备案办法》,指《私募投资基金登记备案办法》;《登记指引第1号》,指《私募基金管理人登记指引第1号——基本经营要求》;《登记指引第2号》,指《私募基金管理人登记指引第2号——股东、合伙人、实际控制人》;《登记申请材料清单》,指《私募基金管理人登记申请材料清单》(2023年修订)。

六、私募基金管理人登记及重大事项变更法律意见书模板

法律意见书是律所律师开展尽职调查的项目结果,也是尽职调查的终端环节。下面将列示私募基金管理人登记法律意见书及重大事项变更的专项法律意见书(以法定代表人变更为例),仅作为读者参考之用。

示例一

**北京市京师律师事务所
关于某私募股权投资基金管理有限公司
私募基金管理人登记之法律意见书**

目　录

释　义

律师声明

正　文

　一、申请机构的设立及有效存续

　二、申请机构的名称及经营范围

　三、申请机构的专业化经营情况

　四、申请机构的股权结构

　五、申请机构的实际控制人

　六、申请机构的子公司、关联方及分支机构情况

　七、申请机构的从业人员、营业场所、基本设施及资本金

　八、申请机构的组织机构和风险管理制度、内部控制制度

　九、申请机构的外包情况

　十、申请机构的高级管理人员

　十一、申请机构的处罚、处分及其他负面记录

　十二、申请机构最近三年涉诉或者仲裁的情况

　十三、申请机构的登记申请材料

　十四、其他事项

　十五、总体结论性意见

释 义

在本法律意见书内,除非文义另有所指,下列词语具有下述含义:

本所	指	北京市京师律师事务所
公司	指	某私募股权投资基金管理有限公司
证监会	指	中国证券监督管理委员会
基金业协会	指	中国证券投资基金业协会
《公司法》	指	《中华人民共和国公司法》(2023年修订)
《证券法》	指	《中华人民共和国证券法》(2019年修订)
《证券投资基金法》	指	《中华人民共和国证券投资基金法》(2015年修正)
《管理办法》	指	《私募投资基金监督管理暂行办法》
《公司章程》	指	现行有效的《某私募股权投资基金管理有限公司章程》

关于公司私募基金管理人登记的法律意见书

致:公司

　　北京市京师律师事务所(以下简称本所)根据与公司签订的《专项法律顾问协议》,担任公司向基金业协会申请私募基金管理人登记事宜的专项法律顾问,本所根据《公司法》《证券投资基金法》《私募投资基金监督管理暂行办法》《中国证券监督管理委员会公告〔2020〕71号——关于加强私募投资基金监管的若干规定》等相关法律、法规、规范性文件以及《关于进一步规范私募基金管理人登记若干事项的公告》等自律性规则的规定及本《法律意见书》出具之日以前已经发生或者存在的事实,按照律师行业公认的业务标准、道德规范和勤勉尽责精神,就公司向基金业协会进行私募基金管理人登记事宜(以下简称本次登记)出具本《法律意见书》。

　　为出具本《法律意见书》,本所特作出以下声明:

　　1. 为出具本《法律意见书》,本所律师根据中国现行的法律法规、规范性文件和基金业协会的有关规定之相关要求,查阅了公司向本所律师提交的与出具本《法律意见书》有关的文件资料,对涉及本次登记合法性及合规性的相关事宜进行了调查,听取了公司相关负责人就有关事实的陈述和说明。

2. 本所在出具本《法律意见书》之前,已得到公司以下保证:公司已经提供了为出具本《法律意见书》所必需的、真实的原始书面材料、副本材料或口头陈述;披露了为出具本《法律意见书》所需的全部有关事项,且该等材料、事实均真实、完整、合法、有效,不存在虚假记载、误导性陈述及重大遗漏;其提供本所的各份文件的签署人均具有完全的民事行为能力,且签署行为均获得了适当的、有效的授权,该等文件的印章和签字均真实无误;公司向本所提供的文件的副本或复印件均与原件一致。

3. 本所系根据本《法律意见书》签署日之前已发生或存在的事实和中国现行的法律、法规、规范性文件和基金业协会的有关规定对本次登记的合法性及重大法律问题发表法律意见,对于对本《法律意见书》至关重要而又无法得到独立的证据支持的事实,本所依赖有关政府部门、公司或者其他有关单位或人士出具的意见、说明或其他证明文件。

4. 本《法律意见书》仅就与本次登记有关的法律问题发表意见,并不对有关财务、审计等专业事项发表意见。在本《法律意见书》中涉及其他专业事项内容时,本所均依赖有关中介机构出具的报告。在本《法律意见书》中对有关评估报告、审计报告和其他专业报告中某些数据或结论的引述,并不意味着本所对这些数据、结论的真实性和准确性作出任何判断及明示或默示性保证。

5. 本《法律意见书》系根据在本《法律意见书》出具日之前公布并有效的中国现行的法律法规、规范性文件和基金业协会的有关规定出具,所有法律意见均基于我们对中国现行的法律法规、规范性文件和基金业协会的有关规定条款的理解。本所不对以上法律法规、规范性文件和有关规定日后可能出现的解释、调整及修改对本《法律意见书》造成的实质变更与影响负责。

6. 本所已严格履行了法定职责,遵循了勤勉尽责和诚实信用原则,对本次登记的合法性、合规性、真实性、有效性进行了适当的核查验证,保证本《法律意见书》不存在虚假记载、误导性陈述及重大遗漏。

7. 本《法律意见书》仅供公司本次登记之目的而使用,不得用作任何其他目的。

8. 本所同意将本《法律意见书》作为公司本次进行私募基金管理人登记所必备的法律文件,随同其他材料一同上报基金业协会,并愿意承担相应的法律责任。

基于上述声明,本所出具本《法律意见书》。

正　文

一、申请机构的设立及有效存续

(一)公司依法设立

根据申请机构提供的工商登记资料以及营业执照等证书并经本所律师核查国家企业信

用信息公示系统、企查查等网站，核实公司的工商登记信息如下：

统一社会信用代码	
名称	
类型	
法定代表人	
注册资本	
成立日期	
住所	
营业期限	
经营范围	
登记机关	
发照日期	
登记状态	存续

（二）公司的历史沿革

根据截至本《法律意见书》出具之日公司向本所律师提供的工商档案及公司确认，公司自设立至今，未发生过任何变更。

（三）公司有效存续

根据某市场监督管理局于××××年××月××日核发的营业执照及国家企业信用信息公示系统的信息，公司营业期限为"××××年××月××日至长期"，公司未因违反工商行政管理相关法律法规受到行政处罚，亦未被列入严重违法失信企业名单（黑名单），公司正常存续。

另外，根据工商档案资料（含设立和历次变更）、公司章程及修正案等书面文件，截至本《法律意见书》出具之日，申请机构未出现法律、法规或公司章程规定的应当解散的下列情形：

（1）股东会决议解散；

（2）因公司合并或者分立需要解散；

（3）依法被吊销营业执照、责令关闭或者被撤销；

（4）章程规定的营业期限届满或者公司章程规定的其他解散事由出现；

（5）公司经营管理发生严重困难，继续存续会使股东利益受到重大损失，通过其他途径不能解决的，持有公司全部股东表决权10%以上的股东请求人民法院解散公司。

（四）结论意见

经核查，公司设立的程序、资格、条件等均符合当时有效的法律、法规和规范性文件的规定;公司设立至今不存在因违反工商行政管理相关法律、法规而被行政处罚的不良记录,不存在法律法规及《公司章程》规定的需要解散的情形。综上所述,本所律师认为,申请机构是在中国境内依法设立且有效存续的有限责任公司。

二、申请机构的名称及经营范围

(一)公司的名称及经营范围

根据公司现行有效的营业执照及《公司章程》,并经本所律师核查国家企业信用信息公示系统、企查查等网站,公司的名称和经营范围如下:

主体	名称	经营范围
公司		

公司名称中有"私募基金""私募基金管理"字样,经营范围中有"私募股权投资基金管理"等体现受托管理私募基金特点的字样。

(二)结论意见

综上所述,本所律师认为,申请机构的名称和经营范围中含有"私募基金""私募基金管理""私募股权投资基金管理"等与私募基金管理人业务属性密切相关的字样。申请机构工商登记文件所记载的公司名称、经营范围符合中国现行的法律、法规、规范性文件和基金业协会的有关规定。

三、申请机构的专业化经营情况

(一)公司的经营范围及业务经营情况

公司的经营范围详细情况参见本《法律意见书》第二条之"申请机构的名称及经营范围"。根据申请机构提供的说明并经本所律师核查公司银行流水、财务报表、审计报告等资料,公司目前尚未实际开展业务运营或产生任何业务收入。

(二)公司主营业务

因设立时间较短,公司目前尚未开展业务,根据公司的经营范围、《公司章程》以及公司提供的承诺函,公司今后的主营业务为私募股权投资基金管理,属于私募基金管理业务,且已根据《管理办法》第22条的专业化经营原则在内部管理制度中建立了对私募股权投资基金的管理制度。

(三)公司的兼营情况

根据公司提供的工商登记的经营范围、《公司章程》、承诺函以及本所律师检索百度、搜狗、360等国内主流搜索引擎,公司不存在兼营与私募投资基金业务存在冲突的业务、与"投资管理"的买方业务存在冲突的业务以及兼营其他非金融业务的情形。

(四)结论意见

截至本法律意见书出具之日,根据公司提供的《公司章程》、营业执照、承诺函等文件,并本所经律师核查,公司目前尚未开展业务,未兼营可能与私募股权投资基金业务存在冲突的业务,未兼营与"资产管理"的买方业务存在冲突的业务,且未兼营其他非金融业务,今后的主营业务为私募股权投资基金管理,属于私募基金管理业务,并且已根据《管理办法》第22条的专业化经营原则在内部管理制度中建立了对私募股权投资基金的管理制度,符合《管理办法》第22条的专业化经营原则。

四、申请机构的股权结构

(一)股权结构

经本所律师核查申请机构的工商资料、《公司章程》、银行入账凭证及检索国家企业信用信息公示系统,截至本法律意见书出具之日,公司的股权结构如下表所示:

股东名称	认缴出资额(万元)	实缴出资额(万元)	持股比例(%)
合计			

(二)股东概述

根据公司提供的股东资料及本所律师查询国家企业信用信息公示系统,公司股东基本情况如下:××××。

(三)公司股权代持及境外股东的情况

根据公司关于股权情况的承诺函、公司股东缴纳实收资本的银行流水并经本所律师查阅直接或间接持有公司股权法人股东的公司章程、登录国家企业信用信息公示系统查询、查阅直接或间接持有公司股权自然人股东的身份证件等信息,截至本法律意见书出具之日,公司不存在股权代持的情形,亦不存在直接或间接持股的境外股东的情形。穿透后的公司股权架构如下:××××。

(四)股东出资能力

律师查阅了申请机构提供的股东甲及其配偶乙的部分资产情况:股东×××提供了结婚证、不动产权证书、证券账户资金对账单等复印件;律师查询了链家地产二手网 App,了解到股东甲及其配偶乙房产的参考价为××万元;金融资产超过××万元,其资产净值超过××万元;股东×××夫妻年固定收入逾××万元人民币。

查阅了申请机构提供的某会计师事务所有限公司于×××年××月××日出具的股东××××有限公司的××××审计报告,该报告表明×××有限公司净资产超过××万元,其净资产超过××万元。

(五)结论意见

综上,本所律师认为,截至本《法律意见书》出具之日,申请机构的出资人为甲、××××

有限公司,股东具备出资能力,不存在股权代持情形,不存在直接或间接持股的境外股东。公司的股东均符合现行有效的法律、行政法规和规范性文件和基金业协会规定的股东资格条件。

五、申请机构的实际控制人

(一)公司的股权结构及控制关系图

截至本《法律意见书》出具之日,申请机构的控制关系图如下,××为实际控制人。

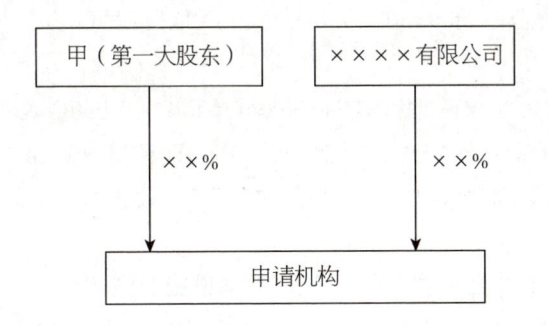

```
    ┌──────────────┐        ┌──────────────┐
    │甲(第一大股东)│        │ ××××有限公司 │
    └──────┬───────┘        └───────┬──────┘
           │××%                     │××%
           │                         │
           └────────────┬────────────┘
                        ▼
                 ┌────────────┐
                 │  申请机构   │
                 └────────────┘
```

(二)实际控制人基本信息

根据甲的《个人履历信息调查表》,公司的实际控制人为甲。实际控制人的基本情况如下所示:××××。

(三)实际控制人与申请机构的控制关系

根据申请机构的工商档案资料及《公司章程》、实际控制人和管理人之间的控制关系图,甲持有申请机构85%的股权,是申请机构的第一大股东,同时为执行董事、总经理、法定代表人,从事金融行业工作××年,工作经验丰富,具备组织管理能力,能够对申请机构的经营管理起到实际的支配作用。

(四)结论意见

综上,本所律师认为,截至本《法律意见书》出具之日,申请机构存在实际控制人,实际控制人为甲,其持有申请机构85%的股权,是申请机构的第一大股东,能够对申请机构起到实际支配作用。

六、申请机构的子公司、关联方及分支机构情况

(一)子公司

根据申请机构书面确认和访谈并经本所律师核查,申请机构不存在子公司(持股5%以上的金融企业、上市公司及持股30%以上的其他企业)。

(二)关联方

根据申请机构书面确认和访谈并经本所律师核查,截至本法律意见书出具之日,申请机构不存在受同一控股股东或实际控制人控制的金融机构、私募基金管理人、上市公司、挂牌公

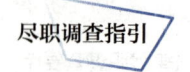

司、投资类企业、冲突业务企业、投资咨询及金融服务企业等关联方。

（三）分支机构

根据申请机构书面确认和访谈并经本所律师核查，申请机构不存在分支机构。

（四）关联关系及业务往来

经核查，本所律师未发现公司与其关联方存在关联交易的情形。同时根据公司出具的关联交易情况说明，主要内容为"公司目前正在申请私募基金管理人资格，属于初步筹建阶段，没有进行任何实际性业务，亦不存在与关联方的任何关联交易的情形"。

（五）结论意见

综上，本所律师认为，申请机构不存在子公司（持股5%以上的金融企业、上市公司及持股30%以上的其他企业）、分支机构和其他同行业关联方（受同一控股股东/实际控制人控制的金融企业、上市公司、挂牌公司、投资类企业、冲突业务企业、投资咨询企业及金融服务企业关联方）。

七、申请机构的从业人员、营业场所、基本设施及资本金

（一）公司的从业人员

经本所律师核查申请机构员工名册、员工劳动合同、员工个人履历信息调查表、个人信用报告、毕业证书、学位证书、AMAC基金从业资格考试成绩合格证并与公司员工访谈，申请机构有员工××人，员工情况如下：

1. 申请机构从业人员基本情况

序号	姓名	职务	所属部门
1		法定代表人、总经理	总经办
2		副总经理	总经办、综合部
3		风控负责人	风控部
4		风控经理	风控部
5		投资总监	投资部
6		投资总监	投资部
7		融资部总经理、监事	融资部

2. 申请机构普通从业人员的工作履历情况

申请机构高级管理人员丙、丁、戊的详细履历情况，见本《法律意见书》第十章"申请机构的高级管理人员情况"。申请机构普通从业人员的工作履历情况如下：

（1）×××，性别男，中国国籍，身份证号：×××××××××××××××××，××专业本科毕业，××专业硕士毕业，主要工作履历如下：××××。×××在加入申请机构

前,过往工作履历和工作成果说明的主要内容如下:××××。

（2）×××,性别男,中国国籍,身份证号:××××××××××××××××,本科毕业于××××专业,硕士毕业于××××专业,主要工作履历如下:××××。×××在加入申请机构前,过往工作履历和工作成果说明的主要内容如下:××××。

（3）××,性别男,中国国籍,身份证号:××××××××××××××××××专业毕业,硕士研究生,主要个人履历如下:××××。×××在加入申请机构前,过往工作履历和工作成果说明的主要内容如下:××××。

（4）××,性别男,中国国籍,身份证号:××××××××××××××××××专业毕业,硕士研究生,主要个人履历如下:××××。×××在加入申请机构前,过往工作履历和工作成果说明的主要内容如下:××××。

3. 申请机构从业人员的对外任职情况

根据对申请机构法定代表人甲的访谈,并经本所律师核查《劳动合同》、社会保险参保证明、住房公积金业务受理回执及申请机构关于公司从业人员情况的说明,申请机构 7 名从业人员的劳动关系、社保缴纳情况及兼职情况如下:

序号	姓名	职务	是否签署劳动合同	是否缴纳社保	是否存在兼职情况
1		法定代表人、总经理	是	是	否
2		副总经理	是	是	否
3		风控负责人	是	是	否
4		风控经理	是	是	否
5		投资总监	是	是	否
6		投资总监	是	是	否
7		融资部总经理、监事	是	是	否

综上,申请机构上述 7 名从业人员均与申请机构签订了《劳动合同》,在申请机构缴纳社保,属于申请机构的正式员工。据此,申请机构本次在基金业协会资产管理业务综合报送平台(以下简称资管系统)填报的员工人数为 7 人。

4. 从业人员取得基金从业资格情况

根据申请机构从业人员身份证、基金业协会 AMAC 基金从业人员资格考试成绩合格证,申请机构从业人员的基金从业资格情况如下:

序号	姓名	是否具备基金从业资格	取得资格的方式
1		是	通过考试	私募股权投资基金基础知识 证券投资基金基础知识 基金法律法规、职业道德与业务规范
2		是	通过考试	证券投资基金基础知识 基金法律法规、职业道德与业务规范
3		是	通过考试	私募股权投资基金基础知识 证券投资基金基础知识 基金法律法规、职业道德与业务规范
4		是	通过考试	私募股权投资基金基础知识 基金法律法规、职业道德与业务规范
5		是	通过考试	私募股权投资基金基础知识 证券投资基金基础知识 基金法律法规、职业道德与业务规范
6		是	通过考试	私募股权投资基金基础知识 基金法律法规、职业道德与业务规范
7		是	通过考试	私募股权投资基金基础知识 基金法律法规、职业道德与业务规范

根据以上核查,申请机构7名从业人员中,7人具备基金从业资格,具备基金从业资格的人员占比为100%。

（二）公司的营业场所

根据公司提供的《房屋租赁合同》及该房屋的不动产登记证,并经本所律师核查公司营业执照,公司的注册地址和实际经营场所为××××。公司营业场所与开展私募基金管理业务所需要的场地相匹配,申请机构具有按照规定开展私募基金管理业务所需的营业场所。

（三）基本设施

根据公司书面确认,公司现有设备包括台式电脑6台、办公桌椅多套、打印/复印/扫描一体机1台,公司未来将根据业务进展及需求,进一步加强和完善相关设备以满足申请机构的经营需要。本所律师认为,申请机构使用的办公设施设备能够满足其展业运营的需要。

（四）资本金

根据营业执照、公司章程及公司提供的实缴出资银行回单,公司的注册资本为××万元人民币,实缴注册资本为××万元人民币,实缴出资比例为××%。此外,根据公司提供的书面说明资料,公司自设立后入账资金为××万元人民币,主要支出为职工薪酬××万元,公司目前的实缴资本可以满足未来半年公司的运营所需资金。

（五）结论意见

综上，本所律师认为，公司具有开展私募基金管理业务所需的从业人员、营业场所、资本金等企业运营所需的基本设施和条件。

八、申请机构的组织机构和风险管理制度、内部控制制度

（一）组织机构设置

根据申请机构提供的申请机构组织架构图和高管访谈，申请机构设置了投资管理部、风险控制部、融资部、综合管理部4个职能部门，其组织架构图如下：

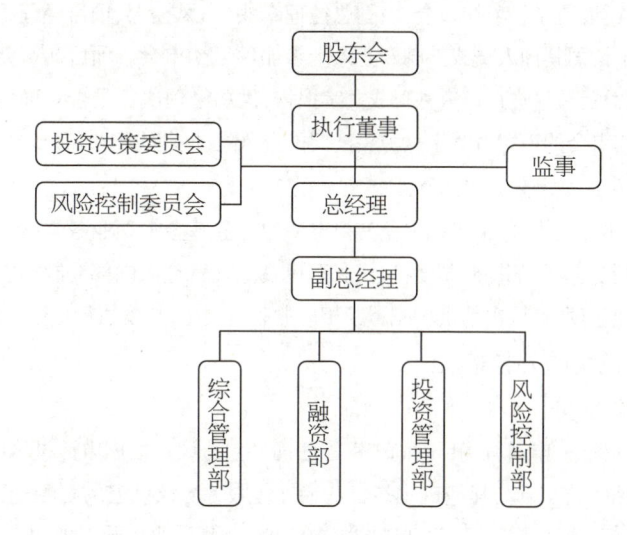

```
                        股东会
                          │
                       执行董事
        ┌─────────────────┼─────────────────┐
   投资决策委员会                              监事
   风险控制委员会          总经理
                          │
                        副总经理
        ┌────────┬────────┼────────┬────────┐
     综合管理部  融资部  投资管理部  风险控制部
```

（二）公司的风险管理制度和内部控制制度

经本所律师审查申请机构提交的资料和制度文件，公司已先后制定了风险控制制度及内部控制制度，所有制度在内容上涵盖运营风险控制制度、信息披露制度、机构内部交易记录制度、内幕交易及利益冲突防控制度、合格投资者风险揭示制度、投资者适当性管理与审核制度、私募基金宣传推介和募集管理制度等相关制度。

（三）申请机构风险管理及内部控制制度执行可行性

根据申请机构提供的制度文本及前述组织架构和人员构成，申请机构风险管理及内部控制制度的执行可行性情况如下：

1. 申请机构建立了健全有效的内部控制制度，形成了权责明确、严密有效的三道监控防线：第一道监控防线由综合管理部、融资部、投资管理部、风险控制部部门负责人负责，部门全员参与，在各自授权范围内对关联部门及岗位进行监督并承担相应职责；第二道监控防线由申请机构总经理负责，由申请机构投资决策委员会和经理组成的经营管理层，对各部门、各项业务的风险状况进行全面监督并及时制定相应对策和实施控制措施；第三道监控防线在股东会领导下，公司风险控制委员会掌握公司整体风险状况。风险控制委员会定期审阅公司内部风险控制制度及相关文件,并根据需要随时修改、完善,确保风险控制与业务发展同步进行。

2. 申请机构投资决策委员会由 5 名成员组成,包括股东会成员或代表×××、×××、×××,投资部总监××、×××,其中××担任投资决策委员会主任。5 名成员均具有丰富的从业经历和管理经验,通过投资决策委员会的参与,可以有效把握投资方向、控制投资风险。

3. 申请机构风险控制委员会由 5 名成员组成,包括公司股东会成员或代表×××、×××、×××,风控负责人×××、项目经理×××,其中×××为风险控制委员会主任。风险控制委员会的有效协作和配合,可以从法律、财务等多方面把控公司的运营风险。

此外,公司还设置了项目初审会,由副总经理牵头,由风控部、项目经理组成。副总经理可在必要时决定公司其他人员或外聘专业人士参加项目初审会。项目初审会负责对项目的可行性、预期收益及风险进行审查并形成文字报告,供总经理决策是否对项目启动进一步调查研究。项目初审会的设置有利于从源头把握投资风险,规范投资决策。

（四）结论意见

综上,本所律师认为,申请机构根据其拟申请的私募基金管理业务类型已制定了风险管理和内部控制制度,其内部控制制度符合《私募投资基金管理人内部控制指引》,也制定了与之相适应的其他各项制度;申请机构配置了相应的职责岗位,具备执行上述制度的人员基础。

九、申请机构的外包情况

（一）核查事实

经本所律师核查,申请机构目前尚未签署任何外包协议。根据申请机构出具的《关于外包服务的承诺函》,公司未与其他机构签署基金外包服务协议(包括提供销售、销售支付、份额登记、估值核算、信息技术系统等业务的服务协议)。此后业务开展中如有需要,公司将与在基金业协会备案的外包机构签署外包服务协议,并且制定相应的风险管理框架及制度,严格按照《基金业务外包服务指引(试行)》等的规定开展业务外包服务。

（二）结论意见

综上,本所律师认为,截至本《法律意见书》出具日,申请机构尚未与具备私募基金外包服务资质的第三方签署基金外包服务协议,其不存在基金服务外包的潜在风险。

十、申请机构的高级管理人员

（一）申请机构的高级管理人员构成

截至本《法律意见书》出具日,申请机构共有 3 名高级管理人员,构成如下:

序号	姓名	职位	所属部门
1		总经理	总经办
2		副总经理	
3		风控部负责人	风控部

（二）申请机构高级管理人员的个人履历

1.×××,性别男,中国国籍,身份证号：×××××××××××××××,教育背景及主要工作履历详见前述申请机构的实际控制人之"实际控制人基本情况"部分。×××在加入申请机构前,过往工作履历和工作成果说明的主要内容如下：××××。

根据以上核查,本所律师认为,申请机构、执行董事、法定代表人、总经理××具备专业知识背景,具有10年以上金融证券领域工作经验和多年管理经验,具备专业胜任能力和管理能力,能够胜任申请机构执行董事、法定代表人、总经理的职务。

2.×××,性别男,中国国籍,身份证号：×××××××××××××××,×××专业毕业,本科学历,主要工作履历如下：××××。×××在加入申请机构前,过往工作履历和工作成果说明的主要内容如下：××××。

根据以上核查,本所律师认为,申请机构副总经理×××具备专业知识背景,持有经济师职称,具有20年以上金融从业和管理经验,能够胜任申请机构副总经理的管理职务。

3.×××,性别男,中国国籍,身份证号：×××××××××××××××,×××专业毕业,本科学历,主要工作履历如下：××××。×××在加入申请机构前,过往工作履历和工作成果说明的主要内容如下：××××。

根据以上核查,本所律师认为,申请机构风控负责人持有经济师、会计师职称和基金从业资格证书,具备专业知识背景,具有30年以上金融从业经验和多年投资风控经验,能够胜任申请机构风控部总经理的职务。

（三）申请机构高级管理人员的兼职情况

根据申请机构在×××人力资源和社会保障网上服务平台打印的《社会保险费个人申报明细表》《劳动合同》,申请机构3名高级管理人员均与申请机构签订了《劳动合同》,在申请机构缴纳社保,不存在在其他机构兼职的情况。

（四）申请机构高级管理人员从业资格

如本《法律意见书》第七章"申请机构的运营基本设施和条件"之"（一）从业人员"项下"（4）从业人员取得基金从业资格情况"部分所述,申请机构3名高级管理人员均具备基金从业资格。

（五）任职资格

经审查现任高级管理人员提交的个人简历,本所律师在中国裁判文书网、全国法院失信被执行人名单信息公布与查询平台、证监会的信息公开板块上的查询以及公司提供的高级管理人员个人征信报告,公司现任高级管理人员最近三年内不存在重大失信记录、重大违法违规的情形,未被证监会采取市场禁入措施,具备任职资格。

（六）结论意见

综上,本所律师认为,申请机构的高级管理人员均具备基金从业资格,申请机构的高级管理人员岗位设置符合基金业协会的要求,申请机构高级管理人员不存在在其他机构兼职的情况。

十一、申请机构的处罚、处分及其他负面记录

(一)核查信息

经核查,基金业协会的信息公示板块(网址:http://www.amac.org.cn/xxgs/)、证券期货市场失信记录查询平台(网址:http://neris.csrc.gov.cn/shixinchaxun/)、全国法院失信被执行人名单信息公布与查询平台(网址:http://zxgk.court.gov.cn/shixin/)、国家企业信用信息公示系统(网址:http://www.gsxt.gov.cn/index.html)、"信用中国"(网址:http://www.creditchina.gov.cn/)的公示信息并经公司出具的承诺函确认,截至本《法律意见书》出具之日,公司未受到刑事处罚,未受到金融监管部门的行政处罚或被采取行政监管措施;公司及其高级管理人员未受到行业协会的纪律处分,未在资本市场诚信数据库中存在负面信息,未被列入失信被执行人名单,未被列入国家企业信用信息公示系统的经常异常名录或严重违法企业名录,未在"信用中国"网站上存在不良信用记录。

(二)结论意见

综上,本所律师认为,申请机构未受到刑事处罚,未受到金融监管部门的行政处罚或被采取行政监管措施;公司及其高级管理人员未受到行业协会的纪律处分,未在资本市场诚信数据库中存在负面信息,未被列入失信被执行人名单,未被列入国家企业信用信息公示系统的经常异常名录或严重违法企业名录,未在"信用中国"网站上存在不良信用记录。

十二、申请机构最近三年涉诉或者仲裁的情况

(一)核查信息

经查阅中国裁判文书网(网址:http://wenshu.court.gov.cn/)、人民法院公告网(网址:https://rmfygg.court.gov.cn/)以及全国法院被执行人信息查询平台(网址:http://zxgk.court.gov.cn/zhzxgk/)并经公司出具的承诺函确认,自公司设立之日起截至本《法律意见书》出具之日,公司不存在正在进行或尚未了结的重大诉讼、仲裁。

(二)结论意见

综上,本所律师认为,申请机构最近三年不存在涉诉或者仲裁的情况。

十三、申请机构的登记申请材料

(一)核查信息

经本所律师登录私募基金登记备案系统核查,截至本《法律意见书》出具之日,公司已向基金业协会如实填报有关登记所需信息。根据申请机构向本所提交的书面承诺函,申请机构提交的登记申请材料真实、准确、完整。

(二)结论意见

综上,本所律师认为,申请机构提交的登记申请材料真实、准确、完整。

十四、其他事项

经核查,截至本《法律意见书》出具之日,本所律师认为公司目前不存在需要说明的其他事项。

十五、总体结论性意见

基于上述,本所认为:

1. 公司符合现行法律、法规和规范性文件所规定的私募基金管理人登记的条件。
2. 公司不存在导致不能进行本次登记的重大法律障碍。
3. 公司本次登记尚待取得基金业协会同意登记的审查意见。

七、私募基金管理人登记及重大事项变更相关规制法律文件

律所律师开展法律尽职调查需要回归法律本源,不得脱离相关规制文件而开展尽职调查。律所出具的法律意见书亦是依据相关规制文件而发表。下面将列示私募基金管理人登记及重大事项变更开展法律尽职调查和发表法律意见的核心规制法律文件,供读者阅览。

私募投资基金登记备案办法

第一章 总 则

第一条 为了规范私募投资基金(以下简称私募基金)业务,保护投资者合法权益,促进私募基金行业健康发展,根据《中华人民共和国证券投资基金法》《私募投资基金监督管理暂行办法》等法律、行政法规和中国证券监督管理委员会(以下简称中国证监会)规定,制定本办法。

第二条 在中华人民共和国境内,以非公开方式募集资金设立投资基金,由私募基金管理人管理,为基金份额持有人的利益进行投资活动,适用本办法。

非公开募集资金,以进行投资活动为目的设立的公司或者合伙企业,资产由私募基金管理人或者普通合伙人管理的,其私募基金业务活动适用本办法。

第三条 从事私募基金活动,应当遵循自愿、公平、诚实信用原则,维护投资者合法权益,不得损害国家利益、社会公共利益和他人合法权益。

私募基金管理人、私募基金托管人和私募基金服务机构从事私募基金业务活动,应当遵

循投资者利益优先原则，恪尽职守、履行诚实信用、谨慎勤勉的义务，防范利益输送和利益冲突。

私募基金从业人员应当遵守法律、行政法规和有关规定，恪守职业道德和行为规范，具备从事基金业务所需的专业能力。

第四条 私募基金管理人应当按照规定，向中国证券投资基金业协会（以下简称协会）履行登记备案手续，持续报送相关信息。

私募基金管理人应当诚实守信，保证提交的信息及材料真实、准确、完整，不得有虚假记载、误导性陈述或者重大遗漏。

协会按照依法合规、公开透明、便捷高效的原则办理登记备案，对私募基金管理人及其管理的私募基金进行穿透核查。

第五条 协会办理登记备案不表明对私募基金管理人的投资能力、风控合规和持续经营情况作出实质性判断，不作为对私募基金财产安全和投资者收益的保证，也不表明协会对登记备案材料的真实性、准确性、完整性作出保证。

投资者应当充分了解私募基金的投资范围、投资策略和风险收益等信息，根据自身风险承担能力审慎选择私募基金管理人和私募基金，自主判断投资价值，自行承担投资风险。

第六条 协会依法制定章程和行业自律规则，对私募基金行业进行自律管理，保护投资者合法权益，协调行业关系，提供行业服务，促进行业发展。

第七条 协会按照分类管理、扶优限劣的原则，对私募基金管理人和私募基金实施差异化自律管理和行业服务。

协会支持治理结构健全、运营合规稳健、专业能力突出、诚信记录良好的私募基金管理人规范发展，对其办理登记备案业务提供便利。

第二章　私募基金管理人登记

第八条 私募基金管理人应当是在中华人民共和国境内依法设立的公司或者合伙企业，并持续符合下列要求：

（一）财务状况良好，实缴货币资本不低于 1000 万元人民币或者等值可自由兑换货币，对专门管理创业投资基金的私募基金管理人另有规定的，从其规定；

（二）出资架构清晰、稳定，股东、合伙人和实际控制人具有良好的信用记录，控股股东、实际控制人、普通合伙人具有符合要求的相关经验；

（三）法定代表人、执行事务合伙人或其委派代表、负责投资管理的高级管理人员直接或者间接合计持有私募基金管理人一定比例的股权或者财产份额；

（四）高级管理人员具有良好的信用记录，具备与所任职务相适应的专业胜任能力和符合要求的相关工作经验；专职员工不少于 5 人，对本办法第十七条规定的私募基金管理人另

有规定的,从其规定;

(五)内部治理结构健全、风控合规制度和利益冲突防范机制等完善;

(六)有符合要求的名称、经营范围、经营场所和基金管理业务相关设施;

(七)法律、行政法规、中国证监会和协会规定的其他情形。

商业银行、证券公司、基金管理公司、期货公司、信托公司、保险公司等金融机构控制的私募基金管理人,政府及其授权机构控制的私募基金管理人,受境外金融监管部门监管的机构控制的私募基金管理人以及其他符合规定的私募基金管理人,不适用前款第三项的规定。

第九条 有下列情形之一的,不得担任私募基金管理人的股东、合伙人、实际控制人:

(一)未以合法自有资金出资,以委托资金、债务资金等非自有资金出资,违规通过委托他人或者接受他人委托方式持有股权、财产份额,存在循环出资、交叉持股、结构复杂等情形,隐瞒关联关系;

(二)治理结构不健全、运作不规范、不稳定,不具备良好的财务状况,资产负债和杠杆比例不适当,不具有与私募基金管理人经营状况相匹配的持续资本补充能力;

(三)控股股东、实际控制人、普通合伙人没有经营、管理或者从事资产管理、投资、相关产业等相关经验,或者相关经验不足5年;

(四)控股股东、实际控制人、普通合伙人、主要出资人在非关联私募基金管理人任职,或者最近5年从事过冲突业务;

(五)法律、行政法规、中国证监会和协会规定的其他情形。

私募基金管理人的实际控制人为自然人的,除另有规定外应当担任私募基金管理人的董事、监事、高级管理人员,或者执行事务合伙人或其委派代表。

第十条 有下列情形之一的,不得担任私募基金管理人的法定代表人、高级管理人员、执行事务合伙人或其委派代表:

(一)最近5年从事过冲突业务;

(二)不符合中国证监会和协会规定的基金从业资格、执业条件;

(三)没有与拟任职务相适应的经营管理能力,或者没有符合要求的相关工作经验;

(四)法律、行政法规、中国证监会和协会规定的其他情形。

私募证券基金管理人法定代表人、执行事务合伙人或其委派代表、经营管理主要负责人以及负责投资管理的高级管理人员应当具有5年以上证券、基金、期货投资管理等相关工作经验。

私募股权基金管理人法定代表人、执行事务合伙人或其委派代表、经营管理主要负责人以及负责投资管理的高级管理人员应当具有5年以上股权投资管理或者相关产业管理等工作经验。

私募基金管理人合规风控负责人应当具有3年以上投资相关的法律、会计、审计、监察、稽核,或者资产管理行业合规、风控、监管和自律管理等相关工作经验。

私募基金管理人负责投资管理的高级管理人员还应当具有符合要求的投资管理业绩。

第十一条 私募基金管理人的法定代表人、高级管理人员、执行事务合伙人或其委派代表应当保证有足够的时间和精力履行职责，对外兼职的应当具有合理性。

私募基金管理人的法定代表人、高级管理人员、执行事务合伙人或其委派代表不得在非关联私募基金管理人、冲突业务机构等与所在机构存在利益冲突的机构兼职，或者成为其控股股东、实际控制人、普通合伙人。

合规风控负责人应当独立履行对私募基金管理人经营管理合规性进行审查、监督、检查等职责，不得从事投资管理业务，不得兼任与合规风控职责相冲突的职务；不得在其他营利性机构兼职，但对本办法第十七条规定的私募基金管理人另有规定的，从其规定。

第十二条 私募基金管理人的法定代表人、高级管理人员、执行事务合伙人或其委派代表以外的其他从业人员应当以所在机构的名义从事私募基金业务活动，不得在其他营利性机构兼职，但对本办法第十七条规定的私募基金管理人另有规定的，从其规定。

第十三条 私募基金管理人应当建立健全内部控制、风险控制和合规管理等制度，保持经营运作合法、合规，保证内部控制健全、有效。

私募基金管理人应当完善防火墙等隔离机制，有效隔离自有资金投资与私募基金业务，与从事冲突业务的关联方采取办公场所、人员、财务、业务等方面的隔离措施，切实防范内幕交易、利用未公开信息交易、利益冲突和利益输送。

第十四条 在境内开展私募证券基金业务且外资持股比例合计不低于25%的私募基金管理人，还应当持续符合下列要求：

（一）私募证券基金管理人为在中国境内设立的公司；

（二）境外股东为所在国家或者地区金融监管部门批准或者许可的金融机构，且所在国家或者地区的证券监管机构已与中国证监会或者中国证监会认可的其他机构签订证券监管合作谅解备忘录；

（三）私募证券基金管理人及其境外股东最近3年没有受到监管机构和司法机关的重大处罚；

（四）资本金及其结汇所得人民币资金的使用，应当符合国家外汇管理部门的相关规定；

（五）在境内从事证券及期货交易，应当独立进行投资决策，不得通过境外机构或者境外系统下达交易指令，中国证监会另有规定的除外；

（六）法律、行政法规、中国证监会和协会规定的其他要求。

有境外实际控制人的私募证券基金管理人，该境外实际控制人应当符合前款第二项、第三项的要求。

第十五条 有下列情形之一的，不得担任私募基金管理人，不得成为私募基金管理人的控股股东、实际控制人、普通合伙人或者主要出资人：

（一）有本办法第十六条规定情形；

（二）被协会采取撤销私募基金管理人登记的纪律处分措施，自被撤销之日起未逾3年；

（三）因本办法第二十五条第一款第六项、第八项所列情形被终止办理私募基金管理人登记的机构及其控股股东、实际控制人、普通合伙人，自被终止登记之日起未逾3年；

（四）因本办法第七十七条所列情形被注销登记的私募基金管理人及其控股股东、实际控制人、普通合伙人，自被注销登记之日起未逾3年；

（五）存在重大经营风险或者出现重大风险事件；

（六）从事的业务与私募基金管理存在利益冲突；

（七）有重大不良信用记录尚未修复；

（八）法律、行政法规、中国证监会和协会规定的其他情形。

第十六条 有下列情形之一的，不得担任私募基金管理人的董事、监事、高级管理人员、执行事务合伙人或其委派代表：

（一）因犯有贪污贿赂、渎职、侵犯财产罪或者破坏社会主义市场经济秩序罪，被判处刑罚；

（二）最近3年因重大违法违规行为被金融管理部门处以行政处罚；

（三）被中国证监会采取市场禁入措施，执行期尚未届满；

（四）最近3年被中国证监会采取行政监管措施或者被协会采取纪律处分措施，情节严重；

（五）对所任职的公司、企业因经营不善破产清算或者因违法被吊销营业执照负有个人责任的董事、监事、高级管理人员、执行事务合伙人或其委派代表，自该公司、企业破产清算终结或者被吊销营业执照之日起未逾5年；

（六）因违法行为或者违纪行为被开除的基金管理人、基金托管人、证券期货交易场所、证券公司、证券登记结算机构、期货公司等机构的从业人员和国家机关工作人员，自被开除之日起未逾5年；

（七）因违法行为被吊销执业证书或者被取消资格的律师、注册会计师和资产评估等机构的从业人员、投资咨询从业人员，自被吊销执业证书或者被取消资格之日起未逾5年；

（八）因违反诚实信用、公序良俗等职业道德或者存在重大违法违规行为，引发社会重大质疑或者产生严重社会负面影响且尚未消除；对所任职企业的重大违规行为或者重大风险负有主要责任未逾3年；

（九）因本办法第二十五条第一款第六项、第八项所列情形被终止私募基金管理人登记的机构的控股股东、实际控制人、普通合伙人、法定代表人、执行事务合伙人或其委派代表、负有责任的高级管理人员和直接责任人员，自该机构被终止私募基金管理人登记之日起未逾3年；

（十）因本办法第七十七条所列情形被注销登记的私募基金管理人的控股股东、实际控制人、普通合伙人、法定代表人、执行事务合伙人或其委派代表、负有责任的高级管理人员和

直接责任人员,自该私募基金管理人被注销登记之日起未逾3年;

(十一)所负债务数额较大且到期未清偿,或者被列为严重失信人或者被纳入失信被执行人名单;

(十二)法律、行政法规、中国证监会和协会规定的其他情形。

第十七条 同一控股股东、实际控制人控制两家以上私募基金管理人的,应当符合中国证监会和协会的规定,具备充分的合理性与必要性,其控制的私募基金管理人应当持续、合规、有效展业。

控股股东、实际控制人应当合理区分各私募基金管理人的业务范围,并就业务风险隔离、避免同业化竞争、关联交易管理和防范利益冲突等内控制度作出合理有效安排。

第十八条 同一控股股东、实际控制人控制两家以上私募基金管理人的,应当建立与所控制的私募基金管理人的管理规模、业务情况相适应的持续合规和风险管理体系,在保障私募基金管理人自主经营的前提下,加强对私募基金管理人的合规监督、检查。

协会根据私募基金管理人的业务开展情况、投资管理能力、内部治理情况和合规风控水平,对私募基金管理人实施分类管理和差异化自律管理。

第十九条 私募基金管理人应当遵循专业化运营原则,主营业务清晰,基金投资活动与私募基金管理人登记类型相一致,除另有规定外不得兼营或者变相兼营多种类型的私募基金管理业务。

私募基金管理人开展投资顾问业务,应当符合中国证监会和协会的要求。

第二十条 私募基金管理人应当保持资本充足,满足持续运营、业务发展和风险防范需要,私募基金管理人的股东、合伙人不得虚假出资或者抽逃出资。

私募基金管理人的控股股东、实际控制人、普通合伙人所持有的股权、财产份额或者实际控制权,自登记或者变更登记之日起3年内不得转让,但有下列情形之一的除外:

(一)股权、财产份额按照规定进行行政划转或者变更;

(二)股权、财产份额在同一实际控制人控制的不同主体之间进行转让;

(三)私募基金管理人实施员工股权激励,但未改变实际控制人地位;

(四)因继承等法定原因取得股权或者财产份额;

(五)法律、行政法规、中国证监会和协会规定的其他情形。

第二十一条 私募基金管理人应当保持管理团队和相关人员的充足、稳定。高级管理人员应当持续符合本办法的相关任职要求,原高级管理人员离职后,私募基金管理人应当按照公司章程规定或者合伙协议约定,由符合任职要求的人员代为履职,并在6个月内聘任符合岗位要求的高级管理人员,不得因长期缺位影响内部治理和经营业务的有效运转。

私募基金管理人在首支私募基金完成备案手续之前,不得更换法定代表人、执行事务合伙人或其委派代表、经营管理主要负责人、负责投资管理的高级管理人员和合规风控负责人。

第二十二条 私募基金管理人应当在开展基金募集、投资管理等私募基金业务活动前,

向协会报送以下基本信息和材料,履行登记手续:

(一)统一社会信用代码等主体资格证明材料;

(二)公司章程或者合伙协议;

(三)实缴资本、财务状况的文件材料;

(四)股东、合伙人、实际控制人、法定代表人、高级管理人员、执行事务合伙人或其委派代表的基本信息、诚信信息和相关投资能力、经验等材料;

(五)股东、合伙人、实际控制人相关受益所有人信息;

(六)分支机构、子公司以及其他关联方的基本信息;

(七)资金募集、宣传推介、运营风控和信息披露等业务规范和制度文件;

(八)经中国证监会备案的会计师事务所审计的财务报告和经中国证监会备案的律师事务所出具的法律意见书;

(九)保证提交材料真实、准确、完整和遵守监督管理、自律管理规定,以及对规定事项的合法性、真实性、有效性负责的信用承诺书;

(十)中国证监会、协会规定的其他信息和材料。

私募基金管理人应当确保在登记备案电子系统中填报的邮寄地址、传真地址、电话号码、电子邮箱等联系方式和送达地址真实、有效和及时更新,并承担中国证监会及其派出机构、协会按照上述联系方式无法取得有效联系的相应后果。

律师事务所、会计师事务所接受委托为私募基金管理人履行登记手续出具法律意见书、审计报告等文件,应当恪尽职守、勤勉尽责,审慎履行核查和验证义务,保证其出具文件的真实性、准确性、完整性。

第二十三条 协会自私募基金管理人登记材料齐备之日起 20 个工作日内办结登记手续。拟登记机构提交的登记信息、材料不完备或者不符合要求的,应当根据协会的要求及时补正,或者作出解释说明或者补充、修改。

协会可以采取要求书面解释说明、当面约谈、现场检查、向中国证监会及其派出机构或者其他相关单位征询意见、公开问询等方式对登记信息、材料进行核查;对存在复杂、新型或者涉及政策、规则理解和适用等重大疑难问题的,协会可以采取商请有关部门指导、组织专家会商等方式进行研判。

拟登记机构对登记信息、材料进行解释说明或者补充、修改的时间和协会采取前述方式核查、研判的时间,不计入办理时限。

协会通过官方网站对私募基金管理人的基本信息、办理进度和办理结果等信息进行公示。私募基金管理人应当于登记完成之日起 10 个工作日内向中国证监会派出机构报告。

第二十四条 有下列情形之一的,协会中止办理私募基金管理人登记,并说明理由:

(一)拟登记机构及其控股股东、实际控制人、普通合伙人、主要出资人因涉嫌违法违规被公安、检察、监察机关立案调查,或者正在接受金融管理部门、自律组织的调查、检查,尚未结案；

（二）拟登记机构及其控股股东、实际控制人、普通合伙人、主要出资人出现可能影响正常经营的重大诉讼、仲裁等法律风险，或者可能影响办理私募基金管理人登记的重大内部纠纷，尚未消除或者解决；

（三）拟登记机构及其控股股东、实际控制人、普通合伙人、主要出资人、关联私募基金管理人出现重大负面舆情，尚未消除；

（四）中国证监会及其派出机构要求协会中止办理；

（五）涉嫌提供有虚假记载、误导性陈述或者重大遗漏的信息、材料，通过欺骗、贿赂或者以规避监管、自律管理为目的与中介机构违规合作等不正当手段办理相关业务，相关情况尚在核实；

（六）法律、行政法规、中国证监会和协会规定的其他情形。

前款所列情形消失后，拟登记机构可以提请恢复办理私募基金管理人登记，办理时限自恢复之日起继续计算。

第二十五条 有下列情形之一的，协会终止办理私募基金管理人登记，退回登记材料并说明理由：

（一）主动申请撤回登记；

（二）依法解散、注销，依法被撤销、吊销营业执照、责令关闭或者被依法宣告破产；

（三）自协会退回之日起超过 6 个月未对登记材料进行补正，或者未根据协会的反馈意见作出解释说明或者补充、修改；

（四）被中止办理超过 12 个月仍未恢复；

（五）中国证监会及其派出机构要求协会终止办理；

（六）提供有虚假记载、误导性陈述或者重大遗漏的信息、材料，通过欺骗、贿赂或以规避监管、自律管理为目的与中介机构违规合作等不正当手段办理相关业务；

（七）拟登记机构及其控股股东、实际控制人、普通合伙人、主要出资人、关联私募基金管理人出现重大经营风险；

（八）未经登记开展基金募集、投资管理等私募基金业务活动，法律、行政法规另有规定的除外；

（九）不符合本办法第八条至第二十一条规定的登记要求；

（十）法律、行政法规、中国证监会和协会规定的其他情形。

拟登记机构因前款第九项规定的情形被终止办理私募基金管理人登记，再次提请办理登记又因前款第九项规定的情形被终止办理的，自被再次终止办理之日起 6 个月内不得再提请办理私募基金管理人登记。

第三章 私募基金备案

第二十六条 私募基金管理人应当自行募集资金,或者按照中国证监会的相关规定,委托具有基金销售业务资格的机构(以下简称基金销售机构)募集资金。

第二十七条 私募基金应当面向合格投资者通过非公开方式募集资金。私募基金管理人、基金销售机构应当履行投资者适当性义务,将适当的私募基金提供给风险识别能力和风险承担能力相匹配的投资者,并向投资者充分揭示风险。

私募基金管理人及其股东、合伙人、实际控制人、关联方和基金销售机构,以及前述机构的工作人员不得以任何方式明示或者暗示基金预期收益率,不得承诺或者误导投资者投资本金不受损失或者限定损失金额和比例,或者承诺最低收益。

私募基金管理人、基金销售机构应当按照规定核实投资者对基金的出资金额与其出资能力相匹配。投资者应当以真实身份和自有资金购买私募基金,确保投资资金来源合法,不得非法汇集他人资金进行投资。

以合伙企业、契约等非法人形式投资私募基金的,除另有规定外私募基金管理人、基金销售机构应当穿透核查最终投资者是否为合格投资者,并合并计算投资者人数。

第二十八条 私募基金管理人、基金销售机构向投资者募集资金,应当在募集推介材料、风险揭示书等文件中,就私募基金的管理人以及管理团队、投资范围、投资策略、投资架构、基金架构、托管情况、相关费用、收益分配原则、基金退出等重要信息,以及投资风险、运营风险、流动性风险等风险情况向投资者披露。

有下列情形之一的,私募基金管理人应当通过风险揭示书向投资者进行特别提示:

(一)基金财产不进行托管;

(二)私募基金管理人与基金销售机构存在关联关系;

(三)私募基金投资涉及关联交易;

(四)私募基金通过特殊目的载体投向投资标的;

(五)基金财产在境外进行投资;

(六)私募基金存在分级安排或者其他复杂结构,或者涉及重大无先例事项;

(七)私募证券基金主要投向收益互换、场外期权等场外衍生品标的,或者流动性较低的标的;

(八)私募基金管理人的控股股东、实际控制人、普通合伙人发生变更,尚未在协会完成变更手续;

(九)其他重大投资风险或者利益冲突风险。

私募基金投向单一标的、未进行组合投资的,私募基金管理人应当特别提示风险,对投资标的的基本情况、投资架构、因未进行组合投资而可能受到的损失、纠纷解决机制等进行书面揭示,并由投资者签署确认。

第二十九条 私募基金应当制定并签订基金合同、公司章程或者合伙协议(以下统称基金合同),明确约定各方当事人的权利义务。除《中华人民共和国证券投资基金法》第九十二条、第九十三条规定的内容外,基金合同还应当对下列事项进行约定:

(一)股东会、合伙人会议或者基金份额持有人大会的召集机制、议事内容和表决方式等;

(二)本办法第三十八条规定的关联交易识别认定、交易决策和信息披露等机制;

(三)信息披露的内容、方式、频率和投资者查询途径等相关事项;

(四)基金财产不进行托管时的相关安排;

(五)私募基金管理人因失联、注销私募基金管理人登记、破产等原因无法履行或者怠于履行管理职责等情况时,私募基金变更管理人、清算等相关决策机制、召集主体、表决方式、表决程序、表决比例等相关事项;

(六)法律、行政法规、中国证监会和协会规定的其他事项。

第三十条 私募基金管理人应当按照诚实信用、勤勉尽责的原则切实履行受托管理职责,不得将投资管理职责委托他人行使。私募基金管理人委托他人履行职责的,其依法应当承担的责任不因委托而减轻或者免除。

私募基金的管理人不得超过一家。

第三十一条 私募证券基金的投资范围主要包括股票、债券、存托凭证、资产支持证券、期货合约、期权合约、互换合约、远期合约、证券投资基金份额,以及中国证监会认可的其他资产。

私募股权基金的投资范围包括未上市企业股权,非上市公众公司股票,上市公司向特定对象发行的股票,大宗交易、协议转让等方式交易的上市公司股票,非公开发行或者交易的可转换债券、可交换债券,市场化和法治化债转股,股权投资基金份额,以及中国证监会认可的其他资产。

第三十二条 私募基金托管人应当按照法律、行政法规、金融管理部门规定以及合同约定履行基金托管人应当承担的职责,维护投资者合法权益。

私募基金的托管人不得超过一家。

第三十三条 私募基金应当具有保障基本投资能力和抗风险能力的实缴募集资金规模。

私募基金初始实缴募集资金规模除另有规定外应当符合下列要求:

(一)私募证券基金不低于1000万元人民币;

(二)私募股权基金不低于1000万元人民币,其中创业投资基金备案时首期实缴资金不低于500万元人民币,但应当在基金合同中约定备案后6个月内完成符合前述初始募集规模最低要求的实缴出资;

(三)投向单一标的的私募基金不低于2000万元人民币。

契约型私募基金份额的初始募集面值应当为 1 元人民币,在基金成立后至到期日前不得擅自改变。

第三十四条 私募基金管理人设立合伙型基金,应当担任执行事务合伙人,或者与执行事务合伙人存在控制关系或者受同一控股股东、实际控制人控制,不得通过委托其他私募基金管理人等方式规避本办法关于私募基金管理人的相关规定。

第三十五条 私募股权基金备案完成后,投资者不得赎回或者退出。有下列情形之一的,不属于前述赎回或者退出:

(一)基金封闭运作期间的分红;

(二)进行基金份额转让;

(三)投资者减少尚未实缴的认缴出资;

(四)对有违约或者法定情形的投资者除名、替换或者退出;

(五)退出投资项目减资;

(六)中国证监会、协会规定的其他情形。

私募股权基金开放认购、申购或者认缴,应当符合中国证监会和协会的相关要求。

第三十六条 私募基金应当约定明确的存续期。私募股权基金约定的存续期除另有规定外,不得少于 5 年。鼓励私募基金管理人设立存续期不少于 7 年的私募股权基金。

第三十七条 私募基金管理人运用基金财产进行股权投资,或者持有的被投企业股权、财产份额发生变更的,应当根据《中华人民共和国公司法》《中华人民共和国合伙企业法》等法律法规的规定,及时采取要求被投企业更新股东名册、向登记机关办理登记或者变更登记等合法合规方式进行投资确权。

基金托管人应当督促私募基金管理人及时办理前款规定的市场主体登记或者变更登记。私募基金管理人应当及时将相关情况告知基金托管人并按照基金合同约定向投资者披露。

第三十八条 私募基金管理人应当建立健全关联交易管理制度,在基金合同中明确约定关联交易的识别认定、交易决策、对价确定、信息披露和回避等机制。关联交易应当遵循投资者利益优先、平等自愿、等价有偿的原则,不得隐瞒关联关系,不得利用关联关系从事不正当交易和利益输送等违法违规活动。

私募股权基金管理人应当在经审计的私募股权基金年度财务报告中对关联交易进行披露。

第三十九条 私募基金管理人应当自私募基金募集完毕之日起 20 个工作日内,向协会报送下列材料,办理备案手续:

(一)基金合同;

(二)托管协议或者保障基金财产安全的制度措施相关文件;

(三)募集账户监督协议;

(四)基金招募说明书;

（五）风险揭示书以及投资者适当性相关文件；

（六）募集资金实缴证明文件；

（七）投资者基本信息、认购金额、持有基金份额的数量及其受益所有人相关信息；

（八）中国证监会、协会规定的其他材料。

募集完毕是指私募基金的已认缴投资者已签署基金合同，且首期实缴募集资金已进入托管账户等基金财产账户。单个投资者首期实缴出资除另有规定外，不得低于合格投资者的最低出资要求。

第四十条 协会自备案材料齐备之日起20个工作日内为私募基金办结备案手续。私募基金备案信息、材料不完备或者不符合要求的，私募基金管理人应当根据协会的要求及时补正，或者进行解释说明或者补充、修改。协会对备案信息、材料的核查以及办理时限，适用本办法第二十三条第二款、第三款的规定。

协会通过官方网站对已办理备案的私募基金相关信息进行公示。

私募基金完成备案前，可以以现金管理为目的，投资于银行活期存款、国债、中央银行票据、货币市场基金等中国证监会认可的现金管理工具。

第四十一条 有下列情形之一的，协会不予办理私募基金备案，并说明理由：

（一）从事或者变相从事信贷业务，或者直接投向信贷资产，中国证监会、协会另有规定的除外；

（二）通过委托贷款、信托贷款等方式从事经营性民间借贷活动；

（三）私募基金通过设置无条件刚性回购安排变相从事借贷活动，基金收益不与投资标的的经营业绩或者收益挂钩；

（四）投向保理资产、融资租赁资产、典当资产等与私募基金相冲突业务的资产、资产收（受）益权，以及投向从事上述业务的公司的股权；

（五）投向国家禁止或者限制投资的项目，不符合国家产业政策、环境保护政策、土地管理政策的项目；

（六）通过投资公司、合伙企业、资产管理产品等方式间接从事或者变相从事本款第一项至第五项规定的活动；

（七）不属于本办法第二条第二款规定的私募基金，不以基金形式设立和运作的投资公司和合伙企业；

（八）以员工激励为目的设立的员工持股计划和私募基金管理人的员工跟投平台；

（九）中国证监会、协会规定的其他情形。

已备案的私募基金不得将基金财产用于经营或者变相经营前款第一项至第六项规定的相关业务。私募基金被协会不予备案的，私募基金管理人应当及时告知投资者，妥善处置相关财产，保护投资者的合法权益。

第四十二条 私募基金管理人有下列情形之一的，协会暂停办理其私募基金备案，并说明理由：

（一）本办法第二十四条第一款规定的情形；

（二）被列为严重失信人或者被纳入失信被执行人名单；

（三）私募基金管理人及其控股股东、实际控制人、普通合伙人、关联私募基金管理人出现可能危害市场秩序或者损害投资者利益的重大经营风险或者其他风险；

（四）因涉嫌违法违规、侵害投资者合法权益等多次受到投诉，未能向协会和投资者作出合理说明；

（五）未按规定向协会报送信息，或者报送的信息存在虚假记载、误导性陈述或者重大遗漏；

（六）登记备案信息发生变更，未按规定及时向协会履行变更手续，存在未及时改正等严重情形；

（七）办理登记备案业务时的相关承诺事项未履行或者未完全履行；

（八）采取拒绝、阻碍中国证监会及其派出机构、协会及其工作人员依法行使检查、调查职权等方式，不配合行政监管或者自律管理，情节严重；

（九）中国证监会及其派出机构要求协会暂停备案；

（十）中国证监会、协会规定的其他情形。

第四十三条 协会支持私募基金在服务国家战略、推动创新驱动发展和经济转型升级等方面发挥积极作用，对承担国家重大战略实施等职能的私募基金提供重点支持。

对治理结构健全、业务运作合规、持续运营稳健、风险控制有效、管理团队专业、诚信状况良好的私募基金管理人，协会可以对其管理的符合条件的私募基金提供快速备案制度安排。具体规则由协会另行制定。

第四十四条 私募基金管理人存在较大风险隐患，私募基金涉及重大无先例事项，或者存在结构复杂、投资标的类型特殊等情形的，协会按照规定对私募基金管理人拟备案的私募基金采取提高投资者要求、提高基金规模要求、要求基金托管、要求托管人出具尽职调查报告或者配合询问、加强信息披露、提示特别风险、额度管理、限制关联交易，以及要求其出具内部合规意见、提交法律意见书或者相关财务报告等措施。

私募基金管理人的资本实力、专业人员配备、投资管理能力、风险控制水平、内部控制制度、场所设施等，应当与其业务方向、发展规划和管理规模等相匹配。不匹配的，协会可以采取前款规定的措施；情节严重的，采取暂停办理其私募基金备案的自律管理措施。

第四十五条 协会对创业投资基金在基金备案、投资运作、上市公司股票减持等方面提供差异化自律管理服务。

创业投资基金是指符合下列条件的私募基金：

（一）投资范围限于未上市企业，但所投资企业上市后基金所持股份的未转让部分及其配售部分除外；

(二)基金合同体现创业投资策略;

(三)不使用杠杆融资,但国家另有规定的除外;

(四)基金最低存续期限符合国家有关规定;

(五)法律、行政法规、中国证监会和协会规定的其他条件。

创业投资基金名称应当包含"创业投资基金",或者在公司、合伙企业经营范围中包含"从事创业投资活动"字样。

第四章 信息变更和报送

第四十六条 私募基金管理人及其备案的私募基金相关事项发生变更的,应当按规定及时向协会履行变更手续。相关变更事项应当符合规定的登记、备案要求;不符合要求的,应当按照规定及时改正。

第四十七条 下列登记信息发生变更的,私募基金管理人应当自变更之日起10个工作日内向协会履行变更手续:

(一)名称、经营范围、资本金、注册地址、办公地址等基本信息;

(二)股东、合伙人、关联方;

(三)法定代表人、高级管理人员、执行事务合伙人或其委派代表;

(四)中国证监会、协会规定的其他信息。

第四十八条 私募基金管理人的控股股东、实际控制人、普通合伙人等发生变更的,私募基金管理人应当自变更之日起30个工作日内向协会履行变更手续,提交专项法律意见书,就变更事项出具法律意见。

私募基金管理人实际控制权发生变更的,应当就变更后是否全面符合私募基金管理人登记的要求提交法律意见书,协会按照新提交私募基金管理人登记的要求对其进行全面核查。股权、财产份额按照规定进行行政划转或者变更,或者在同一实际控制人控制的不同主体之间进行转让等情形,不视为实际控制权变更。

私募基金管理人的实际控制权发生变更的,变更之日前12个月的管理规模应当持续不低于3000万元人民币。

第四十九条 私募基金管理人的股东、合伙人、实际控制人拟转让其所持有的股权、财产份额或者实际控制权的,应当充分了解受让方财务状况、专业能力和诚信信息等,并向其告知担任股东、合伙人、实际控制人的相关监管和自律要求。

私募基金管理人的股东、合伙人、实际控制人拟发生变更导致实际控制权发生变更的,应当及时将相关情况告知私募基金管理人,私募基金管理人应当及时向投资者履行信息披露义务,并按照基金合同约定履行相关内部决策程序。

第五十条 协会在私募基金管理人变更登记材料齐备之日起20个工作日内办结变更手

续,并就私募基金管理人变更后是否符合本办法规定的登记要求进行核查。协会对私募基金管理人变更登记材料的核查和办理时限,适用本办法第二十三条第一款至第三款的规定。

协会通过官方网站对私募基金管理人变更的相关事项和办理结果等信息进行公示。

第五十一条 有本办法第二十四条规定情形的,除另有规定外,协会中止办理私募基金管理人登记信息变更,并说明理由。

相关情形消失后,私募基金管理人可以提请恢复办理变更,办理时限自恢复之日起继续计算。

第五十二条 有下列情形之一的,协会终止办理私募基金管理人登记信息变更,退回变更登记材料,并说明理由:

(一)不符合本办法规定的登记要求和变更要求;

(二)本办法第二十五条第一款第三项至第六项规定的情形;

(三)私募基金管理人及其控股股东、实际控制人、普通合伙人、主要出资人、关联私募基金管理人出现重大经营风险,但按照金融管理部门认可的风险处置方案变更的除外;

(四)中国证监会、协会规定的其他情形。

第五十三条 私募基金管理人的控股股东、实际控制人、普通合伙人发生变更,未按本办法第四十八条的规定向协会履行变更手续,或者虽履行变更手续但不符合要求的,协会采取暂停办理其私募基金备案的自律管理措施。

第五十四条 私募基金管理人的控股股东、实际控制人、普通合伙人发生变更但未在协会完成变更手续的,私募基金管理人应当审慎开展新增业务;期间募集资金的,应当向投资者揭示变更情况,以及可能存在无法完成变更登记和基金备案手续的合规风险。

第五十五条 私募基金下列信息发生变更的,私募基金管理人应当自变更之日起 10 个工作日内,向协会履行变更手续:

(一)基金合同约定的存续期限、投资范围、投资策略、投资限制、收益分配原则、基金费用等重要事项;

(二)私募基金类型;

(三)私募基金管理人、私募基金托管人;

(四)负责份额登记、估值、信息技术服务等业务的基金服务机构;

(五)影响基金运行和投资者利益的其他重大事项。

私募基金备案信息发生变更,有本办法第二十五条第一款第六项规定的情形,或者变更后不符合规定要求的,协会终止办理变更,退回变更材料并说明理由。

第五十六条 私募基金的管理人拟发生变更的,应当按照相关规定和合同约定履行变更程序,或者按照合同约定的决策机制达成有效处理方案。

就变更私募基金管理人无法按照前款规定达成有效决议、协议或者处理方案的,应当向协会提交司法机关或者仲裁机构就私募基金管理人变更作出的发生法律效力的判决、裁定或者仲裁裁决，协会根据相关法律文书办理变更手续。

第五十七条 私募基金合同终止的，私募基金管理人应当按照基金合同约定，及时对私募基金进行清算，自私募基金清算完成之日起10个工作日内向协会报送清算报告等信息。一定期限内无法完成清算的，还应当自清算开始之日起10个工作日内向协会报送清算承诺函、清算公告等信息。

私募基金在开始清算后不得再进行募集，不得再以基金的名义和方式进行投资。

第五十八条 私募基金管理人因失联、注销私募基金管理人登记或者出现重大风险等情形无法履行或者怠于履行职责导致私募基金无法正常退出的，私募基金管理人、私募基金托管人、基金份额持有人大会或者持有一定份额比例以上的投资者，可以按照基金合同约定成立专项机构或者委托会计师事务所、律师事务所等中介服务机构，妥善处置基金财产，保护投资者合法权益，并行使下列职权：

（一）清理核查私募基金资产情况；

（二）制定、执行清算退出方案；

（三）管理、处置、分配基金财产；

（四）依法履行解散、清算、破产等法定程序；

（五）代表私募基金进行纠纷解决；

（六）中国证监会、协会规定或者基金合同约定的其他职权。

私募基金通过前款规定的方式退出的，应当及时向协会报送专项机构组成情况、相关会议决议、财产处置方案、基金清算报告和相关诉讼仲裁情况等。

第五十九条 私募基金管理人、私募基金托管人、私募基金销售机构和其他私募基金服务机构应当按照规定和合同约定履行信息披露义务，保证信息披露的及时、真实、准确和完整。

私募基金管理人的股东、合伙人、实际控制人应当配合私募基金管理人履行信息披露义务，不得组织、指使或者配合私募基金管理人实施违反信息披露相关规定的行为。

私募基金管理人应当按照规定在协会指定的私募基金信息披露备份平台备份各类信息披露报告，履行投资者查询账号的开立、维护和管理职责。

信息披露的具体办法由协会另行制定。

第六十条 私募基金管理人、私募基金托管人、私募基金服务机构应当按照规定向协会报送相关信息。

私募基金管理人、私募基金托管人、私募基金服务机构应当建立信息报送制度，明确负责信息报送的高级管理人员及相关人员职责，依法依规履行信息报送义务，加强信息报送质量复核，保证信息报送的及时、真实、准确和完整。

第六十一条 私募基金管理人应当按照规定报送下列信息：

（一）在每一会计年度结束之日起4个月内，报送私募基金管理人的相关财务、经营信息以及符合规定的会计师事务所审计的年度财务报告；管理规模超过一定金额以及本办法第十七条规定的私募基金管理人等，其年度财务报告应当经中国证监会备案的会计师事务所审计。

（二）报送所管理的私募基金的投资运作情况。

（三）在每一会计年度结束之日起6个月内，报送私募股权基金的相关财务信息以及符合规定的会计师事务所审计的年度财务报告；基金规模超过一定金额、投资者超过一定人数的私募基金等，其年度财务报告应当经中国证监会备案的会计师事务所审计。

（四）中国证监会、协会要求报送的临时报告和其他信息。

因自然灾害等不可抗力导致无法按要求及时报送相关信息的，协会可以视情形延长报送时限。

私募基金管理人存在严重损害投资者利益、危害市场秩序等风险的，协会可以视情况调整其信息报送的范围、内容、方式和频率等。

第六十二条　有下列情形之一的，私募基金管理人应当在10个工作日内向协会报告：

（一）私募基金管理人及其管理的私募基金涉及重大诉讼、仲裁等法律纠纷，可能影响正常经营或者损害投资者利益；

（二）出现重大负面舆情，可能对市场秩序或者投资者利益造成严重影响；

（三）私募基金触发巨额赎回且不能满足赎回要求，或者投资金额占基金净资产50%以上的项目不能正常退出；

（四）私募基金管理人及其控股股东、实际控制人、普通合伙人、主要出资人业务运营、财务状况发生重大变化，或者出现重大信息安全事故，可能引发私募基金管理人经营风险，严重损害投资者利益；

（五）私募基金管理人及其法定代表人、董事、监事、高级管理人员、执行事务合伙人或其委派代表或者从业人员等因重大违法违规行为受到行政处罚、行政监管措施和纪律处分措施，或者因违法犯罪活动被立案调查或者追究法律责任；

（六）中国证监会、协会规定的其他情形。

协会可以视情况要求私募基金管理人的股东、合伙人、实际控制人提供与私募基金管理人经营管理、投资运作有关的资料、信息，前述主体应当配合。

第五章　自律管理

第六十三条　协会依法对私募基金行业进行自律管理，加强公示制度和信用体系建设，强化事中事后管理和风险监测机制，建设良好市场秩序和行业生态。

第六十四条　协会可以对私募基金管理人及其从业人员实施非现场检查和现场检查，也可以委托地方行业协会、中介服务机构等协助开展自律检查工作。

协会可以采取查看被检查对象的经营场所、查阅、复制与检查事项有关的文件、账户信息和业务系统，询问与检查事项有关的单位和个人等方式，对被检查对象进行自律检查。

第六十五条 私募基金管理人及其从业人员应当配合协会的自律检查，如实提供有关文件资料，不得拒绝、阻碍和隐瞒，并按照要求协调其股东、合伙人、实际控制人、执行事务合伙人或其委派代表等相关单位和个人配合协会的自律检查。

第六十六条 私募基金管理人提交的登记备案和相关信息变更材料存在虚假记载、误导性陈述或者重大遗漏的，协会可以采取公开谴责、暂停办理备案、限制相关业务活动、撤销相关私募基金管理人登记和私募基金备案等自律管理或者纪律处分措施。

私募基金管理人通过欺骗、贿赂或者以规避监管、自律管理为目的与中介机构违规合作等不正当手段办理登记备案相关业务的，协会撤销相关私募基金管理人登记、私募基金备案。

对直接负责的主管人员和其他责任人员，协会可以采取公开谴责、不得从事相关业务、加入黑名单、取消基金从业资格等自律管理或者纪律处分措施。

第六十七条 私募基金管理人及其股东、合伙人、实际控制人，有下列情形之一的，协会可以采取书面警示、要求限期改正等自律管理或者纪律处分措施；情节严重的，可以采取公开谴责、暂停办理备案、限制相关业务活动等自律管理或者纪律处分措施：

（一）股东、合伙人、实际控制人以非自有资金或者非法取得的资金向私募基金管理人出资，或者违规通过委托他人或者接受他人委托方式持有私募基金管理人股权、财产份额，或者存在循环出资、交叉持股、结构复杂等情形，隐瞒关联关系；

（二）股东、合伙人、实际控制人抽逃出资或者违规转让股权、财产份额或者实际控制权；

（三）私募基金管理人违反专业化运营原则，违规兼营多种类型的私募基金管理业务；

（四）私募基金管理人违规开展投资顾问业务，开展或者变相开展冲突业务或者无关业务；

（五）私募基金管理人未按规定保持人员充足稳定，高级管理人员长期缺位，或者在首支私募基金完成备案手续之前，违规更换法定代表人、执行事务合伙人或其委派代表、经营管理主要负责人、负责投资管理的高级管理人员和合规风控负责人；

（六）违规聘用不符合要求的法定代表人、高级管理人员、执行事务合伙人或其委派代表、从业人员，或者前述人员存在违规兼职的情形；

（七）违反关于同一控股股东、实际控制人控制两家以上私募基金管理人的有关规定；

（八）中国证监会、协会规定的其他行为。

对直接负责的主管人员和其他责任人员，协会可以采取书面警示、警告、公开谴责、不得从事相关业务、加入黑名单、取消基金从业资格等自律管理或者纪律处分措施。

第六十八条 私募基金管理人有下列行为之一的，协会可以采取书面警示、要求限期改正、公开谴责、暂停办理备案、限制相关业务活动等自律管理或者纪律处分措施；情节严重的，可以撤销私募基金管理人登记：

（一）募集完毕未按照要求履行备案手续；

（二）违规委托他人行使职责、不按照规定办理投资确权，以及未按照规定开展私募基金投资运作的其他情形；

（三）未建立关联交易管理制度，或者违规开展关联交易；

（四）未按规定及时履行私募基金清算义务；

（五）中国证监会、协会规定的其他行为。

对直接负责的主管人员和其他责任人员，协会可以采取书面警示、警告、公开谴责、不得从事相关业务、加入黑名单、取消基金从业资格等自律管理或者纪律处分措施。

第六十九条 私募基金管理人未按照要求履行信息披露、信息报送、信息变更和重大事项报告义务的，协会可以采取书面警示、要求限期改正、公开谴责、暂停办理备案、限制相关业务活动等自律管理或者纪律处分措施；对直接负责的主管人员和其他责任人员采取书面警示、警告、公开谴责等自律管理或者纪律处分措施。

私募基金管理人披露、报送的信息存在虚假记载、误导性陈述或者重大遗漏的，协会可以采取书面警示、要求限期改正、公开谴责、暂停办理备案、限制相关业务活动、撤销私募基金管理人登记等自律管理或者纪律处分措施；对直接负责的主管人员和其他责任人员采取公开谴责、不得从事相关业务、加入黑名单、取消基金从业资格等自律管理或者纪律处分措施。

第七十条 私募基金管理人有下列行为之一的，协会可以采取书面警示、要求限期改正、公开谴责、暂停办理备案、限制相关业务活动、撤销私募基金管理人登记等自律管理或者纪律处分措施：

（一）向合格投资者之外的单位和个人募集资金或者转让基金份额；

（二）通过报刊、电台、电视、互联网等公众传播媒体，讲座、报告会、分析会等方式，布告、传单、短信、即时通讯工具、博客和电子邮件等载体，向不特定对象宣传推介；

（三）通过"阴阳合同""抽屉协议"等方式，承诺投资本金不受损失或者承诺最低收益；

（四）将其固有财产、他人财产混同于私募基金财产，或者将不同私募基金财产混同运作；

（五）开展或者参与具有滚动发行、集合运作、期限错配、分离定价等特征的资金池业务；

（六）以套取私募基金财产为目的，使用私募基金财产直接或者间接投资于私募基金管理人、控股股东、实际控制人及其实际控制的企业或者项目等自融行为；

（七）不公平对待私募基金投资者，损害投资者合法权益；

（八）侵占、挪用私募基金财产；

（九）利用私募基金财产或者职务之便，为自身或者投资者以外的单位或个人牟取非法利益，进行利益输送；

（十）泄露因职务便利获取的未公开信息，利用该信息从事或者明示、暗示他人从事相关的交易活动；

（十一）从事内幕交易、操纵证券期货市场及其他不正当交易活动；

（十二）玩忽职守，不按照监管规定或者合同约定履行职责；

（十三）通过直接或者间接参与结构化债券发行或者交易、返费等方式，扰乱市场秩序，侵害投资者利益；

（十四）法律、行政法规、中国证监会和协会禁止的其他行为。

对直接负责的主管人员和其他责任人员，协会可以采取书面警示、警告、公开谴责、不得从事相关业务、加入黑名单、取消基金从业资格等自律管理或者纪律处分措施。从业人员个人有前款规定行为的，协会可以对其采取前述自律管理或者纪律处分措施。

私募基金管理人的股东、合伙人和实际控制人，私募基金托管人、私募基金销售机构及其他私募基金服务机构以及前述机构的工作人员，有本条第一款规定的行为或者为该行为提供便利的，适用前两款的规定。

第七十一条 律师事务所、会计师事务所等服务机构及其人员为私募基金业务活动提供服务，有下列情形之一，情节严重的，协会采取不再接受该机构、人员出具的文件的自律管理措施，并在官方网站予以公示：

（一）出具有虚假记载、误导性陈述或者重大遗漏的相关文件；

（二）通过虚假承诺等不正当手段承揽私募基金服务业务；

（三）通过弄虚作假等违规行为或者其他不正当手段协助私募基金管理人办理登记备案业务；

（四）中国证监会、协会规定的其他情形。

第七十二条 私募基金管理人有下列情形之一的，协会予以公示，提示风险：

（一）私募基金管理人的登记备案信息发生变更，未按规定及时向协会履行变更手续；

（二）私募基金运作、信息报送和信息披露出现异常；

（三）处于协会无法取得有效联系的失联状态；

（四）按照本办法第七十三条、第七十四条的规定被要求出具专项法律意见书；

（五）被中国证监会及其派出机构处以行政处罚或者采取应予公开的行政监管措施；

（六）被列为严重失信人或者被纳入失信被执行人名单；

（七）中国证监会、协会规定的其他情形。

私募基金管理人最近2年每个季度末管理规模均低于500万元人民币的，协会在信息公示平台予以特别提示。

第七十三条 私募基金管理人应当持续符合法律、行政法规、中国证监会和协会规定的相关要求。不符合要求的，协会予以公示并要求其限期改正；情节严重的，协会采取暂停办理私募基金备案的自律管理措施；逾期未改正或者经改正后仍不符合要求，情节特别严重的，协会注销私募基金管理人登记。

协会可以要求私募基金管理人按照相关规定，委托律师事务所出具专项法律意见书就整改情况进行核验,并就其是否符合相关要求出具法律意见。

第七十四条 私募基金管理人出现重大经营风险,严重损害投资者利益或者危害市场秩序的,应当妥善处置和化解风险,切实履行管理人职责,维护投资者合法权益。其控股股东、实际控制人、普通合伙人、主要出资人应当积极配合相关风险处置和化解工作,承担补充实缴出资以及维持私募基金管理人运营、清收基金资产和安抚基金投资者等风险化解的责任。

协会可以采取要求前述主体报送自查报告、提交风险处置方案、定期报告风险化解情况、委托律师事务所出具专项法律意见书、提交经会计师事务所审计的财务报告、鉴证报告、商定程序报告等措施,并可视情况暂停办理私募基金管理人登记信息变更和私募基金备案。

第七十五条 私募基金管理人有下列情形之一的,协会可以视情况要求其管理的私募基金不得新增投资者和基金规模,不得新增投资:

(一)因有本办法第四十二条规定的情形被协会暂停备案,情节严重;

(二)有本办法第四十四条第二款规定的情形,情节特别严重;

(三)被协会采取限制相关业务活动的措施;

(四)中国证监会及其派出机构要求限制相关业务活动;

(五)中国证监会、协会规定的其他情形。

第七十六条 私募基金管理人有下列情形之一的,协会注销其私募基金管理人登记并予以公示:

(一)主动申请注销登记,理由正当;

(二)登记后 12 个月内未备案自主发行的私募基金,或者备案的私募基金全部清算后 12 个月内未备案新的私募基金,另有规定的除外;

(三)依法解散、注销,依法被撤销、吊销营业执照、责令关闭或者被依法宣告破产;

(四)中国证监会、协会规定的其他情形。

因前款第一项规定的情形注销的,如管理的私募基金尚未清算,私募基金管理人应当取得投资者的一致同意,或者按照合同约定的决策机制达成处理意见。

第七十七条 私募基金管理人有下列情形之一的,协会注销其私募基金管理人登记:

(一)因非法集资、非法经营等重大违法犯罪行为被追究法律责任;

(二)存在本办法第二十五条第一款第六项规定的情形;

(三)金融管理部门要求协会注销登记;

(四)因失联状态被协会公示,公示期限届满未与协会取得有效联系;

(五)采取拒绝、阻碍中国证监会及其派出机构、协会及其工作人员依法行使检查、调查职权等方式,不配合行政监管或者自律管理,情节严重;

(六)未按照本办法第七十三条、第七十四条的规定提交专项法律意见书,或者提交的法律意见书不符合要求或者出具否定性结论;

(七)中国证监会、协会规定的其他情形。

第七十八条 私募基金管理人被注销或者撤销登记后,应当符合下列要求:

(一)不得新增投资者和基金规模,不得新增投资;

(二)不得继续使用"基金""基金管理"字样或者近似名称进行私募基金业务活动,但处置存续私募基金有关事项的除外;

(三)采取适当措施,按照规定和合同约定妥善处置基金财产,维护投资者的合法权益;

(四)基金财产处置完毕的,应当及时向市场主体登记机关办理变更名称、经营范围或者注销市场主体登记。

被注销或者撤销登记的私募基金管理人对未清算的私募基金的受托管理职责和依法承担的相关责任,不因私募基金管理人被注销或者撤销登记而免除;不得通过注销市场主体登记、变更注册地等方式逃避相关责任。

第七十九条 协会在中国证监会的指导下,与其派出机构、其他金融管理部门、司法机关、地方政府和地方行业协会,建立业务协作和信息共享机制。

私募基金管理人、私募基金托管人、私募基金服务机构及其从业人员违反本办法规定被协会采取自律管理或者纪律处分措施的,记入证券期货市场诚信档案数据库;涉嫌违反法律法规的,报中国证监会查处;涉嫌犯罪的,向中国证监会报告,移送司法机关追究其刑事责任。

第六章 附 则

第八十条 本办法下列用语的含义:

(一)高级管理人员:是指公司的总经理、副总经理、合规风控负责人和公司章程规定的其他人员,以及合伙企业中履行前述经营管理和风控合规等职务的相关人员;虽不使用前述名称,但实际履行前述职务的其他人员,视为高级管理人员。

(二)控股股东:是指出资额占有限责任公司资本总额50%以上或者其持有的股份占股份有限公司股本总额50%以上的股东;出资额或者持有股份的比例虽然不足50%,但依其出资额或者持有的股份所享有的表决权已足以对股东会、股东大会的决议产生重大影响的股东。

(三)实际控制人:是指通过投资关系、协议或者其他安排,能够实际支配私募基金管理人运营的自然人、法人或者其他组织。

实际控制人的具体认定标准由协会另行规定。

(四)主要出资人:是指持有私募基金管理人25%以上股权或者财产份额的股东、合伙人。

(五)冲突业务:是指民间借贷、民间融资、小额理财、小额借贷、担保、保理、典当、融资租赁、网络借贷信息中介、众筹、场外配资、房地产开发、交易平台等与私募基金管理相冲突的业务,中国证监会、协会另有规定的除外。

（六）资产管理产品：是指银行、信托、证券、基金、期货、保险资产管理机构、私募基金管理人等受国务院金融监督管理机构监管的机构依法发行的资产管理产品，包括银行非保本理财、证券期货经营机构资产管理计划、信托计划、保险资产管理产品和在协会备案的私募基金等。

（七）本办法所称的"以上""届满"，包括本数；所称的"超过""以外"，不包括本数。

第八十一条 国家有关部门对下列私募基金管理人、私募基金另有规定的，从其规定：

（一）政府及其授权机构通过直接出资、委托出资或者以注资企业方式出资设立的；

（二）国有企业、国有资本占控股地位或者主导地位的企业出资设立的；

（三）金融机构出资设立的；

（四）中国证监会规定的其他情形。

第八十二条 私募资产配置类基金登记备案的特别规定，由协会另行制定。

第八十三条 本办法自 2023 年 5 月 1 日起施行。自施行之日起，《私募投资基金管理人登记和基金备案办法(试行)》《私募基金管理人登记须知》《私募基金登记备案相关问题解答》(四)、(十三)、(十四)同时废止。

第六节　不良金融资产收购处置项目法律尽职调查

一、综述及要点

（一）不良金融资产

不良金融资产是针对会计核算科目及金融行业会计制度来讲的，包括但不限于证券公司、保险公司、企业、政府、银行、金融机构的不良资产。其中银行不良资产严格来说系不良债权，最主要的是不良贷款和不良债券。

本节所讲的"不良金融资产"主要是指以下三种（见图1）：

1. 银行不良贷款，俗称呆坏账，即《贷款通则》第 34 条规定的逾期贷款、呆滞贷款和呆账贷款；《贷款风险分类指导原则》第 3 条(已废止)规定的次级贷款、可疑贷款和损失贷款。

2. 金融资产管理公司收购或接管的金融不良债权。

3. 其他非银行金融机构持有的不良债权。

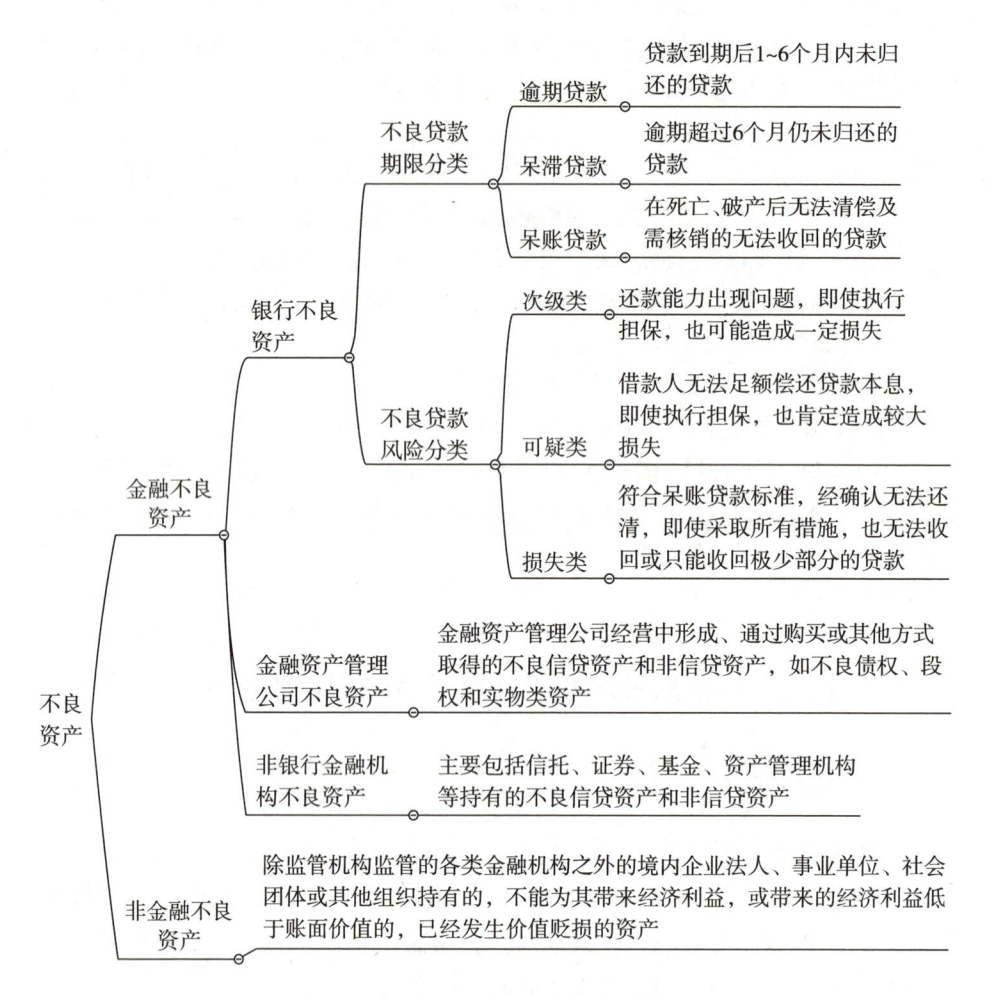

```
不良资产
├── 金融不良资产
│   ├── 银行不良资产
│   │   ├── 不良贷款期限分类
│   │   │   ├── 逾期贷款：贷款到期后1~6个月内未归还的贷款
│   │   │   ├── 呆滞贷款：逾期超过6个月仍未归还的贷款
│   │   │   └── 呆账贷款：在死亡、破产后无法清偿及需核销的无法收回的贷款
│   │   └── 不良贷款风险分类
│   │       ├── 次级类：还款能力出现问题，即使执行担保，也可能造成一定损失
│   │       ├── 可疑类：借款人无法足额偿还贷款本息，即使执行担保，也肯定造成较大损失
│   │       └── 损失类：符合呆账贷款标准，经确认无法还清，即使采取所有措施，也无法收回或只能收回极少部分的贷款
│   ├── 金融资产管理公司不良资产：金融资产管理公司经营中形成、通过购买或其他方式取得的不良信贷资产和非信贷资产，如不良债权、股权和实物类资产
│   └── 非银行金融机构不良资产：主要包括信托、证券、基金、资产管理机构等持有的不良信贷资产和非信贷资产
└── 非金融不良资产：除监管机构监管的各类金融机构之外的境内企业法人、事业单位、社会团体或其他组织持有的，不能为其带来经济利益，或带来的经济利益低于账面价值的，已经发生价值贬损的资产
```

图 1 不良资产分类梳理

根据《不良金融资产处置尽职指引》第 3 条、第 10 条的规定，不良金融资产处置是指银行业金融机构和金融资产管理公司对不良金融资产开展的资产处置前期调查、资产处置方式选择、资产定价、资产处置方案制定、审核审批和执行等各项活动。收购方应对收购不良金融资产的状况、权属关系、市场前景以及收购的可行性等进行调查，当涉及较大金额收购时，应聘请独立、专业的中介机构对收购资产进行尽职调查，在处置不良金融资产前，应对拟处置资产开展前期调查分析。

通过对不良金融资产交易模式、处置方式、收益流程等分析可以发现，信息的不对称性是不良金融资产的一个重要特征,这种不对称性会导致不良金融资产的收购与处置存在较大的风险。因此,具有会计、资产评估和法律服务等资格的中介机构协助银行、金融资产公司等开展不良金融资产业务十分必要,而具有法律和商业双重性的法律尽职调查则是协助工作的重要一环。

(二)涉不良金融资产法律尽职调查流程

涉不良金融资产法律尽职调查流程如下(见图2):

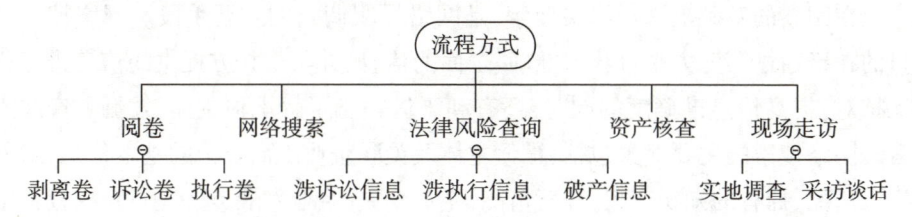

```
                          流程方式
    ┌──────┬─────────┬─────────┬─────────┬─────────┐
   阅卷    网络搜索   法律风险查询  资产核查   现场走访
 ┌──┼──┐              ┌──┼──┐
剥离卷 诉讼卷 执行卷  涉诉讼信息 涉执行信息 破产信息  实地调查 采访谈话
```

图2　涉不良金融资产法律尽职调查流程方式

1. 阅卷

阅卷是法律尽职调查工作最基础的环节,可以获得对整个债权债务的详细了解。阅卷的内容包括以下三部分。

(1)剥离卷

剥离卷包含债权形成、债权履行、债权转让过程中形成的材料,如借款合同、借款凭证、担保合同、抵质押登记证、公司决议、还款材料、逾期材料、催收文件、法律意见书、贷前审批报告、贷后管理报告、债权剥离文件、债权转让协议、债权转让通知、档案交接清单等。

(2)诉讼卷

一般涉不良金融资产项目受委托法律尽职调查时,委托方会对已经进入或完成诉讼(仲裁)程序的项目,抽离执行裁决文书(主要指判决书)放入剥离卷。

律师在对判决书拆解(诉讼主体、法院查明、法院认为、判决主文、金额权益)的基础上,根据案件的复杂程度和尽职调查需求,可以向委托方或者法院调取完整的诉讼卷。如授权委托材料、起诉状、证据目录及证据、财产保全申请及证据、相对方的证据目录及证据、财产保全的裁定及查扣冻通知书、质证意见及答辩状、开庭笔录、判决书、调解书及调解笔录、上诉状等。

(3)执行卷

一般涉不良金融资产项目受委托法律尽职调查时,委托方会对已经进入执行程序的项目,抽离执行裁决文书(主要指受理通知书、终本文书)放入剥离卷。

律师在对已有执行文书拆解(申请人、被申请人、申请事项、执行结果)的基础上,根据执行进度、执行障碍、财产处置和尽职调查需求,可以向委托方或者法院调取完整的执行卷,如强制执行申请书、授权代理材料、法院五查结果通知书、债务人财产申报材料、评估报告、拍卖变卖材料、协助执行材料、执行笔录、执行款付款材料等。

2. 网络搜索

在阅卷的基础上进行网络搜索,是网络尽职调查的主要手段。网络搜索的目的在于通过第三方平台获得准确、全面的信息,并与委托方提供的信息进行交叉核对,提高信息准确度的同时,还有利于进一步了解承债主体、发掘财产线索等。网络搜索的主要对象包括:承债主体及关联企业工商登记的基本信息、对外投资情况、拥有的知识产权、经营情况、企业变更、企业发展、重大项目、招投标信息、拍卖信息、新闻舆情、行业信息等。

3. 法律风险查询

法律风险查询结果可以作为对承债主体偿债能力进行评估时的参考与佐证,也有利于委托方对不良金融资产交易处置进行风险把控。

法律风险查询的内容包括以下三部分。

(1) 涉诉讼信息查询

充分利用中国裁判文书网、中国审判流程信息公开网、中国庭审公开网、人民法院诉讼资产网、无讼案例、北大法宝案例数据库、威科先行案例数据库等专业平台,结合承债主体全称、简称、关键词进行广泛检索查询,对所查询的涉诉信息(包括但不限于诉讼主体、案由、案号、管辖法院、程序、标的金额等)进行系统梳理。如通过网上公开渠道无法检索到所需裁判文书,则必要时可向管辖法院申请调取相关案件档案等。

(2) 涉执行信息查询

充分利用中国执行信息公开网、中国裁判文书网、无讼案例、北大法宝案例数据库、威科先行案例数据库等专业平台,结合承债主体全称、简称、关键词进行广泛检索查询,对所查询的执行信息(包括但不限于执行主体、案由、案号、管辖法院、标的金额、是否涉及失信、是否限制高消费等)进行系统梳理。同理,当通过网上公开渠道无法检索出所需裁判文书,则必要时可向执行法院申请调取相关案件档案等。

（3）破产信息查询

破产信息可以通过全国企业破产重整案件信息网、清算网、企查查、天眼查等第三方平台检索，整理破产信息（破产主体、受理法院、管理人信息、进度及相关公告等），落实债权申报、确认等问题。

4. 资产核查

资产是交易处置的核心之一，而对已知的承债资产及待挖掘的财产线索进行核查，可影响不良金融资产的定价、回收工作。

资产核查的主要内容是对资产的基本信息、权属、现状、抵质押情况、限制情况等进行检索、汇总、整理，在信息充足的情况下，对资产的处置可行性、处置障碍、处置难度等作出分析说明。

5. 现场走访

（1）实地调查

主要是前往承债主体的经营场所、承债资产中的不动产所在地进行实地调查，了解现场经营情况、现场概况、周边情况、资产确权等。

（2）采访谈话

主要是对原贷款银行的客户经理、资产出让方项目经理、债务人、担保人进行访谈，了解债权重难点、资产亮点、清收障碍、还款意愿能力、各方的联系方式等。根据尽职调查的需要，还可以向街道办、村委、可能知情的居（村）民、门卫、邻居以及特殊的知情人（如承债主体的内部重要人员、中间人等）了解情况。

(三) 涉不良金融资产法律尽职调查要点及方向

涉不良金融资产法律尽职调查主要是指不良金融资产的收购方、处置方委托的律师，按照一定的标准和要求，对不良金融资产交易处置的背景资料、法律状态、债权关系、承债主体、承债资产、涉讼仲裁等事项进行调查、评估的一种法律服务工作。

结合不良金融资产的特性、收购处置的要求及目的，在对不良金融资产收购处置项目法律尽职调查时，关注的要点及方向如下（见图3）：

```
                  ①存款、资金                        ①审查承债主体
                  ②房产、土地                        ②审查主债权的要素
                  ③对外投资股权                      ③审查担保的要素
          审查承债  ④交通工具    要点及  审查重要的   ④审查催收资料及诉执时效情况
          资产     ⑤设备        方向    基础资料     ⑤审查还款情况
                  ⑥知识产权                        ⑥审查债权转让情况
                  ⑦到期债权                        ⑦审查债权的确权情况
                  ⑧其他财产
```

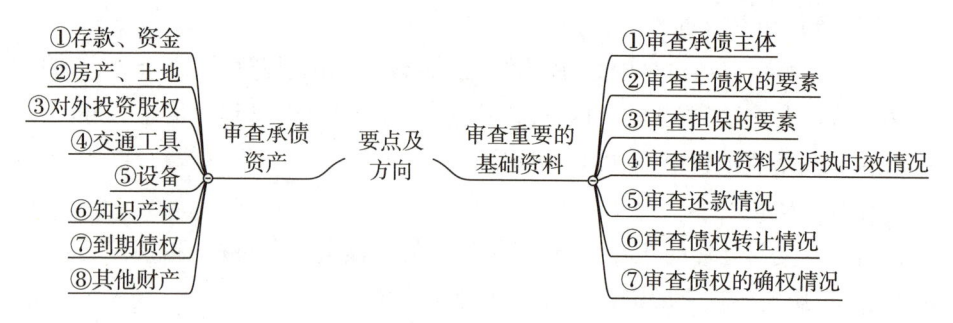

图 3　涉不良金融资产法律尽职调查要点及方向

1. 审查重要的基础资料

包括但不限于贷前资料、主体资料、债权凭证、担保凭证、还款资料、贷后资料、流转资料、时效资料等，具体参见后文不良金融资产收购处置项目尽职调查清单模板中的资料明细表。在审查相关资料时，注重对承债主体及承债资产的梳理。

（1）审查承债主体

一级承债主体（主要包括借款人、抵押人、质押人、保证人）的基本信息，包括股东、出资、名下资产、对外投资、登记变更情况、逃废债情况等。

二级承债主体的基本情况，包括出资瑕疵（如货币出资不实、实物出资未办理交接过户手续、虚假验资、抽逃出资、增资不实、减资不合法）；清算注销瑕疵（如未经清算办理注销、清算组过失或不当行为损害债权人利益等）；破产清算瑕疵（如破产前的可撤销行为、无效行为等）；企业分立、合并、出售、改制等。

（2）审查主债权的要素

如贷款方式、合同时间、放款时间、金额利息等。

（3）审查担保的要素

担保的真实性、合法性、有效性（如担保主体、财产是否真实存在，担保流程、手续、资料是否完整合法等）；担保的方式（如保证担保、抵押担保、质押担保、一般担保、连带担保、最高额担保等）；担保的范围（如是否与主债权一致，是否包含利息、罚息、复利、违约金，是否包含诉讼费、保全费、律师费等维权费用）；担保期限（如起算时间、截止时间、分批贷款担保时间等）；担保财产的情况（如基本信息、估值、现状、处置障碍等）。

（4）审查催收资料及诉执时效情况

不良金融资产中的贷款时间一般较为久远，清收时间跨度长，因此需要注意

催收及时效问题,主要是指向借款人、担保人等承债主体发出催收的催收函件、催收时间、催收方式,以及被催收人的签收资料、签收时间、签收方式,确保催收的合法有效,以达到中止、中断保证、诉讼、执行等时效的作用。

(5)审查还款情况

重点审查还款时间、还款方式、还款金额、还款性质、还款顺序等,以确定剩余债权本息等费用金额。

(6)审查债权转让情况

重点审查债权转让程序及资料是否完整合法,依法通知债务人的时间方式是否合理等。

(7)审查债权的确权情况

重点审查债权是否经过仲裁、诉讼、执行等法律程序,是否有相关仲裁裁决书、判决书、调解书、裁定书、支付令,具有强制执行力的公证债权文书等材料。

2. 审查承债资产

承债资产是不良金融资产收购处置的一大核心关注点,对交易定价、收益预期等有重要影响,而资产的类型多种多样,实践中可重点关注以下几种。

(1)存款、资金情况

通过与债务人以往的交易合同、交易票据发现其银行账户信息,申请法院向人民银行账户管理中心、工商、税务、海关等部门查询,发现相关账户存款后,及时申请法院冻结账户、划扣资金。

(2)房产、土地情况

审查抵押、质押合同,搜索裁判文书中承债主体与第三人涉及不动产、土地纠纷的裁决,前往登记部门核查登记信息及现状,通过现场查看和访谈等方式了解承债主体的房屋、土地信息。发现房产线索后,及时向法院就房产、土地、租金的相关权利申请财产保全、强制执行。

(3)对外投资股权情况

通过全国企业信用信息公示系统、企查查、天眼查等平台查询承债主体的对外投资情况,包括企业基本信息、投资比例、投资金额等。发现对外投资股权后,及时申请法院进行财产保全、强制执行,推进股权评估、股权拍卖变卖等程序。

(4)交通工具持有情况

通过车辆管理所、海事局、中国民用航空局等权属登记部门查询承债主体名下的机动车、船舶、航空器等特定动产的情况,搜索裁判文书中承债主体与第三人涉及交通工具的裁决。发现交通工具等特定动产的线索后,及时向法院申请财产保全、强制执行。

(5)设备

通过对承债主体的审计报告、会计报告、资产负债表、工商财务报表等资料的审查,结合现场走访,寻找承债主体在用、可用、仓储的价值较大的机械设备、办公设备。发现有价值的设备后,及时向法院申请财产保全、强制执行,推进评估、拍卖、变卖等程序。

(6)知识产权

通过商标局官网、知识产权局官网、版权保护中心官网等平台查询承债主体拥有的未超过权利期限的商标权、专利权、著作权等;搜索裁判文书中承债主体与第三人涉及知识产权的法律文书等。

(7)到期债权

通过查阅承债主体的审计报告、会计报告、资产负债表等资料审查其应收账款;搜索裁判文书中承债主体与第三人涉及期债权的裁决等。发现到期债权后,及时向法院申请财产保全、强制执行,可以要求第三人直接支付,也可以通过法院向第三人发出履行到期债务的通知。

(8)其他财产

通过综合手段调查承债主体的信托财产、证券交易结算资金、保险理赔款、支付宝等电子账户,如发现相关资金收益线索,应及时向法院申请财产保全、强制执行。

(四)涉不良金融资产法律尽职调查报告的基本构成

根据不良金融资产的形成、处置、状态、委托人的特别需求等,尽职调查报告基本应包含以下几项,撰写尽职调查报告时,可根据债权本身情况予以调整。

1. 前言

写清楚尽职调查报告的期间、部分词汇定义或缩写、调查范围、调查程序和方法、声明事项等。

2. 正文

(1)重大事项提示

如可转让性、处置方式、抵质押物的处置障碍、已执行受偿情况等。

(2) 不良债权基本情况

如主要合同摘要、担保情况、抵质押财产、债权余额等。

(3) 承债主体的情况

如主债务人、保证人、抵押人、质押人的基本信息,资产及受限情况,涉诉涉执统计简析等。

(4) 权利主张情况

如诉讼状态、保全情况、执行进度等。

(5) 其他特殊情况。

如破产信息(重整、和解、清算)、可供追索的二级承债主体等。

3. 结论性意见

如债务人、担保人具备独立法人主体资格,具备民事主体资格,能够独立承担民事责任;主债权贷款档案资料相关合同合法有效,未超过诉讼时效等。

4. 附表/附件

(五) 常用工具

常用的尽职调查检索工具如下(见表26):

表26 常用检索工具

序号	名称	网址
主体信息查询		
1	国家企业信用信息公示系统	http://www.gsxt.gov.cn
2	国家市场监督管理总局	https://www.samr.gov.cn/
3	全国组织机构统一社会信用代码公示查询平台	https://www.cods.org.cn/
4	中国社会组织政府服务平台	https://chinanpo.mca.gov.cn/
5	机关赋码和事业单位登记管理网	http://www.gjsy.gov.cn/
6	中国人民银行征信中心	http://www.pbccrc.org.cn/
7	小微企业名录	http://xwqy.gsxt.gov.cn/
8	香港公司查册信息平台	https://www.icris.cr.gov.hk/csci
9	各地市市场监督管理局官网	
10	其他第三方网站,如企查查、天眼查、启信宝、爱企查	

续表

序号	名称	网址
诉讼执行等法律信息查询		
1	中国裁判文书网	https://wenshu.court.gov.cn/
2	中国庭审公开网	http://tingshen.court.gov.cn/
3	最高人民法院官网	https://www.court.gov.cn/
4	中国执行信息公开网	http://zxgk.court.gov.cn/
5	人民法院公告网	https://rmfygg.court.gov.cn/
6	全国企业破产重整案件信息网	https://pccz.court.gov.cn/
7	清算网	http://www.yunqingsuan.com/
8	其他第三方网站,如无讼案例、北大法宝、威科先行	
资产查询		
1	人民法院诉讼资产网	https://www.rmfysszc.gov.cn/
2	全国市场监管动产抵押登记业务系统	http://dcdy.gsxt.gov.cn/
3	国家知识产权局官网	https://www.cnipa.gov.cn/
4	商标注册专业查询系统	http://puwu.manywangluo.cn/
5	中国土地市场网	https://www.landchina.com/
6	中国版权保护中心官网	http://www.ccopyright.com.cn/
7	中国及多国专利审查信息查询网	http://cpquery.cnipa.gov.cn/
8	中国电子口岸官网	https://www.chinaport.gov.cn/
9	ICP/IP地址/域名信息备案管理系统	https://beian.miit.gov.cn/
10	各地住房保障和房产管理局、自然资源规划局等部门网站	
11	其他第三方网站,如金马甲、淘宝阿里司法拍卖网、京东司法拍卖网	
信息披露及行业数据查询		
1	巨潮资讯	http://www.cninfo.com.cn/
2	中国债权信息网	https://www.chinabond.com.cn/
3	中国证券监督管理委员会官网	http://www.csrc.gov.cn/
4	上海证券交易所官网	http://www.sse.com.cn/
5	深圳证券交易所官网	http://www.szse.cn/

续表

序号	名称	网址
6	其他第三方网站,如绿盾企业征信系统、中文互联网数据资讯网、亿欧、第一财经商业数据中心、艾瑞网、TalkingData 移动观象台;还包括各大搜索引擎、公众号等	

注:以上网站、平台可以交互使用,信息存在初步整合、重复等情况,要注意识别。

二、不良金融资产收购处置项目尽职调查清单模板(见表27)

表27 不良金融资产收购处置项目尽职调查清单模板

致×××公司:
1.本清单为了解案件情况的重要依据,需贵司真实、全面、准确地填写(请尽量提供电子版或者扫描件材料);
2.贵司填写本清单后,应当加盖骑缝章或者逐页加盖贵司公章;
3.本清单中无法填写清楚的内容,请提供说明材料作为补充。
如贵司对清单、资料收集、整理的要求等有疑问,请随时与我所负责人联系。

联系人:	联系电话:	联系邮箱:	
			年 月 日 ××律师事务所

尽职调查资料清单					
项目名称:×××项目					
编号	材料名称	有/无	是否提供	原件/复印件/扫描件	份数
第一部分 原始档案材料					
一、公司主体材料					
(一)	借款人(××公司)档案资料				
1	营业执照				
2	组织机构代码证				
3	税务登记证				
4	工商登记证明				
5	公司章程(或成立文件)				
6	董事会成员名单及签字样本				

续表

编号	材料名称	有/无	是否提供	原件/复印件/扫描件	份数
7	法定代表人身份证明、签字样本				
8	法人代表授权签订合同(协议)委托书				
9	公司的资质证书				
10	企业分立、合并、转制、更名、改制、撤销、关闭、破产、债务重组等文件资料				
11	近3年的财务报表、审计报告				
(二)	担保人(××公司)档案资料				
12	营业执照(如为个人则为身份证复印件)				
13	组织机构代码证				
14	税务登记证				
15	工商登记证明				
16	公司章程(或成立文件)				
17	董事会成员名单及签字样本				
18	法定代表人身份证明、签字样本				
19	法人代表授权签订合同(协议)委托书				
20	公司的资质证书				
21	企业分立、合并、转制、更名、改制、撤销、关闭、破产、债务重组等的文件资料				
22	近3年的财务报表、审计报告				
二、债权、担保材料					
(一)	债权材料				
23	借款人董事会或股东会等同意申请贷款业务的决议或证明				
24	担保人董事会或股东会等同意担保的决议或证明				
25	借款合同、展期协议、授信合同等业务主合同				
26	借据、转账凭证等会计凭证				

续表

编号	材料名称	有/无	是否提供	原件/复印件/扫描件	份数
（二）	担保材料				
27	保证合同				
28	最高额保证合同				
29	抵押合同				
30	最高额抵押合同				
31	质押合同				
32	最高额质押合同				
33	其他担保类合同				
34	抵质押物清单				
35	抵质押物他项权利证书				
36	抵质押物的权属证明				
37	抵质押物的评估报告				
38	抵质押物的抵押物(属不动产)的用地规划、报建等资料				
39	不动产查册资料				
40	债务人、担保人股东会决议				
41	债务人配偶同意书(如涉及夫妻共同财产)				
42	最新抵押物照片				
三、非诉催收资料					
43	借款提前到期通知书				
44	催收通知书及回执				
45	对账单及回执				
46	履行担保责任催收通知书及回执				
47	公证送达的催收文件				
48	还款承诺书				
49	还款付息凭证				

续表

编号	材料名称	有/无	是否提供	原件/复印件/扫描件	份数
50	最新债权本息计算表				
51	债权转让通知暨催收公告的报纸				
第二部分　诉讼资料					
52	起诉状及证据材料				
53	案件受理通知书				
54	财产保全申请书				
55	查封、扣押、冻结清单、通知书及相关民事裁定书				
56	一审代理意见				
57	民事裁定书/民事判决书/民事调解书（一审）				
58	上诉状及证据材料				
59	续封申请书				
60	查封、扣押、冻结清单、通知书及相关民事裁定书				
61	二审代理意见				
62	民事裁定书/民事判决书/民事调解书（二审）				
63	委托代理协议				
64	代垫诉讼费及保全费用发票等凭证（一审、二审）				
65	代垫律师费发票等凭证（一审、二审）				
66	其他代垫费用等凭证（一审、二审）				
第三部分　执行资料					
67	强制执行申请书				
68	强制执行立案通知书				
69	协助执行通知书				
70	司法拍卖有关材料（包括但不限于拍卖公告、相关裁定书）				
71	执行裁定书（终结本次执行）				
72	执行裁定书（终结执行程序）				

续表

编号	材料名称	有/无	是否提供	原件/复印件/扫描件	份数
73	恢复执行申请书				
74	恢复执行立案通知书				
75	执行裁定书(恢复执行)				
76	执行和解协议				
77	代垫申请执行费用的发票凭证				
78	代垫执行阶段律师费用发票等凭证				
	第四部分 破产资料				
79	破产申请书及相关证据材料				
80	民事裁定书(裁定受理破产清算/重整/和解)				
81	指定管理人决定书				
82	债权申报通知书				
83	债权申报资料				
84	民事裁定书(裁定确认债权表记载的无争议债权)				
85	决定书(临时确定债权额)				
86	债权委员会成员决定书				
87	债权人会议决议				
88	民事裁定书(裁定宣告债务人破产)				
89	民事裁定书(裁定认可/不认可财产管理/变价/分配方案)				
90	民事裁定书(裁定终结破产程序)				
91	民事裁定书(追加分配程序)				
92	重整计划(草案)、投资人招募公告				
93	民事裁定书(裁定批准/不批准重整计划)				
94	民事裁定书(裁定终止重整程序)				
95	民事裁定书(裁定认可/不认可和解协议)				

续表

编号	材料名称	有/无	是否提供	原件/复印件/扫描件	份数
96	民事裁定书（裁定终止和解程序）				
97	执行案件移送破产审查的相关文书				

三、不良金融资产收购处置项目尽职调查报告模板

北京市京师律师事务所
关于甲公司
商业化收购某分行持有的乙公司
等×户不良资产债权的
尽职调查报告书

京师律师事务所
JING SHI LAW FIRM

年　　月

目 录

声 明
释 义
前 言
    一、尽职调查的范围
    二、尽职调查的方法
    三、声明事项
正 文
    第一部分 重大问题提示
    一、主债权及从权利的可转让性
    二、债权转让后可采取的处置方式
    三、本户债权抵押物之上存在的可能影响司法处置的不利因素
    第二部分 项目债权概况
    第三部分 各户基本情况
    一、乙公司
    二、略。
    第四部分 结论意见
    一、主体资格的有效性
    二、主债权的合法性、有效性、时效性
    三、担保债权的合法性、有效性、时效性
    四、特别提示
    五、声明事项
附件：各户债权涉诉涉执信息汇总表

声 明

甲公司：

    北京市京师律师事务所（以下简称本所）为中华人民共和国司法行政机关依法批准、合法设立的在中华人民共和国境内具有从事法律服务资格的律师执业机构。本所接受贵司委托，为贵司商业化收购某分行持有的乙公司等×户不良资产债权出具尽职调查报告书。

为出具本尽职调查报告书,本所依据中华人民共和国法律、法规,中国律师行业公认的业务标准、道德规范和勤勉尽责精神,在贵司提供的材料基础上对有关事实进行了核查和验证。

一、本次出具尽职调查报告书进行调查的基本方法

(一)审阅贵司提供的资产包文件,包含但不限于债权及担保权益、债务人及担保人的资料;

(二)登录国家企业信用信息公示系统、中国执行信息公开网、中国裁判文书网、广东省高级人民法院网等网站查询相关信息;

(三)参阅相关法律法规、政策。

二、为出具本意见书,本所作如下声明

(一)本尽职调查报告书的调查基准日为 2022 年 4 月 22 日。

(二)本所仅根据基准日前由贵司提供相关材料或经律师依委托进行收集后为贵司认可之材料证实的业已发生或存在的事实,依当时有效的中国[在本尽职调查报告书中,中国专指内地(大陆),不包括我国香港特别行政区、澳门特别行政区及台湾地区]法律法规及规范性文本进行核查,并发表相关的法律意见或建议,在本尽职调查报告书提交之日后,对因原适用的规定变化而可能产生之原意见或建议的不合规风险,本所不予承担。

(三)由于本所律师并非财务、税务方面的专业人士,因此,本所对资产包中债务人的财务、税务情况所进行的法律调查范围、内容和方式都将是有限的,其最终情况和意见请以该等领域专业人士的意见为准,本所意见仅供参考。

(四)本所在本尽职调查报告书中采纳的债权本金及利息金额等,均来源于某分行及贵司提供的数据,另本意见书中抵押物未特别注明抵押顺位的,本所律师默认其为第一顺位。

(五)本所对贵司提供的文件和资料的审阅范围,只限于截至本尽职调查报告书出具之日贵司已经向本所提供的文件和资料。在审阅过程中,本所假设如下:

1. 已提供的所有文件均为真实、准确、完整的,其提供的复印件均与原件完全一致;

2. 已提供的所有文件上的签章都是真实、准确和有效的;

3. 已提供的所有文件,其签署的有关各方都具有相应的行为能力且已各自得到了适当的授权;

4. 一切足以影响本尽职调查报告书的事实和文件均已向本所披露,某分行和贵司不存在虚假陈述、重大隐瞒与遗漏情形;

5. 于本尽职调查报告书出具之日,所有已提供的文件及其所披露的事实均未发生任何变更。

此外,对于本所无法了解到的事实,本所采纳贵司确认的描述;对于本所循公开途径调查或查询所取得的文件,本所对相关文件载明的相关事实状况予以采纳;本所暨本所律师对贵

司提交的文件资料及电子信息数据、贵司对相关事实的描述及本所律师循公开途径调查得知的相关事实状况的真实性、完整性不承担法律责任。如因所审查资料的真实性、准确性、完整性存在瑕疵及本项目的局限性，导致本尽职调查报告书存在遗漏或错误，本所不承担任何法律责任。

（六）本尽职调查报告书谨供贵司为本项目决策参考，除可为本项目之目的提供予贵司委聘的其他专业机构外，未经本所同意，不得作为证据或用作任何其他用途，亦不得将其任何部分或全部披露于任何其他机构或个人。

北京市京师律师事务所
律师：
年　月　日

释　义

本尽职调查报告书所涉简称如下：

甲公司	指	中国某有限公司深圳市分公司
某分行	指	××银行股份有限公司某分行
乙公司	指	深圳某股份有限公司
	指	
	指	
	指	
	指	
	指	
	指	
	指	
	指	

前　言

一、尽职调查的范围

（一）对证明债权债务关系所涉凭据、法律文书的真实性、合法性、有效性以及完整性进行核查；

（二）对主债务人和担保人的主体情况进行核查；

（三）对抵押物、质押物的现状、登记情况、权利限制情况进行核查；

（四）对主债务人和担保人的涉诉涉执情况进行核查；

（五）对某分行已经启动的法律程序及其进展情况进行核查。

二、尽职调查的方法

在本次尽职调查中，本所采用了书面审查、现场询问、现场查看、登记机关查询、网络查询等方式对上述尽职调查范围内的事项进行了全面的尽职调查，具体方法如下。

（一）书面审查

对某分行所提供的本户债权所涉的基础资料、债权凭证、法律文书进行书面审查，了解本户债权的情况，核查本户债权及其相应从权利的真实性、合法性、有效性和可转让性。

（二）现场询问

针对书面审查过程中发现的各类问题，以及本户债权所涉的抵押物、质押物的相关情况，向某分行相关工作人员进行现场询问。

（三）现场查看

针对本户债权所涉的抵押房屋的现状进行现场查看，了解抵押房屋的现状并判断是否存在可能影响司法处置的不利因素。

（四）登记机关查询

针对本户债权所涉的抵押物、质押物的所有权登记、抵押登记、司法冻结登记、刑事冻结登记等情况，前往对应的登记机关进行查询。

（五）网络查询

针对本户债权所涉的法人债务人（含担保人）的工商登记信息、股权冻结情况以及所有债务人的涉诉涉执情况，通过登录以下国家公开信息网站进行核查：

1. 国家企业信用信息公示系统（http://www.gsxt.gov.cn/indexl）；

2. 中国裁判文书网（https://wenshu.court.gov.cn/）；

3. 中国执行信息公开网（http://zxgk.court.gov.cn/）。

三、声明事项

1. 本所及本所律师根据现行有效的法律、法规和规范性文件的有关规定，对本户债权进行法律尽职调查，并根据调查结果发表结论性意见。

2. 本尽职调查报告书确认的相关法律事实，依赖某分行已提供的文件材料、本所律师自相关方取得的证明文件以及某分行工作人员及其他相关方的口头陈述。

3. 本尽职调查报告书中的所有陈述、判断及结论均系基于以下假设：某分行向本所提供的全部书面文件资料和通过口头、电子等其他非书面方式提供的信息均是真实、准确、完整和有效的，没有重大遗漏或误导性陈述，其所提供的书面文件的复印件均与原件一致、副本均与正本一致。

4. 除在法律尽职调查过程中取得的文件外，本所律师未审查在某分行所提供的文件材料之外是否存在影响债权人权利的其他文件。在出具本尽职调查报告书之际，本所律师假定，不存在其他文件影响本所律师此间作出的判断。

5. 对于出具本尽职调查报告书至关重要而又无法得到独立证据支持的相关事实，本所依赖政府有关部门、某分行或者其他有关机构提供的信息或资料作出判断。

6. 本所律师不对有关审计、财务、评估等事项发表意见。本所在本尽职调查报告书中对有关会计报表、审计报告、评估报告、验资报告中某些数据和结论的引述，不表明本所律师对这些数据和结论的真实性、准确性作出任何明示或暗示的保证。对这些数据和结论等专业事项，本所律师未被授权，亦无权发表任何意见。

7. 受限于现行法律法规限制，本所律师并无权利获取主债务人或担保人名下资产信息，该事项未在本次法律尽职调查范围内，本所律师仅根据甲公司提供的资料（如有）披露相关资产信息。

8. 受限于专业资格，本所律师对本户债权项下债权余额的准确性不发表意见。

9. 本尽职调查报告书仅为甲公司收购某分行所持本户债权之目的而出具，不得解释为可延及此间未提及之任何其他事项或文件，未经本所律师事先同意，不得由任何其他当事人为任何其他目的而使用。

10. 本尽职调查报告书的调查基准日为 2021 年 6 月 21 日，本尽职调查报告书不对基准日之后的相关信息和情况的变化负责。

11. 鉴于某分行提供的债权余额信息的截止日为 2021 年 6 月 21 日，本尽职调查报告书关于债权余额的陈述均截止于 2021 年 6 月 21 日。

根据《中华人民共和国民法典》《中华人民共和国律师法》等法律、法规、规范性文件之规定，本所律师基于审慎审查原则，在对本户债权的相关情况进行法律尽职调查后，出具如下尽职调查报告。

正　文

第一部分　重大问题提示

一、主债权及从权利的可转让性

本户债权具备可转让性，债权的从权利(如有)将与主债权一并转让。

二、债权转让后可采取的处置方式

如贵司成功受让本户债权，依据《金融资产管理公司资产处置管理办法(修订)》，贵司可通过追偿债务、租赁、转让、重组、资产置换、委托处置、债权转股权、资产证券化等多种方式处置资产。

三、本户债权抵押物之上存在的可能影响司法处置的不利因素

如抵押物是否存在部分被拍卖、存在长期租约等影响处置的情况。

第二部分　项目债权概况

本次某分行拟转让的不良资产共计×户，本次基准日为 2022 年 4 月 22 日，截至基准日，该资产包的债权本金余额为×××元人民币，利息余额为××××元人民币，代垫费用××××元，债权合计××××元人民币。

×户债权明细情况如下：

×户债权明细

序号	名称	本金(元)	利息(元)	已垫诉讼费用(元)	合计(元)	诉讼状态
1	乙公司	23,000,000.00	1,682,524.40	80,491.78	24,763,016.18	已诉未申请执行
2						
3						
4						

续表

序号	名称	本金(元)	利息(元)	已垫诉讼费用(元)	合计(元)	诉讼状态
5						
合计						

第三部分 各户基本情况

一、乙公司

(一)债务人、担保人概况

序号	债务人名称				
1	乙公司 (曾用名:深圳市××××有限公司,统一社会信用代码:×××××××××)				
	本金余额(元)	利息余额(元)	其他费用(元)	合计(元)	
2 债务人 基本情况	1. 企业类型: 2. 法定代表人: 3. 成立日期: 4. 注册资本: 5. 住所: 6. 股东: (1)×××××,认缴出资×××万元,持股比例×××%; (2)×××××,认缴出资×××万元,持股比例×××%; (3)×××××,认缴出资×××万元,持股比例×××%。 7. 经营范围: 8. 对外投资: (1)××××公司,注册资本:×××万元,投资比例:×××%,投资金额:×××万元; (2)××××公司,注册资本:×××万元,投资比例:×××%,投资金额:×××万元; (3)××××公司,注册资本:×××万元,投资比例:×××%,投资金额:×××万元。 9. 登记状态:存续(在营、开业、在册) 10. 股权质押信息:暂无 11. 动产抵押信息:暂无 12. 其他涉诉信息:见附件				

续表

3 担保人基本情况	1. 保证人（质押人）	(1)姓名:甲公司 (2)企业类型: (3)法定代表人: (4)成立日期: (5)注册资本: (6)住所: (7)股东: ①××××,认缴出资××万元,持股比例×××%; ②××××,认缴出资××万元,持股比例×××%。 (8)经营范围: (9)对外投资:无 (10)登记状态:存续(在营、开业、在册) (11)股权质押信息: 登记编号:××××,质权人:××××,出质股权标的企业:深圳市×××有限公司,状态:有效 (12)涉诉信息:见附件
	2. 保证人（抵押人）	(1)姓名:×××× (2)基本信息:××××,男,×××族,身份证号:××××××××××××××××,住址:××××××××
	3. 保证人	(1)姓名:×××× (2)基本信息:××××,男,×××族,身份证号:××××××××××××××××,住址:××××××××

(二)合同情况

贷款基本情况	**《综合授信额度合同》**	
	合同编号	
	签署日期	
	借款人	
	贷款人	
	借款额度	
	额度期限	

续表

	《贷款合同》（一）	
贷款基本情况	合同编号	
	签署日期	
	借款人	
	贷款人	
	借款金额	
	贷款期限	
	利息、复利及罚息	
	贷款借据	
	《贷款合同》（二）	
	合同编号	
	签署日期	
	借款人	
	贷款人	
	借款金额	
	贷款期限	
	利息、复利及罚息	
	贷款借据	
	《最高额抵押担保合同》	
	合同编号	
	签署日期	
	抵押人	
	抵押物	
	对应主债权	
	担保范围	

续表

		《最高额保证担保合同》（一）	
贷款基本情况		合同编号	
		保证人名称	
		签署日期	
		主债权	
		保证方式	
		担保范围	
		保证期间	
		股东会决议	
		《最高额保证担保合同》（二）	
		合同编号	
		保证人名称	
		签署日期	
		主债权	
		保证方式	
		担保范围	
		保证期间	
		《最高额保证担保合同》（三）	
		合同编号	
		保证人名称	
		签署日期	
		主债权	
		保证方式	
		担保范围	
		保证期间	

续表

	《最高额质押担保合同》	
贷款基本情况	合同编号	
	签署日期	
	质押人	
	质押物	
	对应主债权	
	担保范围	
	董事会决议	
	《应收账款质押登记协议》	
	合同编号	
	签署日期	
	质押人	
	质押物	
	对应主债权	
	担保范围	
	质押物登记情况	
	《汇票承兑合同》（一）	
	合同编号	
	签订日期	
	承兑人	
	承兑申请人	
	承兑金额	
	银行承兑汇票清单	

续表

贷款基本情况	《汇票承兑合同》(二)	
	合同编号	
	签订日期	
	承兑人	
	承兑申请人	
	承兑金额	
	银行承兑汇票清单	

（三）本债权债务诉讼情况

1. 诉讼情况

××××年××月××日，某分行向××人民法院起诉，被告为深圳市乙公司、丙公司、×××、×××。××人民法院于××××年××月××日正式受理，案号：××××××号。

××人民法院于××××年××月××日作出××××号民事调解书，调解书内容如下：

××××。

2. 财产保全情况

根据某分行及甲公司提供的材料，××人民法院于××××年××月××日作出×××号民事裁定书，裁定查封、扣押、冻结乙公司、×××名下价值××××元人民币财产。××人民法院于2019年12月25日作出××××号查封、扣押、冻结财产通知书，保全结果如下：

序号	权利人	保全财产	实施保全措施时间	保全期限	保全到期日
1					
2					

3. 执行情况

未见执行材料，根据甲公司的披露，本户尚未申请强制执行。

(四)抵押物信息

1. 抵押物明细

乙公司名下位于××××××的办公楼、厂房及位于××××的工业用地,产权证号码为××××××××××。

2. 现场照片

3. 抵押登记情况

根据某分行提供的不动产登记证明资料,本案抵押物已办理抵押登记,抵押顺位为四押,具体情况如下:

序号	抵押物名称	抵押情况
1		一押:
2		抵押编号: 抵押人:
3		抵押权人: 抵押金额: 登记日期:
4		二押: 抵押编号:
5		抵押人: 抵押权人: 抵押金额:
6		登记日期:
7		三押: 抵押编号:
8		抵押人: 抵押权人: 抵押金额:
9		登记日期:
10		四押: 抵押编号:
11		抵押人: 抵押权人: 抵押金额:
12		登记日期:

4. 抵押物查封情况

本案抵押物的查封情况如下,本案的查封顺序详见下表。

序号	抵押物名称	首封	轮候查封
1		查封编号：	1.查封文号：
2		查封机关：	2.轮候查封机关：
3		查封文号：	3.登记时间：
4		查封期限：	1.查封文号：
5			2.轮候查封机关：
6			3.登记时间：
7			1.查封文号：
8			2.轮候查封机关：
9			3.登记时间：
10			
11			
12			

5.抵押物租赁情况

根据某分行提供的抵押合同，抵押物的部分租赁情况如下。

承租人	合同及主要内容	租赁期限	租赁合同签署日

租金情况汇总见下表。

承租方	位置	具体楼层	面积(平方米)	租金单价(元/平方米)	租金合计(元)
				总计	

（五）法律意见

1. 债务人主体资格

乙公司属于有限责任公司，有效存续，具备独立法人主体资格，具备民事主体资格，能够独立承担民事责任。

2. 担保人主体资格

保证人丙公司、×××、×××具备民事主体资格，能够独立承担民事责任，但另有充分证据证明其为限制民事行为能力人或无民事行为能力人除外。

3. 主债权的合法性、有效性、时效性

本户主债权贷款档案资料相关合同合法有效，乙公司向某分行借款已经股东会决议，对应债权合法有效。同时，主债权已经取得生效调解书，未超过诉讼时效。

4. 担保的合法性、有效性、时效性

（1）保证人在提供担保时主体资格合法，生效调解书已裁决保证人对本户债权承担连带清偿责任，未超过诉讼时效。

（2）抵押人在提供担保时主体资格合法，抵押物已办理抵押登记，抵押权合法有效，生效调解书已裁决本户债权可就本案抵押的处置价款优先受偿，抵押权未超过诉讼时效。

（六）特别提示

针对个案，可重点对如下几个方面进行提示：

1. 主债权及从权利的可转让性；
2. 债权转让后可采取的处置方式；
3. 债权抵押物之上存在的可能影响司法处置的不利因素等。

二、略。

第四部分　结论意见

一、主体资格的有效性

（一）债权转让方主体资格

乙公司，统一社会信用代码：×××××，负责人××××，住所地位××××××××。

某分行不是独立的企业法人，在总行某银行股份有限公司授权范围内依法开展业务，其民事责任由总行承担，本债权转让应当取得授权文件。

（二）债务人主体资格

本项目的所有公司债务人均具备独立法人主体资格，所有自然人债务人均具备民事主体资格，能够独立承担民事责任。

（三）担保人主体资格

本项目的债务人中的自然人担保人均具备完全民事权利能力和民事行为能力，能够独立承担民事责任,但另有证据证明其为限制民事行为能力人或无民事行为能力人除外;除自然人担保人外,所有企业担保人均具备独立法人主体资格,具备民事主体资格,能够独立承担民事责任。

二、主债权的合法性、有效性、时效性

本次拟收购的主债权第×户执行中,第×户债权已判决未执行。第×户债权已经诉讼,但尚未形成生效的司法判决或仲裁裁决,经核查原始债权资料,×户债权均合法有效。

三、担保债权的合法性、有效性、时效性

×户债权中的担保基本合法、有效,未超过诉讼时效。抵押房产与股权质押均有登记。第×户中的动产抵押即×××厂内存货未被法院支持,此处再次披露。该户关注的主要受偿财产仍是不动产抵押。

四、特别提示

本所律师认为×户债权现有放款过程、抵押物登记无重大瑕疵,证据材料充分。本项目债权真实有效,均已涉诉讼(或仲裁),大部分已采取财产保全措施,部分已经进入执行程序中。各户债务人、担保人均存在涉诉讼或执行案件;其中部分质押物为应收账款,但应收账款的付款情况不详,应收账款难以确定;部分抵押物抵押率较高,可能无法覆盖本金及利息。

总体而言,甲公司需对债务人、担保人的债务清偿能力和抵押物、质押物的价值作出专业评估和判断,以防范商业风险。

五、声明事项

本尽职调查报告书系依据某分行和甲公司提供的现有档案材料作出。若在本尽职调查报告书出具后,甲公司发现新的证据材料或者案件有新情况发生,请及时与本所律师联系,本所律师将根据新的证据材料和新的进程更新本尽职调查报告书。

(以下无正文,为《北京市京师律师事务所关于甲公司商业化收购某分行持有的乙公司等×户不良资产债权的尽职调查报告书》的签字页)

经办律师:

签名:

经办律师:

签名:

北京市京师律师事务所

年 月 日

附件:各户债权涉诉涉执信息汇总表

附件一:乙公司涉诉涉执案件汇总表

(一)涉诉案件汇总表

序号	案件名称	案件身份	案号	案件标的(元)	法院	最新审理程序
1						
2						
3						
4						
5						
6						
7						
8						
合计						

(二)涉执案件汇总表

1.乙公司涉及被执行信息共计×条,涉及被执行总金额共计×××万元,汇总情况见下表。

序号	案号	立案日期	执行法院	执行标的
1				
2				
3				
4				
5				
6				
7				
8				
9				
10				
合计				

2. 乙公司被列入失信的案件信息见下表。

序号	案号	执行法院	执行依据文号	履行情况	失信行为	涉案金额	立案日期	发布日期

3. 乙公司被限制消费的案件信息见下表。

序号	案号	限消令对象	关联对象	申请人	立案日期	发布日期

4. 乙公司已终结执行的案件信息见下表,已终结执行案件共计××条,涉及未执行金额共计×××万元。

序号	案号	执行法院	立案日期	终结执行日期	执行标的(元)	未履行金额(元)
		合计				

附件二:(略)。

第三章

网络核查

第一节　网络尽职调查的目的、原则及底稿保存技巧

一、网络尽职调查的目的

一些比较前期的非诉讼项目中，在被调查公司暂未提供任何资料的情况下，经办律师可以通过网络尽职调查快速了解该公司的基本情况，并在第一次中介协调会中重点沟通、确认，提高工作效率。

尽职调查正式开始后，被调查公司会根据尽职调查清单向律师提供资料，在没有网络尽职调查的情况下，经办律师无法确认这些资料是否正确、齐全，是否已经被更新。因此，非诉讼律师对目标公司进行网络尽职调查的目的在于通过第三方平台或官方平台获得准确、全面的信息，并与公司提供的信息进行交叉核对，提高信息准确度；对法律意见书需要提交行政机关审核的非诉讼项目来说，交叉核查尤为重要。

二、制作底稿的原则

在网络尽职调查的过程中，非诉讼律师应该注意保留相应网络查询电子底稿。对于法律意见书需要申报证监会、股转中心、证券投资基金业协会或其他监管部门的项目，法律意见书中的信息均需要有底稿支持，而网络查询底稿是其中重要的来源之一，经办律师应该穷尽所有尽职调查手段以证明勤勉、尽责。

三、电子底稿制作注意事项

就通过网络尽职调查获得的信息，经办律师应制作相应电子底稿，制作底稿时应注意：

(1)建议使用"页面另存为PDF"的方式保持电子底稿；比起页面截图，PDF底稿能保留网址信息、查询日期、查询时间等，还能保留该页面上所有信息，不受篇幅限制。

(2)建议通过文件命名和文件夹命名的方式区分不同的电子底稿，如查询公示系统的底稿中，对同一公司，在不同的阶段，非诉讼律师可能需要查询数次，因此需要在文件名中体现查询时间，方便查找。

（3）通过以数字或者字母开头对文件(夹)命名的方式固定该文件(夹)的顺序位置，方便查找。

（4）为方便收藏尽职调查网站地址、提高页面转换为 PDF 的效率，建议使用浏览器软件，如傲游、chrome 浏览器，但部分网站目前只支持 IE 浏览器。

（5）为提高电子底稿的打印效率，可以使用 PDF 合稿软件或多文件一键打印软件等。

（6）电子底稿的整理、排序应该符合惯例和通常的理解，"电子底稿不仅是给自己看的，也是给别人看的"。

（7）按照证监会的要求，网络核查底稿需要明确核查时间、核查来源、核查人等信息，并制作核查笔记。

第二节 网络尽职调查网站汇总及注意事项

一、主体资格及基本信息查询系统

（一）国家企业信用信息公示系统（http://www.gsxt.gov.cn/index.html）

"国家企业信用信息公示系统"是国家市场监督管理总局主办的企业信息查询网站，是律师查询企业主体资格的官方渠道，该网站列有企业的基本信息、历史沿革、分支机构、行政许可、行政处罚、异常信息等。

注意事项：

（1）该系统只能核查企业的信息，无法以自然人为调查对象。

（2）对合伙企业来说，无法在公示信息中查询到合伙人类型，律师需要通过合伙人签署的《合伙协议》确定合伙人类型。

（3）就股份有限公司而言，公示信息只公示发起人信息，不公示股份制改造后股权变动的情况，不公示截至查询日时股权结构；股份公司股份转让无须经过工商登记，股份公司股权结构应由股东名册确定。

（4）就股份有限公司而言，主要人员信息只公示董事会成员、监事会成员、总经理，不公示副总经理、财务总监、董事会秘书等高级管理人员。

（5）该系统目前可以检索到已注销公司的基本信息。

（6）可以通过变更信息的内容，初步了解公司历史沿革的情况，但公示的变更信息不全，具体需要根据企业工商内档来判断。

（7）在详细信息中存在多页显示的，每页都需要单独做底稿保存。

（8）公司年报是公司根据上一年度12月31日情况自行申报的，该信息不一定准确、最新。

（9）该系统公示的行政许可和行政处罚信息不一定最全，需要进一步调查。

（10）系统中公示的核准日期是公司最近一次工商变更的日期，可以根据该日期核查公司提供的营业执照是否为最新的。

（11）需要注意公司被列入经营异常名录信息的情况，对于已经移除经营异常名录的企业，律师在起草法律意见书需要陈述列入时间、原因以及移除时间、原因。

（12）需要注意的是，该系统公示的部分信息由企业自主填报、公示，工商行政管理部门未对信息的真实性进行核查。

（13）该系统目前公示企业的注册商标信息并不完善，公司目前持有的商标应详见商标局网站。

（14）在上述系统改版前，各省、市、县工商局会在自己的官方网站提供企业查询平台，上述链接端口多数已被连接至"国家企业信用信息公示系统"，经办律师无须在省级工商行政管理局的网站上另行检索。

（二）第三方企业查询平台

企查查、天眼查、启信宝均为第三方企业查询平台，上述平台的查询信息不能作为单独的底稿证明企业主体资格，但是可以作为重要的辅助手段、提高尽职调查效率。第三方查询平台较官方的"国家企业信用信息公示系统"有以下优点：

（1）提供超链接服务，快速查询关联关系。

（2）提供公司对外投资查询服务。

（3）可以以自然人为查询对象，查询其投资、任职的企业、公司；在第三方查询平台未上线的时候，部分证券项目实际控制人不能记清所有对外投资、对外任职的情况，给项目组核查关联方造成很大障碍，但通过第三方平台可以核查关联方并由当事人书面确认。

（4）对同名同姓的自然人进行分类，精准查询关联方（目前企查查有此功能）。

（5）提供关联方关系图、企业族谱等，关联关系一目了然。

（6）提供调查报告，整合所有基本信息，方便查询。

（7）可以分区域、分行业进行核查。

(8)可以查询到法院判决、执行信息、知识产权信息、新闻信息、股权出质、动产抵押等信息。

(9)可以查询到招投标信息、公司新闻信息、上市公司公告等。

(10)部分情况下,第三方查询平台的信息比官方渠道更为详细(如持股比例、董监高信息等)。

(三) 全国组织机构统一社会信用代码数据服务中心

全国组织机构统一社会信用代码数据服务中心(https://www.cods.org.cn)系统中可以查询到统一社会信用代码,确定其主体资格。但是该系统目前开放的查询时间为8:00~20:00。

二、信用查询

1. "信用中国"(https://www.creditchina.gov.cn/)

"信用中国"为官方信用查询系统,该系统可以查询到失信被执行人信息、企业经营异常信息、重大税收违法案件当事人名单、政府采购失信名单等,中国证券投资基金业协会要求私募基金管理人登记法律意见书对申请机构是否在该网站存在负面信息发表明确意见。

2. 中国人民银行征信中心(http://www.pbccrc.org.cn/)

自然人和企业可以通过该系统申请个人/企业信用报告。查询企业信用报告的,需要一定的申请资料,详见该中心网站。

3. 绿盾企业征信系统

该系统平台为第三方信用平台,可以作为尽职调查辅助材料之一。

三、诉讼仲裁情况查询

1. 中国裁判文书网(https://wenshu.court.gov.cn/)

中国裁判文书网是最高人民法院公布的官方查询平台,可供经办律师查询企业、自然人诉讼情况。

注意事项:

(1)为避免检索结果过多,可以在高级检索中当事人检索信息中输入被检索对象名称;

(2)检索自然人诉讼情况时,可能会出现同名同姓的情况,需要进一步通过当事人住所地、性别、出生年月日等其他信息予以排除,不能排除的,应以书面形

式向被调查对象确认;

(3)该系统仅公示已经生效的判决书,对于正在审理中或调解结案的诉讼,该系统不公示。

2. 中国执行信息公开网(http://zxgk.court.gov.cn/)

中国执行信息公开网可查询全国法院失信被执行人、限制消费人员、被执行人信息等诸多有关强制执行信息,是最高人民法院建设的司法公开平台。

3. 人民法院公告网(https://rmfygg.court.gov.cn)

人民法院公告网的主要作用在于提供一个官方的、集中的平台,用于发布和查询法院公告,这些公告通常涉及法律程序中的重要信息。

4. 人民法院诉讼资产网(拍卖公告查询系统)(https://www.rmfysszc.gov.cn/)

人民法院诉讼资产网是由最高人民法院组建和备案注册的专门性的司法拍卖公共网络平台。该平台的定位是作为司法拍卖的重要渠道,提供网络结算等功能,对推进司法拍卖改革具有重要的示范引领作用。

5. 第三方诉讼查询网站

OpenLaw 和理脉是第三方诉讼查询平台,可以作为查询诉讼情况的辅助依据。某些情况下,上述第三方诉讼查询平台的信息较裁判文书网更为详细。

四、税收查询

1. 增值税一般纳税人资格查询:登录所在地区的税务局网站,如搜索"国家税务总局北京市税务局"进入对应网站。

2. 小微企业信息可查询小微企业名录(http://xwqy.gsxt.gov.cn/)。

3. 高新技术企业认定可查询高新技术企业认定管理工作网(http://www.innocom.gov.cn/)。

五、知识产权查询

1. 国家知识产权局商标局商标查询系统(国家知识产权公共服务网)(http://ggfw.cnipa.gov.cn/)

该网站可以通过被调查公司的名称查询到该企业的注册商标。

需要注意的是,在查询过程中,可以根据商标流程知悉该商标为原始取得还是继受取得,如为继受取得的,经办律师应要求公司提供商标转让协议及相关支付凭证。

2.国家知识产权局专利局专利查询(国家知识产权公共服务网)(https://ggfw.cnipa.gov.cn/Patent CMS-Center/)

该系统为中国专利局官方查询系统,可供查询专利情况。在核查被调查对象专利时需要注意被调查企业专利费缴纳情况,如被调查企业未按年缴纳年费的,可能会影响专利所有权情况。

3.中国版权保护中心(https://www.ccopyright.com.cn/)

通过该平台可以查询到被调查公司所登记软件、作品、数字作品的情况,但是需要注意,著作权人自作品完成之日即享有著作权,著作权并非登记生效,因此该网站所列作品并未包括被调查对象享有著作权的所有作品。

4.知识产权第三方查询平台

权大师为知识产权第三方查询平台,可以在该平台查询到商标、专利信息。此外,SooPAT、佰腾为专利第三方查询平台;标库网为商标第三方查询平台。

六、行政处罚情况查询

1.税务合规性

除被调查对象提供税务合规证明外,非诉讼律师还可以通过税务局的网站核查被调查对象税务处罚的情况。

2.环保合规性

(1)生态环境部行政处罚查询:(https://www.mee.gov.cn)。

(2)各省市地方政府环保部门网站,如上海市生态环境局 https://sthj.sh.gov.cn、江苏省生态环境厅 http://sthjt.jiangsu.gov.cn。

3.行业合规性

对于不同的被调查公司,经办律师需要登录相关主管部门的网站查询行政处罚的情况,如调查医药类的公司,需要登录国家市场监督管理总局网站及国家药品监督管理局网站核查重大行政处罚的情况;如调查网络类公司,需要登录工业和信息化部的网站核查重大行政处罚情况。

七、证券业务查询

1.上市公司公示系统

巨潮资讯网(http://www.cninfo.com.cn/new/index)是中国证监会指定的

上市公示信息披露网站,上市公司公告、年报、基本信息、IPO 申报材料均可在此网站上查询到。

在巨潮资讯网上查询上市公司公告时,注意选择公告日期期间,避免遗漏。

2. 证监会行政处罚及市场禁入情况

可查询中国证监会官方网站 http://www.csrc.gov.cn/。

3. 失信情况

可查询中国证监会证券期货市场失信记录查询平台 https://neris.csrc.gov.cn/shixinchaxun/。

4. 上海证券交易所监管措施

可查询上海证券交易所 http://www.sse.com.cn/regulation/supervision/measures/。

5. 深圳证券交易所监管措施

可查询深圳证券交易所 http://www.szse.cn/disclosure/supervision/measure/measure/index.html。

6. 独立董事、董秘等查询系统

深圳证券交易所 http://www.szse.cn。

上海证券交易所 http://www.sse.com.cn/。

7. 全国中小企业股份转让系统(新三板)

全国中小企业股份转让系统网站(http://www.neeq.com.cn/)。

(1)新三板公司基本信息及交易方式查询

通过首页—市场数据—交易行情—挂牌公司,可以查询到挂牌公司的基本信息,包括公司概况、主办券商信息、转让方式、实时行情、交易信息、相关公告等。

(2)挂牌公司公告查询

查询公告时需要注意选择的期间,以免遗漏。

(3)监管公开信息查询

通过监管公开信息可以查询到被采取自律监管措施的情况。

八、基金查询

1. 中国证券投资基金业协会信息公示系统(http://gs.amac.org.cn/)

中国证券投资基金业协会的公示系统较为全面,可以查询到私募基金管理人、私募基金产品、已注销私募基金管理人等相关信息。

在私募基金管理人查询平台中输入自然人的姓名，能查到该自然人担任法定代表人/执行事务合伙人（委派代表）的私募基金管理人，如该自然人在某私募基金管理人中担任其他高管职位，目前暂不能通过自然人姓名查询到私募基金管理人的信息。

2. 基金从业人员资格考试成绩查询（http：//human. amac. org. cn/web/network/examQuer. html）

在该系统输入身份证号码后可以查询到被查询对象参加考试的时间、成绩及科目等。

九、行政资质相关

1. 建设工程相关资质全国建筑市场监管公共服务平台（https：//jzsc. mohurd. gov. cn/home）。

通过该平台可以查询建设工程相关企业的资质及从业人员资质。

2. 食品、药品行业相关资质国家市场监督管理总局政务服务平台（https：//zwfw. samr. gov. cn/needsearch）以及国家药品监督管理局数据查询平台（https：//www. nmpa. gov. cn/datasearch）。

3. ICP/IP 地址/域名信息查询系统

工业和信息化部 ICP/IP 地址/域名信息备案管理系统（http：//beian. miit. gov. cn/#/Integrated/index）可以查询到域名。

十、搜索引擎

在穷尽网络尽职调查手段时，搜索引擎往往会被忽略，搜索引擎是搜索被调查公司商誉、新闻的最佳手段，如百度、搜狗、必应。

十一、公司网站

如果被调查公司有自己的门户网站，则可在其主页上迅速了解该公司的管理层、产品、行业、内部组织架构、对外投资情况等。